U0945442

马克思主义理论研究与当代中国书系

马克思主义哲学与中国道路

陈学明　姜国敏　著

Marxist Philosophy and China's Road

中国人民大学出版社
·北京·

序　言

呈现给读者的这部著作，是笔者最近几年中同学生合作，对马克思主义哲学的基本理论和历史发展进行考察、用马克思主义哲学视角联系现实特别是中国道路实践，积累下来的一些研究成果。其中大多数章节与姜国敏合作完成，马拥军、罗骞、陈祥勤、赵文东也曾参与了部分章节的写作。

本书各章的主题都曾独立成文提交发表或会议宣读，借着这次机会，我们对原稿进行了修改完善，并按照一个总的思路进行了整理编排，使全书具有了一个连贯的结构布局，能够前后有所呼应。现在想来，之所以能够得到这样的结果，这本身也是在于我们一直以来在探讨马克思主义哲学理论的过程中，就遵循着一定的问题意识和内在理路，而并非进行“纯学术”乃至“纯技术性”的碎片化工作。笔者自从改革开放初期起，就对西方马克思主义哲学领域开展了研究，多年来注意追踪了从卢卡奇等第一代代表人物的经典阐释一直到21世纪最新的理论发展，这绝不是单纯作为一种职业或分工，也不是单纯为了某种学术好奇心，而更是要作为一种责任，笔者希望以此为抓手和突破口，把马克思主义哲学在西方的研究发展历程作为一项宝贵的思想资源，借鉴启发我们对于马克思主义哲学本身“真精神”的准确理解和深入发展。同样地，当笔者在对马克思主义哲学进行研究时，也深感我们应当经常思考我们的研究究竟如何回应社会的需要，如何对社会的发展产生自己的影响力。

事实上，我国的马克思主义哲学研究游离于现实的社会生活之外太久了，用有的学者的话来说，是“自我放逐”太久了，现在确实已到了回归社会现实的时候了。我们再也不能满足于像马克思所批判的“哲学家们”那样只是“解释世界”，而应当致力于“改变世界”。例如，在我们马克思主义哲学界，包括笔者在内，多年来也为了马克思主义哲学是不是一种实践哲学进行了深入和激烈的讨论，但可惜的是，我们许多把马克思主义哲学称为“实践唯物主义”的人，也很少把注意力放在如何把其主要特征被认定为在于“实践性”的马克思主义哲学付之于实践。于是在我们的马克思主义哲学界出现了这样的情景：一方面我们热热闹闹地倾注全力在理论上论证马克思主义哲学是实践哲学；另一方面又把自己已认定是实践哲学的马克思主义哲学束之高阁，大家津津乐道于以“经院”的方式展示马克思主义哲学的实践性。笔者相信，当以后有人考察这一段马克思主义哲学发展史时，这种自我矛盾的局面一定会贻笑大方。

我们看马克思本人，他是用思想的批判的武器为中介，来充当了革命者和战士，来推动了实践当中的武器的批判。直接从马克思的家庭出身和大学专业看来，他似乎应是与革命无缘的，马克思即使不是继承父业去做普鲁士王权秩序的维护者，也似乎应该去当教授，他作为一个哲学博士，怎么把自己推到资本主义体系的叛逆者和颠覆者位置去了？马克思后来引用了但丁的诗句：“走你的路，让人们去说罢！”他正是以这样一种科学的无畏精神，从现代社会及其意识形态体系的内在张力和裂痕当中突围出来。马克思从在中学时代的毕业作文《青年在选择职业时的考虑》开始，就一贯坚持为人类福利而工作而献身的远大志愿，但我们要注意，只有当马克思一以贯之、矢志不渝地投身于科学理论的探索，并以此为中介服务于人类解放事业，只有在马克思一生切实行动的衬托和确证之下，马克思的志愿才不是少年不识愁滋味的矫揉造作，而是具有现实感的伟大人格，马克思的学说才不是纸面上、茶杯里的风暴，而是具有力量和此岸性的哲学实践。自从以马克思为代表的那一种革命理论和实践力量登上历史舞台，共产主义的“幽灵”得以在日益自觉和联合的无产阶级运动当中现实化，世界历史的发展轨迹就愈来愈不可忽视马克思主义的影响，特别是到了20世纪，人类社会中几乎所有重大历史事件，其主要文明体的基本制度走向，又有哪个没有受到马克思主义因素的影响呢？

进一步地，马克思的理论之所以能切入现实改变世界，首先还在于理论本身的深刻性、科学性。马克思总是注意让其善良愿望服从于实际知识，并毫不客气地批判共产主义者中的盲动派，认为无知从来也不会帮助任何人。所以，马克思尽管在今天已经成为现代社会内部躁动不安、迷惘求索和否定超越的诸种努力的代表性形象，但我们绝不能把他单纯当作意识形态的鼓吹、道德正义的偶像、理想主义的符号。马克思从早年确立了共产主义者的立场，就对资本主义开展过不懈的多层次多角度的批判，并对未来新社会形态的若干原则提出一定的设想，但只有当他经历了三次重大的转折，最终完成了其一生的两大发现（唯物主义历史观和以剩余价值为枢纽的政治经济学理论），他才为社会主义奠定了完全坚实的科学基础，才解释了人类的一般历史及其现代资本主义阶段的运动规律，特别是资本主义蕴含着内在矛盾和自我否定的辩证法。在马克思深刻的历史科学看来，资本主义的必然灭亡，共产主义的必然胜利，无产阶级这一变革性力量所在，不是从某种正义观念或人性设定之类的东西导出来的。马克思说得好，“历史本身就是审判官，而无产阶级就是执刑者”，他对人类发展道路的这种科学阐述，对现代社会的科学诊断，可以说抓住了历史进程中的大本大源。相应地，马克思也就科学地回答了人类社会在后资本主义时代应该向何处去的问题，论证了共产主义的基本原则建制，把共产主义本身嵌入现实的运动当中。

最后，马克思主义的普遍真理必须照入中国，我们马克思主义的哲学研究也必须立足中国现实，今天中国最大的现实就是中国道路，是中国特色社会主义。马克思主义在当今世界的各个地方都在展现自己的价值，但最能体现其意义的就是在中国。中国人民是在世界社会主义运动处于危难的时刻，选择了中国特色社会主义道路。20 世纪 80 年代末 90 年代初，苏东剧变使世界社会主义运动遭受了空前的挫折。当时，“社会主义失败了”“历史已经终结”等说法甚嚣尘上。对此，中国共产党人带领中国人民经受住了严峻挑战，既不走封闭僵化的老路，也不走改旗易帜的邪路，而是闯出了一条中国特色社会主义的新路。当今，中国特色社会主义更是进入了“新时代”。中国道路取得如此大的成就，靠的是什么？其中离不开对科学理论资源的吸收与应用，而在各种理论资源中，马克思主义无疑具有特殊地位。中国的成功源于中国优秀的传统文化成分滋养，也借鉴了西方积极因素，但主要归功于马克思主义中国化成果的应用。只要认真分析和研究一下中国特色社会主义理论体系，就可以发现它既坚持马克思主义的基本原理，以马克思主义为精神支柱，又以解决实际问题为取向，创造性地提出了很多新观点，丰富和发展了马克思主义。就像英国前工党政府的顾问、“第三条道路”的主要设计者吉登斯在苏东剧变后告诫世人的那样，苏东社会主义垮台了，但这并不等于苏东所追求的那种社会主义、共产主义理想本身是错误的。中国人要开辟出一条道路，来推动实现当年没有也不可能实现的那种理想，为人类寻得出路。

日历翻到2018年，距马克思出生已经200年了，以《资本论》出版为标志的他的科学发现的最终完成也有150年了。今天这个时代，连20世纪的“90后”都已经不再是天真懵懂的代名词，他们中的大多数也已成年，有些已经走上社会建设岗位数年了。我们最近就欣喜地看到，在“90后”具备了比较成熟的心智和“三观”，“哲学”和“政治”对他们而言也不再是接受课堂的单向灌输，而是可以从自身的现实生活出发严肃地进行思考和选择时，他们之中就有许多人以自己的方式在重新寻找马克思，乃至已经部分地发现了马克思。所以，我们今天把这部文集呈现给读者，就是同大家分享一下我们追寻马克思、希望从他那里汲取智慧关照现实的一段历程和一些心得，并且我们希望诸位读者可以通过我们的一点微小的工作，去感受到马克思及其战友、马克思的后继者和研究者们无比宏大的思想和实践事业。马克思的思想和事业既然已经深刻地渗透和影响了一百几十年来包括中国在内的世界的运行轨迹，那么我们在资本主导的现代世界格局仍然没有改变的情况下，在“问题”没有改变的情况下，就应该仍旧保持“主义”不改变。当我们审视和反思这个时代时，都无法绕开马克思主义的思考角度和问题范式，马克思至今仍是我们的同时代人。

陈学明

2018年5月20日

目　录

上篇　20世纪西方的马克思主义哲学研究及其启示

第一章　20世纪西方马克思主义哲学的基本历程 …………………………… 3
一、西方世界对马克思主义哲学的三大解释路向 ……………………… 3
二、西方马克思主义哲学的进一步多样化发展 ………………………… 7
三、20世纪西方马克思主义哲学历程的若干特征 ……………………… 10
第二章　对20世纪西方马克思主义哲学历程的基本评价 ………………… 18
一、20世纪西方马克思主义哲学研究的方法论启示 …………………… 18
二、20世纪西方马克思主义哲学研究的问题域开拓 …………………… 25
三、20世纪西方马克思主义哲学研究的问题域偏颇 …………………… 34
第三章　借鉴西方马克思主义哲学研究，看马克思主义的“哲学”性质 ………………………………………………………………… 41
一、马克思主义是哲学吗？ ……………………………………………… 42
二、马克思主义哲学是近代哲学还是现当代哲学？ …………………… 48
三、马克思主义是否以及在何种意义上超越了现当代西方哲学？ …… 52
四、“哲学实践”与马克思主义哲学所实现的哲学革命 ……………… 55
第四章　借鉴西方马克思主义哲学研究，看马克思的“本体论”思想 … 59
一、对“本体论”的三种不同理解 ……………………………………… 59

二、西方马克思主义关于本体论的两大判断 …… 62
三、卢卡奇晚年的两点反思 …… 63
四、马克思和西方马克思主义对自然看法的六大差别 …… 65
五、马克思的实践—物质本体论与其资本批判具有内在关联 …… 69

中篇 马克思主义哲学在政治经济学批判中的确证和深化

第五章 马克思走向政治经济学批判的三次飞跃 …… 76
一、超越启蒙理性，走向唯物主义和共产主义 …… 76
二、达成实践的、共产主义的唯物主义，开启对资本主义生产关系的批判 …… 81
三、完成马克思主义政治经济学的科学体系 …… 86
四、马克思的三次飞跃昭示我们向政治经济学回归 …… 89
第六章 用马克思两大发现的整体视角，看资本主义的“经济人” …… 93
一、“经济人”的理论假设与现实基础 …… 94
二、资本主义生产关系将人塑造为“经济人”的基本途径 …… 99
三、共产主义批判和扬弃资本主义“经济人”的方式 …… 104
第七章 用马克思两大发现的整体视角，谈马克思主义的劳动解放观 …… 109
一、劳动的发展推动了人在自然和社会历史中的不断解放 …… 110
二、劳动得以从资本主义形态中获得解放的现实出路 …… 114
三、自由的劳动是共产主义社会中人的基本存在方式 …… 117
四、劳动解放在社会主义初级阶段的实现程度和前进方向 …… 122

下篇 马克思主义哲学与中国道路

第八章 改革开放以来我国学界理解马克思主义哲学的三种路向 …… 129
一、当代中国语境与对马克思主义哲学的三种不同理解 …… 129
二、启蒙主义理解路向的要点与缺陷 …… 137

三、后现代主义理解路向的要点与缺陷 …………………… 147
第九章　马克思主义哲学与中国道路的双向促进 ……………… 156
一、对马克思主义哲学的正确理解事关中国道路的现实及未来 ……………………………………………………………… 156
二、中国道路推动对马克思主义哲学理解的创新发展 ………… 171
三、正确理解和发展马克思主义哲学，尝试回答中国道路的远期前景 ………………………………………………………… 180
第十章　马克思主义哲学在改革开放新起点上的责任 ………… 185
一、用马克思主义公平观审视当代社会不平等 ………………… 185
二、用马克思主义生态观审视当代生态危机 …………………… 193
三、用马克思主义人的发展理论审视当代人类生存境遇 ……… 199
第十一章　"马中西"三大资源在中国道路中的交互汇通 ……… 205
一、中国道路的西方现代性溯源 ……………………………… 206
二、中国道路的马克思主义导向 ……………………………… 213
三、中国道路的传统文化因素 ………………………………… 218
四、"马中西"三大传统在中国道路中的交互贯通 …………… 225

上　篇

20 世纪西方的马克思主义哲学研究及其启示

人类已经告别了最激动人心的20世纪，而20世纪当中所发生的大多数重大历史事件，以及人类在这一世纪的根本道路走向，都与马克思主义特别是马克思主义哲学密切相关。反过来说，马克思主义哲学在20世纪，它自身的理论观点和方法，它同现实生活的交互影响作用，也经历了一个丰富而曲折的发展过程。对这一历程进行回顾与反思，是摆在全人类面前，特别是摆在马克思主义的信奉者和研究者面前的一项刻不容缓的使命。通过这种回顾和反思，我们才能更好地理解马克思主义本身的丰富内容和精神本质，并在新的历史条件下发展这一科学真理。

自从马克思主义哲学来到这个世界上以后，它大致经历了两个时期：一是与它的创始人马克思和恩格斯“共生”的时期，这大致有半个世纪的时间；二是它的创始人马克思和恩格斯先后谢世，它“独立生存”的时期，这迄今已经有一个多世纪的时间。在这后一段时期100多年时间里，马克思主义哲学在其创始人马克思和恩格斯所奠定的理论体系的基础上，取得了长足的发展。与19世纪末相比，到了20世纪末21世纪初，马克思主义哲学已“今非昔比”，令人“耳目一新”。马克思主义哲学在20世纪所取得的理论成就，是全世界马克思主义哲学研究者共同努力的结果。

再具体说来，马克思主义哲学在20世纪的历程，大致可以包括三大板块，即在西方世界的历程，在苏联和东欧一批社会主义国家的历程，以及在中国、在中国特色社会主义道路上大步前进的历程。在上述三个不同的地区，马克思主义哲学在20世纪所走过的道路，既有相通之处，又各自有很多特殊性。因此，当我们要对马克思主义哲学在20世纪的历程加以回顾与反思之时，有必要按照这三大板块分别展开。在本篇中，我们对马克思主义哲学在20世纪的西方世界的发展过程加以评述，并主要从这一板块的理论成果中借鉴对马克思主义哲学本身“真精神”的理解。

第一章　20世纪西方马克思主义哲学的基本历程

一、西方世界对马克思主义哲学的三大解释路向

1. 三大解释路向的形成

马克思主义哲学在20世纪的历程，是以伯恩施坦从19世纪末对马克思主义的全面“修正”来拉开序幕的。伯恩施坦先是在当时的德国社会民主党的理论刊物《新时代》上，以《社会主义问题》为总标题，推出了一系列文章，而正是在这些文章中，他开始对马克思主义的一些基本观点提出疑问。紧接着，他出版《社会主义的前提和社会民主党的任务》一书，对马克思主义的经典理论进行全面的否定和修正。严重的是，伯恩施坦的修正主义观点得到了第二国际内部许多人的呼应，法国社会党的创始人、第二国际的领导人之一的饶勒斯就是其中的一个代表人物。

考茨基作为当时第二国际的主要领导人，起初对伯恩施坦的修正主义有所批评，但主要是从方法论上加以揭露，并且在后来他抛弃了所谓的“中派”的立场，选择了与伯恩施坦的修正主义路线完全沆瀣一气。第二

国际当中，在理论上坚决抵制和批判伯恩施坦修正主义路线的是卢森堡，并且她还进而对考茨基的修正主义路线展开了坚决的斗争，但是，她的理论始终没有在第二国际传统中占主导地位。在20世纪的头几十年，马克思主义哲学在西方世界的遭遇可以说与第二国际的命运密切相关。虽然第二国际后来瓦解了，但由伯恩施坦所开创的、由西方绝大多数社会民主党所继承的第二国际传统，对马克思主义哲学的解释路向业已形成并长期具有着重大影响。

正当第二国际传统的解释路向在西方世界不断产生重大影响之时，另一种解释路向也在西方世界发出了响亮的声音。这就是始于俄国布尔什维克党的列宁主义哲学，在十月革命胜利后，随着苏维埃政权和第三国际的建立，其影响扩展到全世界，也包括西方资本主义世界。这样我们在西方世界，不仅看到了第二国际传统中西方社会民主党理论家对马克思主义哲学的研究和修正，同时也看到了第三国际传统中西方各国共产党的理论家，按照俄国和苏联马克思主义理论的基本路线，对马克思主义哲学进行的研究、继承和发展。西方一些共产党的理论家和领袖如康福斯、福斯特、克劳斯、陶里亚蒂等代表了第三国际传统对马克思主义哲学的解释路向。

西方马克思主义代表了对马克思主义哲学的第三种解释路向。西方马克思主义的崛起，对20世纪西方世界乃至整个世界的马克思主义哲学史来说，都是最重大的事件之一。西方马克思主义与第二国际、第三国际没有直接的思想继承关系，它是在20世纪新的历史条件下形成和发展起来的，是对马克思主义特别是其哲学在西方发达资本主义国家的任务和出路的独立思考。卢卡奇、柯尔施、葛兰西是西方马克思主义的早期代表人物，他们开创了一种既反对第二国际传统又不同于第三国际传统的新的马克思主义哲学解释路向。全面地继承和发展这种解释路向的是法兰克福学派，西方马克思主义的一些基本思想在法兰克福学派那里以“社会批判理论”的形式出现。到了20世纪30年代以后，西方世界在哲学上代表西方马克思主义与第二国际和第三国际传统继续抗衡的就是法兰克福学派。

2. 三大解释路向的核心争论

我们在 20 世纪头几十年，在西方世界的马克思主义哲学舞台上，看到的是上述三种不同解释路向的“三足鼎立”。它们之间的争论在哲学上主要围绕着两个问题展开，第一个问题是马克思主义究竟是不是哲学。这一争论主要在第二国际传统的理论家与西方马克思主义理论家之间展开。前者认定马克思主义是一种经济理论、社会理论，而否定马克思主义是哲学；而后者强调马克思主义的核心就是哲学，马克思主义的主要力量也来自哲学。它们之间的争论所围绕的第二个问题就是马克思主义哲学究竟是什么。这一争论主要在第三国际传统的理论家和西方马克思主义理论家之间展开。前者强调马克思主义哲学的基本问题还是恩格斯所说的“思维与存在的关系问题”，马克思主义哲学的基本内容就是物质本体论、唯物主义反映论和把人类历史理解为自然史的历史观；而后者则认为马克思主义哲学经过哲学革命已不再把“思维与存在的关系问题”作为哲学的基本问题，马克思主义哲学是主客体统一的实践哲学，主要特征是实践性、历史性、总体性。

这三种解释路向在哲学上的争论与分歧，是同社会理论方面的争论与分歧紧紧地联系在一起的。它们之间在社会政治理论方面的分歧点很多，但核心问题还是在如何看待当代资本主义上。围绕着如何看待当代资本主义，出现了两种截然不同的态度：第二国际传统的理论家为当代资本主义辩护，主张对当代资本主义实施改良；第三国际传统的理论家和西方马克思主义理论家对当代资本主义展开批判。西方共产党理论家和西方马克思主义理论家尽管都对资本主义社会持批判的态度，但理论出发点截然有别。共产党的理论家基本上是从马克思的社会矛盾运动理论和剩余价值学说出发来批判当代资本主义；而西方马克思主义理论家则基本上是从马克思的人道主义理论和异化劳动理论出发来批判当代资本主义。由于出发点不同，前者所展现的当代资本主义的罪恶是资产阶级对无产阶级的政治压迫和经济剥削，而后者笔下资本主义成问题的则是人的全面异化，人性与社会的尖锐对立。

3. 三大解释路向在二战后的新发展

到了 20 世纪 30 年代以后，特别是到了第二次世界大战结束以后，这三种不同的解释都出现了新的走向。第二国际传统的解释路向在 20 世纪下半叶实际上已逐渐放弃了马克思主义哲学的立场，把对马克思主义哲学的研究和“修正”，变为对马克思主义哲学的彻底批判，其一些代表人物甚至成了西方世界最著名的马克思主义哲学的批判者。当然，我们说以一些社会民主党理论家为主体的第二国际传统的理论家对马克思主义哲学的研究逐渐脱离了马克思主义哲学的轨道，并不意味着属于这一传统的理论家对马克思主义哲学的研究对马克思主义哲学只有损害而毫无益处，他们对马克思主义哲学的研究和批判往往也从侧面、反面启示着马克思主义哲学的真正信奉者，迂回地推动了马克思主义哲学的发展。

西方共产党理论家对马克思主义哲学的研究仍然是西方世界研究马克思主义哲学的重要力量，但是他们的研究在 20 世纪下半叶发生了重大转折，这就是逐渐离开了原先第三国际的受苏联模式影响的辩证唯物主义与历史唯物主义体系，而走向原先一直被他们所反对的对马克思主义哲学的人道主义化解释，从而在一定意义上，西方共产党的一些理论家竟然成了西方世界人道主义的马克思主义的主要代表人物。“欧洲共产主义”的形成，说明西方一些共产党已完全把自己的理论基础奠定在传统的人道主义之上。这样一来，以西方一些共产党理论家为主体的第三国际传统的理论家对马克思主义哲学的研究，不要说与西方马克思主义中具有人道主义倾向的流派的界限已模糊不清，就是与第二国际传统的一些理论家的观点也已不断“趋同”。

西方马克思主义中人道主义倾向的理论家，如原先的法兰克福学派，以及新形成的存在主义的马克思主义、弗洛伊德主义的马克思主义等，他们在 20 世纪下半叶更加注重对马克思主义做人道主义的解释，尤其是更注重把他们所认定的人道主义的马克思主义作为价值标准来衡量资本主义社会，在此基础上对当代资本主义展开更激烈的批判。纵观 20 世纪下半叶的西方世界原先的三大马克思主义哲学解释路向，我们可以看到，尽管在如何看待资本主义等一些社会政治问题上它们之间仍然存在着尖锐的分歧，但是在哲学观点上却出现了合流的倾向，即都以自己的方式、程度不等地强调马克思主义哲学是一种人道主义，这与 20 世纪上半叶围绕着一系列基本哲学问题的它们之间的“三足鼎立”形成了鲜明的对照。

非常有意思的是，面对波澜壮阔的把马克思主义人道主义化的运动，起来抵制这一趋势并与之抗衡的，不再是来自西方共产党或者其他号称“正统的马克思主义者”的思想家，反而是来自西方马克思主义内部新形成的把马克思主义科学主义化的思潮，如结构主义的马克思主义、新实证主义的马克思主义、分析派的马克思主义等的一些代表人物。如果说在 20 世纪上半叶，致力于把马克思主义人道主义化的思潮在西方马克思主义内部是“独占鳌头”，那么到了 20 世纪下半叶，在西方马克思主义内部则出现了人道主义化的思潮和科学主义化的思潮“两刃相割”的局面。

这些把马克思主义科学主义化的理论家，围绕着马克思主义的本质特征是“批判”还是“科学”、马克思主义是“人道主义”还是“反人道主义”、真正能体现马克思主义的是马克思的早期著作还是晚期著作、马克思主义哲学是对黑格尔理论的反对还是继承等一系列重大理论问题，不但与西方马克思主义内部主张人道主义化的理论家，而且与整个西方世界人道主义的马克思主义者展开激烈的争论。西方马克思主义内部两股思潮之间的分歧，反映了整个马克思主义哲学在 20 世纪下半叶的西方世界的分歧，而西方马克思主义内部两股思潮之间的这种抗衡与对立实际上反映了整个马克思主义哲学在 20 世纪下半叶的西方世界的走向。

二、西方马克思主义哲学的进一步多样化发展

当然，要真正把握 20 世纪下半叶的西方世界的马克思主义哲学研究，还不能仅仅把目光停留在原先的三种解释路向上。实际上，20 世纪下半叶西方的马克思主义哲学出现了多样化发展的趋势，20 世纪下半叶西方世界

的马克思主义哲学的繁荣与兴旺正是表现在这种多样化趋势上。这种多样化的趋势首先可见于在原先的这三种解释路向之外又出现了许多新的马克思主义哲学研究流派。这些新的马克思主义哲学研究派别基本上仍然以马克思主义者自居，只有西方马克思学是个例外，因为西方马克思学的理论家仅仅把马克思主义设定为纯粹考据对象，把自己的研究作为一种无价值立场倾向的爱好或职业，但他们的研究成果确实为整个20世纪下半叶的马克思主义哲学研究增添了亮色。第四国际理论家对马克思主义哲学的研究常常被人们忽视，实际上他们的那些贯穿于其政治、社会、经济理论之中的哲学观点，特别是他们对马克思主义辩证法的研究，值得我们高度关注。流亡到西方国家的东欧新马克思主义理论家把东欧新马克思主义的理论成功地融入西方的马克思主义哲学研究之中。他们对20世纪下半叶的西方的马克思主义哲学的发展做出了特殊的贡献。解放神学则在西方世界开创了把马克思主义哲学与基督教结合在一起的新倾向，它一度在西方的马克思主义哲学界乃至整个西方学术界受到广泛重视绝不是偶然的。世界体系的马克思主义把马克思主义研究引向如何实现广大第三世界国家人民的解放的问题上，他们的研究因富有时代气息和旗帜鲜明而受到普遍的尊重。

马克思主义哲学在20世纪下半叶的西方世界呈多样化发展的趋势其次表现在西方马克思主义内部也出现了各种各样的新派别。如前所述，在西方马克思主义内部，无论是在把马克思主义人道主义化方向上还是在把马克思主义科学主义化的方向上，都有着许多派别。除此之外，又涌现了一些以特定的领域作为研究对象的新的马克思主义派别。这同样不仅反映了西方马克思主义，而且反映了整个马克思主义哲学的一些重要的新的发展趋势。女性主义马克思主义代表了马克思主义在关于妇女解放问题上所获得的新的研究成果，女性主义马克思主义在与自由主义女性主义和激进主义女性主义等当代西方女性主义的众多派别的斗争中，使马克思主义在妇女解放问题上得到了更多的发言权，推进和发展了马克思主义有关妇女问题的理论观点。生态马克思主义则直面当代人类所面临的生态问题，力图用马克思主义的立场、观点和方法为人类解决这一问题找到一条出路。除

了这两个派别之外，在西方世界还活跃着其他一些类似的以特定领域作为研究对象的马克思主义新派别。值得一提的是，这些新派别往往与西方世界此起彼伏的所谓“新社会运动”结合在一起，“新社会运动”中的左翼往往都以这些新的西方马克思主义派别作为自己的理论支撑。

20世纪80年代末90年代初，苏联东欧的社会主义国家发生剧变，这对西方左翼来说是一个沉重的打击。不要说原先西方的共产党，就是包括西方马克思主义在内的其他左翼力量，都程度不等地遭受挫折。在这种情况下，20世纪90年代初，西方的马克思主义哲学研究一度陷于沉寂。但可能无论是马克思主义的拥护者、同情者，还是马克思主义的反对者、诋毁者，都未曾想到，这种“沉寂”的局面没有维持多久，自90年代中期起，在西方世界，特别是在法、英、德、美等西方主要资本主义国家，掀起了一股研究和宣传马克思主义的热潮。西方世界马克思主义哲学研究在20世纪末21世纪初的“复兴”并不是简单地回到以前的那种研究，而是出现了许多新的趋向。这些新的趋向有：以政党为依托的研究转换为知识分子的独立研究；经院式的研究转换为密切联系实际的研究；单学科的孤立研究转换为跨学科的整体研究；争吵不休的论战式的研究转换为求同存异共同探讨式的研究。这些新的特点的形成，标志着走向21世纪的西方世界的马克思主义哲学研究，把20世纪西方世界的马克思主义哲学研究推向了一个新的发展阶段。这一时期的西方世界的马克思主义哲学的研究，在整个马克思主义哲学研究史上有着特殊的地位。

分析20世纪末21世纪初的西方的马克思主义，特别是马克思主义哲学的研究，仅仅看到上述这些特点是远远不够的。这样很有可能产生一种盲目的乐观主义。实际上，在上述这些特点背后隐匿着一个更值得我们关注的倾向，这就是马克思主义研究者对马克思主义的基本态度的日益严重的分化。有些研究者还是坚持马克思主义的立场，在基本认可马克思主义的前提下进行马克思主义哲学的研究，但是还有些研究者，则是在对马克思主义做“否定性”“批判性”的研究，马克思主义在他们那里，实际上只是个批判的、否定的对象。当今西方的绝大多数的生态马克思主义理论家和一部分女性主义马克思主义理论家基本上属于前者。当今英美的有些马克思主义研究者和法国马克思主义批评学派的有些成员也致力于强调马克思主义的现实性。除了这些人之外，其他的许多研究者对马克思主义的基本态度显然是主要着眼于否定和批评。后马克思主义对马克思主义哲学“解构”多于“建构”且不论，就拿法兰克福学派来说，这一学派在实现“政治伦理转向”进入了第三个发展阶段以后，实际上离马克思主义也越来越远了。至于当今英美的有些马克思主义研究者和法国马克思主义批评学派的另一些成员，以及像鲍德里亚这样的研究者，已经很难说他们是马克思主义者了。必须指出的是，在马克思主义研究者中存在的对马克思主义的这种截然不同的态度，往往同他们的思想中有没有后现代主义的成分，以及后现代主义的成分的多少相关。确实，后现代主义与马克思主义在目前西方世界处于“此长彼消”的局面。而且随着后现代主义在西方世界影响的日益扩大，在马克思主义研究中那种否定性、批判性研究的倾向也大有占上风之势，这值得我们密切关注。

三、20世纪西方马克思主义哲学历程的若干特征

马克思主义哲学在20世纪的西方世界的历程与同期其他地区相比较，有着许多自身的特点，马克思主义哲学在20世纪的西方世界的历程与在19世纪的西方世界相对照，也存在着不少不同之处。这些特点和不同之处归结起来主要有：

1. 曲折性

从马克思主义哲学诞生那天起，其性质就决定了它的发展道路是不会平坦的。这种曲折性在20世纪的西方世界表现得特别明显。一部马克思主义哲学在20世纪西方世界的发展史就是一部曲折发展的历史。小的波折姑且不论，大的曲折起码有三次：

第一次发生在20世纪初，也就是说，出现在恩格斯逝世后不久。伯恩施坦这个曾被恩格斯指定为“遗嘱执行人”的第二国际内部最有影响的理

论家，在恩格斯“尸骨未寒”时就马上以最公开和最完整的形式提出要“修正”马克思主义理论。伯恩施坦自己也承认，这次他所做的并不是对马克思主义的“修修补补”，而是与马克思主义“脱毛”，即从马克思主义的“禁锢”中全面地摆脱出来。伯恩施坦的所作所为马上在第二国际内部引起了翻江倒海般的震动，不要说原本在第二国际内部偏右的思想家，就是一些持中间态度的思想家都出现了相当大的思想混乱，借机对马克思主义表示怀疑、否定，像卢森堡这样起来坚决抵制的是少数。在当时的西方世界，第二国际理论家是研究马克思主义的主要力量，第二国际内部所出现的对马克思主义的基本态度的这一变化，对马克思主义哲学所带来的负面影响是可想而知的。

第二次出现在20世纪50年代以后，也就是说，在苏联赫鲁晓夫批判对斯大林的个人迷信并进而全盘否定斯大林，且该事件的影响波及了西方世界以后。在当时的西方世界，实际上研究马克思主义哲学的“正统”早已由原先的承继第二国际传统的社会民主党，转移到了承继第三国际传统的西方共产党方面。而当苏联这第一个社会主义国家、当苏联共产党这个长期以来第三国际“正统”的裁决者发生了重大变化之后，西方世界的马克思主义与反马克思主义的阵营界限和力量对比也就随之改变了。两者之间此消彼长，演化迅速。在西方共产党内部，在大批共产党员退党的同时，对马克思主义哲学的兴趣以及相应的研究也迅速陷于低潮。

第三次出现在20世纪80—90年代以后，也就是说，出现在苏联解体以及东欧一批社会主义国家易帜以后。别以为苏联解体以及东欧一批社会主义国家的易帜对西方世界所产生的影响主要限于对西方共产党的影响，实际上，受影响的是西方整个左翼力量，是西方的整个马克思主义研究。在西方政要和右翼思想家把马克思主义送进“历史博物馆”、“埋葬”马克思主义的叫嚣声中，西方的马克思主义哲学研究马上陷于“沉寂”。马克思主义哲学在20世纪的西方世界发展的曲折性与整个世界，特别是西方世界的政治、社会、经济的曲折历程是相一致的。后者的曲折性总要反映到前者中来。

2. 坚韧性

马克思主义哲学在20世纪的西方世界发展的这种曲折性是与坚韧性紧紧地联系在一起的。我们看到，马克思主义哲学每一次经历重大曲折以后，紧接而来的是马克思主义哲学的重大发展。实际上，我们在20世纪的西方世界所看到的不仅是马克思主义哲学的蹒跚而行，还有马克思主义哲学的波澜壮阔。马克思主义哲学在20世纪所遭受的打击和挑战是空前的，但马克思主义哲学在打击和挑战面前，表现出了顽强的生命力。马克思主义哲学在20世纪的西方世界之所以能在曲折中不断地获得发展，与20世纪的西方世界有着一批抱有坚定的马克思主义信念、善于在逆境中生存的马克思主义哲学研究者有关。在20世纪的20—30年代，在第二国际传统的马克思主义哲学研究者中，显然占支配地位的是伯恩施坦、考茨基的修正主义路线，第二国际内的左派思想家卢森堡等面对不可一世的伯恩施坦、考茨基及其追随者，面对实际上与修正主义沆瀣一气的西方资本主义势力，用他们坚忍不拔的革命意志，直至献出自己的生命，捍卫了马克思主义哲学的纯洁性。如果没有卢森堡他们与当时用列宁主义武装起来的西方共产党理论家的共同努力，就不可能有紧接而来的马克思主义哲学得以迅猛发展的局面。在20世纪西方世界的马克思主义哲学研究中有着特殊地位的法兰克福学派历经几十年而不衰，也离不开这一学派的骨干所表现出来的那种百折不挠的精神。特别是在深受法西斯主义的迫害，被迫逃亡至美国的境遇中，他们还是坚持法兰克福学派的社会批判理论的传统，坚持对马克思主义哲学的探讨。法兰克福学派的一系列后来发生重大影响的名著，不少是在这一时期推出的。

马克思主义哲学在20世纪的西方世界发展的坚韧性在那些流亡至西方世界的"东欧新马克思主义"理论家身上表现得特别明显。由于在原先的自己所在的国家，提出了与"官方"不相一致的马克思主义哲学观点，他们受到了非常不公正的待遇，被迫离开了自己的国家流亡至西方。即使在那样的情况下，他们并不因为在"马克思主义"的名义下受到了迫害，而动摇对马克思主义的信念。相反，他们中一些人来到西方世界以后以更加

旺盛的斗志和顽强的精神，继续追求马克思主义的“真精神”。正是他们对马克思主义哲学的研究，给整个西方世界的马克思主义哲学的研究带来了新的活力。苏东剧变后，西方世界的马克思主义哲学研究在短暂的几年的“沉寂”以后迅速“复活”甚至出现了前所未有的新生，推动出现这一不仅出乎马克思主义的信奉者也出乎马克思主义的反对者的意料的重大转折的，也正是西方世界的马克思主义哲学的研究者的那种坚韧的精神。这种精神我们不仅可以在法国的马克思主义批评学派中看到，不仅可以在由这一学派所组织的以 1995 年的巴黎马克思主义大会为代表的国际会议上看到，同样可以见之于当今英国、美国、德国的马克思主义哲学研究者，见之于这些研究者所举办的一系列研究马克思主义哲学的活动。而被誉为把今天的马克思主义哲学推进到一个新的阶段的生态马克思主义理论家，他们所取得的理论成就显然与他们的坚韧精神呈正比，只要仔细地阅读一下福斯特、奥康纳、佩珀等人的著作就可以明白这一点。20 世纪西方世界的马克思主义哲学之所以能够在曲折中获得重大发展，显然离不开西方世界的一批马克思主义哲学研究者的坚韧性，而在他们身上所表现出来的这种坚韧性，则反映了马克思主义哲学本身的性质。它是真理，所以它能在逆境中生存。

3. 多样性

纵观马克思主义哲学在 20 世纪的西方世界的发展，不难看出这种发展往往是通过多样性来实现的。在马克思主义哲学的发展过程中，多元的思想发展动力取代了单一的思想发展线索。恩格斯逝世以后不久，西方的马克思主义哲学研究马上呈现出多样性的局面。这不仅表现为在第二国际内部出现了左、中、右三派的对立，更表现为在第二国际传统之外，又产生了第三国际传统和西方马克思主义传统的马克思主义哲学研究，在 20 世纪上半叶出现了马克思主义哲学研究“三足鼎立”之势。马克思的《1844 年经济学哲学手稿》于 1932 年公开发表以后，围绕着对《1844 年经济学哲学手稿》的不同解释，更是出现了各种版本的马克思主义解释路向，马克思主义哲学研究的多样性趋势越来越明显。

整个20世纪下半叶西方的马克思主义哲学研究最鲜明的特点就是多样性。各种马克思主义哲学研究流派和思潮相继脱颖而出。除了原有的三种解释路向之外，先后产生一定影响的有西方马克思学、第四国际的马克思主义、解放神学的马克思主义、世界体系学派的马克思主义、流亡至西方的原东欧新马克思主义等等。而在西方马克思主义内部更是流派纷呈，除了法兰克福学派之外，存在主义的马克思主义、弗洛伊德主义的马克思主义、结构主义的马克思主义、新实证主义的马克思主义、分析派的马克思主义、生态马克思主义、女性主义马克思主义等先后呈现在人们面前。而且，西方马克思主义内部的各种派别与西方马克思主义之外的各种思潮交织在一起。苏东剧变后，马克思主义哲学研究在西方世界的“复兴”也是以多样性为主要标志的。各种马克思主义哲学研究的思潮，无论是以弘扬马克思主义哲学为宗旨还是主要着眼于批判马克思主义哲学的都显得异常活跃，共同组成了20世纪末21世纪初西方的马克思主义哲学研究的繁荣图景。后马克思主义的出现并产生重大影响则表明西方的马克思主义哲学研究的多样性已发展到了何等程度。

事实证明，仅仅用“分化”甚至“分裂”这样的词来描述和理解这种多样性是十分不妥当的，马克思主义哲学研究的多样性对马克思主义哲学带来的积极意义远大于消极影响，这种多样性是马克思主义哲学获得发展的一个重要前提，20世纪马克思主义哲学在西方世界的繁荣是借助于这种多样性来取得的。仔细观察一下西方世界马克思主义哲学研究的这种多样性的前后变化，我们还可看到，在苏东剧变前，处于多样性态势下的各种马克思主义研究派别往往为了争得一个“正统”的地位相互之间展开激烈的斗争，从而出现了马克思主义研究派别之间的水火不相容的程度往往超过马克思主义与非马克思主义之间的对立程度的情况。而在苏东剧变后，各种马克思主义研究的派别之间尽管仍然存在着尖锐的分歧，但是已逐渐开始相互包容，不再为了某一个观点而展开你死我活的斗争，而是能平心静气地坐在一起进行求同存异的讨论。这在一定程度上说明，马克思主义哲学的研究者终于认可了这种多样性的合理性与合法性。20世纪西方世界马克思主义哲学研究中这种多样性局面的出现，反映了随着时间的推移，马克思主义创始人那里的哲学观点原本所具有的歧义性会越来越不可避免地显示出来，更反映了对马克思主义哲学的理解会因理解者的立场、处境的不同而必然出现差异。

4. 开放性

整个20世纪西方的马克思主义哲学的发展历程都是一个“开放”的过程。这里所说的“开放”，指的是马克思主义哲学的研究者强调马克思主义应向各种思潮开放，吸收各种非马克思主义中的宝贵因素。除了在20世纪上半叶继承第三国际传统的西方共产党思想家往往以坚持马克思主义哲学的“党性原则”为理由，致力于划清马克思主义哲学与非马克思主义哲学的界限，强调前者对后者的批判，其他各种马克思主义研究派别和思潮一般都程度不等地用非马克思主义哲学之“长”来补马克思主义哲学之“短”，实际上，即使是西方共产党的理论家，其中有不少人到了20世纪的下半叶也一改与非马克思主义哲学势不两立的态度，在马克思主义哲学与非马克思主义哲学“融合”方面也做出了不懈的努力。当然，在20世纪西方的各种马克思主义哲学研究的流派与思潮中，数西方马克思主义“开放”的色彩最浓，西方马克思主义本来就是以把马克思主义哲学与非马克思主义哲学结合在一起为主要特征的，从属于西方马克思主义的主要是一些把马克思主义哲学与西方某一特定的哲学思潮“融合”在一起的派别，例如存在主义的马克思主义、结构主义的马克思主义、弗洛伊德主义的马克思主义、新实证主义的马克思主义、分析派的马克思主义等。

这样，我们看到20世纪西方的马克思主义哲学的发展往往是借助于与其他西方哲学思潮的结合而实现的。在20世纪西方世界的哲学舞台上，出现了马克思主义哲学与其他哲学思潮相互交融、相互渗透的画面。20世纪西方的马克思主义哲学研究者在致力于吸收非马克思主义哲学的宝贵因素的过程中，首先是重新把马克思主义哲学同较早的欧洲权威的哲学体系联系起来，退回到马克思以前的哲学舞台去。他们试图通过这一途径，即直接从欧洲哲学权威出发，沿着青年马克思的轨道，重建马克思主义的哲学体系。当然，他们更多的是试图把一些现代西方哲学思想“补充”到马克思主义哲学中去。可以说，他们广泛涉猎现代西方的各种哲学流派，只要一出现有影响的新的哲学思潮，他们都会把其纳入自己的理论视野，寻找可以用来修正和发展马克思主义哲学的“闪光点”。20 世纪西方的马克思主义哲学研究者，热衷于马克思主义哲学的“开放”，是与他们对马克思主义哲学的一个基本认识密切相关的，这就是在他们看来，马克思主义哲学在其创始人那里就是一个“开放”的体系，马克思和恩格斯倘若不吸收他们以前的以及与他们同时的哲学思想，就不可能创立马克思主义哲学体系。而历史发展到今天，马克思主义哲学要继续发展保持旺盛的生命力，仍然必须保持自己的“开放性”，即仍然必须从一切优秀的哲学思想中吸收养分。

5. 现实性

20 世纪西方的马克思主义哲学的发展过程是不断地与现实相结合的过程。20 世纪西方的马克思主义哲学之所以能对 20 世纪西方的历史进程产生重大影响，主要在于这一世纪西方的马克思主义哲学具有“现实性”这一重大特征。尽管有西方马克思学这样的纯粹把马克思主义哲学作为学术进行研究的派别，但是总的来说，20 世纪西方的马克思主义哲学研究的绝大多数派别都注重面对社会现实。第二国际、第三国际、第四国际传统的马克思主义哲学研究者都力图以自己的立场和观点直接对现实问题做出回答不消说，就拿曾被称为“经院马克思主义”的西方马克思主义的理论家而言，即使他们同西方国家的工人运动几乎没有任何直接的联系，即使他们从来也没有企图建立某种政党来实践自己的学说，即使他们大多是关在书斋里钻研学问的学者、教授，即使他们写下的著作是如此晦涩难懂，但是，从他们所关注的一些理论问题来看，他们实际上也并没有回避现实的挑战，在他们那深奥难懂的语言中负载着大量关于急剧变化着的资本主义世界的信息，跳动着这个特定时代的脉搏，也倾注了他们对社会主义和马克思主义命运的深刻关注。可以说，他们实际上是在书斋里，用他们特定的语言和方式曲折地反映着他们生活的那个时代。

只要看一下整个 20 世纪西方的马克思主义哲学发展过程，就可以清楚

地知道，每一个阶段马克思主义哲学研究的主题都与现实息息相关：20 世纪初，主要研讨的是如何看待资本主义的新发展；第一次世界大战前后，围绕着如何看待帝国主义与战争展开研究；俄国十月革命发生以后，又对十月革命的意义以及西方国家的社会主义前景集中进行探讨；在法西斯主义兴起以及随之发生的第二次世界大战期间，研究的注意力转向探讨法西斯主义产生的根源；第二次世界大战结束以后面对西方资本主义国家基于电子技术革命所带来的新发展，把对科技革命的社会政治效应纳入了研究的视野；20 世纪 70—80 年代以后，随着生态危机对人类的威胁日益加剧，对生态危机的探讨成了最重要的研究课题；苏东剧变后，非常自然地，当今资本主义世界是否还需要马克思主义成为研究的热点。20 世纪西方的马克思主义哲学研究者能够比较自觉地使自己的研究与现实结合在一起，出于他们对马克思主义哲学的本质特征的认识。在漫长的历史过程中他们越来越深切地认识到，马克思主义哲学是工人阶级自己解放自己的理论，实践性是它的本质特征之一，即它必须面向现实。马克思主义本质上永远是当代的。马克思主义的活力与魅力出自在实践的基础上的创造性的发展。苏东剧变后，西方的一些马克思主义哲学研究者在反思苏联模式的马克思主义陷于失败的根源时，往往把失败的根源归结于理论脱离实际，即凝固地、静止地、教条式地理解马克思主义。他们运用大量的事实揭露了理论脱离实际给社会主义运动带来的巨大危害。这更激起了他们密切联系实际地进行马克思主义哲学研究的自觉性。进入新世纪以后，美国出现了以“次贷危机”为主要标志的金融危机，欧洲资本主义国家则被债务危机所困扰，对马克思主义哲学的研究又与对资本主义世界所出现的这些危机的研究结合在一起。可以说，马克思主义哲学的研究紧扣着现实的发展脉搏而不断深入发展着。

第二章 对 20 世纪西方马克思主义哲学历程的基本评价

上一章中我们回顾了 20 世纪以来马克思主义哲学在西方世界所走过的道路，这一历程可以给我们留下许多的思索和感慨。在这 100 多年的时间里，马克思主义哲学所经受的曲折要远甚于前一个时期，这是对马克思主义哲学的生命力和创新性的严峻考验。由于所处的环境和遭遇的“问题域”的不同，西方的马克思主义哲学研究者所做出的贡献，不仅有与其他地区的马克思主义哲学研究者处于同一方向和同一平面上的，更有其独树一帜之处。要正确地评估 20 世纪西方的马克思主义哲学研究，评估其现实意义，包括其对中国理论界的影响，我们就要全面地考察其基本历程和特征，具体分析其与马克思本人思想的联系与区别，我们既要积极借鉴这一板块中的理论贡献，也需要明辨他们理论上的偏差和不足之处，从而既能对 20 世纪西方的马克思主义哲学研究加以科学的总结，又能相应地促进中国理论界对马克思主义哲学“真精神”的把握和发展。

一、20 世纪西方马克思主义哲学研究的方法论启示

1. 马克思主义哲学没有过时，具有顽强的生命力

只要这个世界上还存在着资本主义制度，只要这个世界上人类还没有

获得彻底解放，马克思主义哲学就永远不会过时，永远会具有生命力。由于在马克思和恩格斯先后逝世以后的这 100 多年时间里，马克思和恩格斯所预言的资本主义的“丧钟”并没有敲响，与此相应，马克思和恩格斯所期望的社会主义在西方世界并没有成为现实，从而使对马克思主义，特别是对马克思主义哲学的怀疑与指责在西方世界不绝于耳，马克思主义哲学作为一种非主流的意识形态在西方世界一直处于被打压的地位。在这 100 多年的时间里，马克思主义哲学经历了数次大的反复，特别是当原先的一些信奉者“改换门庭”，从内部开始批判和否定马克思主义哲学之时，马克思主义哲学更是命悬一线。马克思主义哲学已经数度被西方政要和右翼思想家宣布“业已死亡”，“送进了历史博物馆”。在这里我们且不论马克思主义在社会主义国家的实践的不朽功绩，当我们单只回顾一下马克思主义哲学在这 100 多年时间里在西方世界的理论历程，我们也能够看到，马克思主义哲学在西方世界非但顽强地活着，而且还活得很好。

那些西方世界的马克思主义哲学的研究者，即使在十分艰难的环境下，总是对马克思主义哲学抱有信心，总是不放弃对马克思主义哲学的研究。马克思主义哲学在这 100 多年时间里在西方世界顽强的生存和发展的历程富有说服力地告诉我们，马克思主义哲学在当今西方世界的存在有其必然性。这些马克思主义哲学的研究者对马克思主义哲学的信念，建立在对马克思主义哲学的生命力和现实性的认知上。不管国际风云如何变化，资本主义国家总无法解决其生产方式所包含的矛盾，无法消除资本家与工人之间剥削与被剥削的关系，无法避免资本主义制度所造成的严重威胁人类生存与发展的全球问题。而只要资本主义制度的这些内在矛盾还存在，决定这些矛盾的客观规律还起作用，揭示和反映这些矛盾和客观规律的包括马克思主义哲学在内的整个马克思主义，作为科学的真理，也就绝不会过时。西方社会需要马克思主义哲学，整个人类需要马克思主义哲学。

2. 马克思主义哲学的实践力量有赖于后继者的科学研究和实践奋斗

马克思主义哲学对当今世界具有深刻的现实意义，但马克思主义哲学对实际的人类历史进程的作用不是“自发”地实现的，而是依靠马克思主义哲学的信奉者、追随者在科学研究基础上的艰苦卓绝的努力奋斗。当今的西方资本主义社会，比起100多年前的西方资本主义社会，当然不可同日而语。在西方资本主义世界，出现了许多不是有利于资本主义而是有利于社会主义，不是有利于资产阶级而是有利于工人阶级的新变化。尽管马克思和恩格斯所期望的社会主义在西方世界尚未成为现实，但无疑，在这一社会中，资本主义的根基在不断地削弱，而社会主义的因素在不断地增加。分析一下西方资本主义社会中的这些新变化，确实其中有些是资产阶级的统治者本身造就的，但须知，这是资产阶级的统治者作为“革命遗嘱”的“执行人”造就的。实际上，马克思和恩格斯早在生前，就已看到了资本主义的一些变化，并且也已发现这些变化甚至是资产阶级作为“革命遗嘱”的“执行人”而带来的。

第二次世界大战以后，福利制度逐步扩展到大多数发达资本主义国家，这就标志着发达资本主义社会的资产阶级统治者被迫顺应历史发展趋势，普遍扮演了社会主义的“遗嘱”的“执行人”，他们采取了一方面应对社会主义另一方面又含有社会主义因素的福利制度。而资产阶级的统治者之所以能充当“革命遗嘱”的“执行人”，主要是受到马克思主义理论的广泛传播和无产阶级革命运动的不断兴起的推动。当今资本主义社会中所出现的还有一些有利于社会主义和工人阶级的新变化，如个人的自由活动时间的增加、社会公共产品领域的扩大等等，则是马克思主义特别是马克思主义哲学对这一社会施加影响的产物，是在马克思主义直接影响下的各种无产阶级革命运动和新社会运动所获得的成果。问题在于，马克思主义特别是马克思主义哲学对当今西方社会所带来的这些有利于社会主义和工人阶级的新变化，是马克思主义哲学本身自发产生的吗？看一看西方的马克思主义哲学研究者在这100多年时间里的努力奋斗就可知道，没有他们对马克思主义哲学的深入研究和在此基础上对其现实意义的深刻阐发，没有他们将马克思主义哲学对于资本主义现实的实际运用，马克思主义哲学就不可能在现实生活中发挥如此大的作用。这就昭示我们，马克思主义哲学确实是一种好的思想武器，但要靠我们去实际运用才能变成现实的

力量。

3. 马克思主义哲学必须不断发展才能永葆青春

马克思主义哲学没有过时，但马克思主义哲学必须不断地被修正和发展，后继者们必须不断地澄清马克思主义哲学中的“活东西”与“死东西”，从而使马克思主义哲学永葆革命的青春。诞生于19世纪的马克思主义哲学到了20世纪，肯定其中有许多内容已不适应新的时代的需要。如果20世纪西方的马克思主义哲学研究者完全照搬原先的马克思主义哲学的内容，所谓的对马克思主义哲学的研究只是满足于对原先的理论进行注释和解释，那么他们不可能取得如此大的成就。当然也有一些研究者确实是完全用教条主义的态度对待马克思主义哲学，实际证明这些研究者不是被淘汰就是陷于孤立境地，如20世纪上半叶有一些第三国际传统中的西方共产党的思想家，他们只是机械地成为伯恩施坦式“修正”的反题，而没有完全科学地坚持马克思主义活的灵魂。而大多数20世纪西方的马克思主义哲学研究者认定马克思和恩格斯不是先知先觉的超人，在维持马克思主义哲学的基本精神的前提下，致力于修正和发展马克思主义哲学，他们理直气壮地讨论马克思主义哲学以及其他马克思主义的组成部分的局限性的问题。在他们看来，这并不是对马克思学说的不尊重。虽然不像有些人所断言的：“马克思在19世纪作出了独创性的贡献，但对认识20世纪的现实却毫无帮助，对世界面临的21世纪的挑战更是束手无策”，然而，马克思确实没有给人们提供现成的答案。上述研究者们对马克思主义哲学所做出的贡献与对马克思主义哲学的这一基本认识密切相关。苏东剧变后，西方的马克思主义哲学研究者对马克思主义哲学必须适应时代的发展这一点在认识上更趋于一致。他们把对马克思主义哲学的研究重心放在澄清马克思主义哲学中的“死东西”与“活东西”上，即将马克思主义哲学置于新的形势背景下加以衡量，看看哪些东西已丢失时效，哪些东西仍散发着真理的光辉。我们完全可以说，马克思主义哲学未来的命运主要取决于当代的马克思主义哲学研究者能否使它与时俱进。过去100多年西方的马克思主义哲学研究的历史真切地告诉人们，决不能对变化中的现实视而不见，不能只是千篇一律地援引经典作家的名言，为曲折多变的政治需要进行辩解，而不再吸纳新知识和解决新问题。那些躺在马克思主义哲学词句上的“思想懒汉”实际上应为国际共产主义运动的抱残守缺和屡屡遭受挫折承担责任。对此，我们具有清醒的头脑。

4. 马克思主义哲学需要有自我反思、自我更新的活力机制

马克思主义哲学的发展道路并不平坦，马克思主义哲学的研究者关键要培育一种马克思主义哲学的自我反思、自我更新的活力机制。观察20世纪西方的马克思主义哲学的发展过程，我们还会发现这一过程充满了自我否定、自我批评的精神。当一个阶段的马克思主义哲学发展过程结束以后，后继者总会对马克思主义哲学的发展过程做出反思，并提出尖锐的批评。尤其是在苏东剧变以后，许多马克思主义哲学研究者更是利用各种场合回顾马克思主义哲学的发展曾经走过的弯路，检讨自己曾经所犯的错误。马克思主义哲学研究者经常反思自己走过的道路，并对自己的错误及时地加以检讨，这并不表明马克思主义哲学的软弱无力，而是马克思主义哲学有力量的表现。敢于公开地做自我批评表明对自己的事业充满了信心。正视错误是改正错误的起点。马克思主义哲学具有一种批判的功能，这种功能是一把双刃剑：一方面刺向敌对的阵营，同其战斗，拨正视听，并锻炼自己的战斗力；另一方面则用以解剖自己，使自己在扬弃中前进。马克思主义哲学要保持自己的活力机制就应充分展现自己的批判功能，其中包括对自身的解剖。

当然，这里有一个原则的问题，这就是在进行自我批评时，决不能把马克思主义的追随者所犯的错误随便地归咎于马克思。正如法国马克思主义批评学派的拉比卡所指出的，马克思不能为斯大林主义负责，正像卢梭不能为罗伯斯庇尔负责一样。如果马克思主义哲学研究者在自我反思的过程中，把自身所犯的错误与马克思哲学本身的缺陷混为一谈，那么这种自我反思非但不能促使马克思主义哲学在反思中获得新生，而且还会严重伤害马克思主义哲学。在这方面，应当说，20世纪西方的马克思主义哲学研究也有着深刻的教训。还有，马克思主义哲学研究者的自我批评往往是与

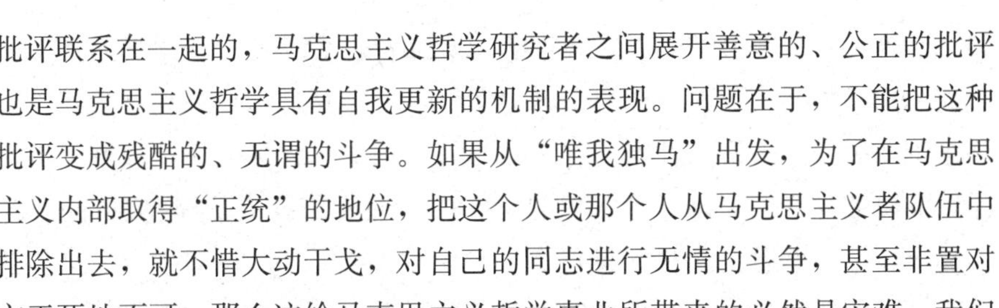

批评联系在一起的，马克思主义哲学研究者之间展开善意的、公正的批评也是马克思主义哲学具有自我更新的机制的表现。问题在于，不能把这种批评变成残酷的、无谓的斗争。如果从“唯我独马”出发，为了在马克思主义内部取得“正统”的地位，把这个人或那个人从马克思主义者队伍中排除出去，就不惜大动干戈，对自己的同志进行无情的斗争，甚至非置对方于死地不可，那么这给马克思主义哲学事业所带来的必然是灾难。我们需要的是推己及人、将心比心的批评。当这样的批评与自我批评合成一体，马克思主义哲学就真正能形成一种自我反思、自我更新的活力机制。

5. 马克思主义哲学需要被科学地而非实用主义地对待

我们要以科学的态度对待马克思主义哲学，不能实用主义地对待马克思主义哲学，更不能把马克思主义哲学当作政治的装饰品。在如何看待马克思主义哲学与政治的关系的问题上，20 世纪西方的马克思主义哲学研究既有经验又有教训。长期以来，西方的马克思主义哲学研究在很大程度上是从属于政党的，特别是在第三国际的传统中，哲学研究更是在各国政党的组织和领导下展开的，并间接受到苏联这一中心和权威的纲领路线和国际政策变动的波及。尽管不能全盘抹杀这种研究方式的积极意义，但无疑这种研究方式确实具有消极的一面。这就是往往使马克思主义哲学完全服从政党的“政治”的需要，基于此，有人曾经批评这种马克思主义哲学的研究方式是把马克思主义哲学作为“政治的装饰品”。把马克思主义哲学作为“政治的装饰品”的直接后果就是以实用主义的态度对待马克思主义哲学，即把马克思主义哲学当作实现短期目标乃至一己私利的工具，需要时把马克思主义哲学的某一理论捧上了天，不需要时就弃之一旁。这种把马克思主义哲学当作“政治的装饰品”，以实用主义的态度对待马克思主义哲学的做法，对 20 世纪西方的马克思主义哲学的发展带来的伤害有目共睹，倘若不是受阻于这样一种研究方式和研究态度，20 世纪西方的马克思主义哲学还会获得更大的发展。

可喜的是，在 20 世纪西方的马克思主义哲学研究中，除了把马克思主义哲学当作从属于政党的政治需要，把马克思主义哲学当作“政治的装饰品”之外，还有一些马克思主义哲学的研究者一直坚持用科学的态度对待马克思主义哲学，即真正把马克思主义哲学当作真理加以探讨和追求。在苏东剧变后，许多研究者更是对这种把马克思主义哲学当作“政治的装饰品”的研究方式做了进一步的反思，在失去政党依托之后坚持独立研究。实际上，把马克思主义哲学降低为“政治的装饰品”，完全违背了马克思主义哲学的性质与功能。马克思主义哲学的力量主要来自它本身就是工人阶级的世界观，它本身就是工人阶级和广大人民群众利益的护身的法宝。它并不是由某些人或某些政党的主观意志所决定的，也就是说，不是由某些人或某些政党在主观上把它作为服务于无产阶级和广大劳动人民的工具，它就具有了这样的功能。因此，越是把马克思主义哲学作为客观的、科学的真理来研究和运用，马克思主义哲学就越是显示出其强烈的阶级性，越是发挥出为无产阶级和广大劳动人民谋利益的功能。反对把马克思主义哲学作为“政治的装饰品”，并不是要割裂马克思主义哲学与无产阶级政治的内在联系，而只是反对以实用主义的态度对待马克思主义哲学，反对把马克思主义哲学变成为某些人某些集团谋取利益的工具。

6. 马克思主义哲学的研究需要站在人民的立场上

作为一个马克思主义哲学的研究者，必须不断增强对马克思主义的立场宗旨的信念，把维护无产阶级和广大劳动人民的利益作为出发点。在这100多年的时间里，我们看到马克思主义哲学在西方世界吸引了众多专家学者，这些专家学者先后投入到对于马克思主义哲学的研究行列。从马克思主义哲学在西方世界的吸引力来说，马克思和恩格斯身后一点儿也不逊于他们在世时。可是，我们同时也看到，真正坚守在马克思主义哲学研究岗位上，把此作为自己毕生的事业，并相应取得成就的人数与先后投入这一行列的人数相比，就显得屈指可数了。有许多马克思主义哲学研究者，不是“退伍”就是“背叛”。实践证明，马克思主义哲学是一门“特殊的学问”，它对研究者具有“特殊的要求”。从这100多年的时间里西方世界的马克思主义哲学研究的整个历程来看，一个真正有作为的马克思主义哲学研究者，必须对马克思主义怀有强烈的信念，使之成为自己的一种生存

需要，要用自己的生命来追求马克思主义的真理，把对马克思主义哲学的研究融入自己的生命活动。这一点，对于一个处于将马克思主义作为非主流的意识形态、使马克思主义处处遭受压抑和打击的西方世界的研究者来说，可能不太容易做到。但事实上，一些人做到了，从而说他们实在难能可贵。这里，关键还是一个立场问题，即站在什么立场上研究马克思主义哲学的问题。

马克思主义哲学具有鲜明的阶级性，它是无产阶级的世界观，是无产阶级和广大劳动人民翻身求解放的思想武器。马克思主义哲学的研究者必须经常检查自己的立场，即经常检查自己是否是为了维护无产阶级和广大劳动人民的利益才去从事马克思主义哲学研究的。如果回避这一点，总想追求一种超越阶级的对马克思主义哲学进行的“纯客观”“纯学术”的研究，那么这种研究可能在马克思主义哲学的所谓“知识性”方面有所收获，但总的来说，不可能真正把握马克思主义哲学的“真精神”，从而也不可能真正对弘扬马克思主义哲学的功能有多少帮助。这种状况，我们在西方的马克思主义哲学研究界常常会看到。对于一个立志把握马克思主义哲学的真理并以此作为思想武器在改变这一世界方面做些什么的研究者来说，绝不应当选择这样一种研究方式，走这样一条道路。我们还必须认真吸取在西方的马克思主义哲学研究界，一些人由于片面强调所谓“客观”和“学术性”从而走上了马克思主义的反面的深刻教训。我们不是经常见到有这样一些研究者，由于受到对马克思主义的种种偏见的影响，带着某种情绪化的成分面对马克思主义哲学，把对马克思主义教条化的不满变成对马克思主义本身的不满，自觉不自觉地站在资产阶级的立场上看待马克思主义，从而逐渐从一个马克思主义哲学的信奉者、追随者、研究者变成货真价实的批判者、反对者？殷鉴不远，我们务必引以为戒。

二、20世纪西方马克思主义哲学研究的问题域开拓

在这里，我们主要通过剖析20世纪西方的马克思主义哲学研究者，围

绕着其涉及马克思主义哲学的一些“相互关系”所展开的争论，论述其对马克思主义哲学性质的认定、对马克思主义哲学内容的深化、对马克思主义哲学功能的开拓等各个方面所做出的独特的贡献。

1. 对马克思主义与哲学相互关系的研究

在20世纪西方的马克思主义研究者中，除了那些完全站在否定的立场上进行探讨的人之外，绝大多数研究者对马克思主义持肯定的态度。但是对马克思主义持肯定态度，不等于对马克思主义哲学持肯定态度。贯穿于整个20世纪西方的马克思主义研究过程的一个重大主题就是对马克思主义与哲学相互关系的研究，或者说对马克思主义哲学在整个马克思主义理论体系中居什么地位的研究。一些研究者否定马克思主义是哲学，从而尽管对马克思主义持肯定态度，但对马克思主义哲学却加以批判；而另一些研究者则突出马克思主义哲学在整个马克思主义理论体系中的地位，从而在他们那里，对马克思主义的肯定与对马克思主义哲学的肯定是一致的。实际上，这一主题所隐含的是对马克思主义哲学性质的认识。第二国际传统的一些理论家鉴于在马克思的思想发展过程中确实存在着从注重研究哲学向注重研究特定的社会的转折，更鉴于马克思在1845年以后一再强调要否定和批判哲学，提出马克思主义与哲学无缘，而主要是一种经济理论、政治理论，这种论断并非空穴来风。而第三国际传统的一些理论家，特别是西方马克思主义理论家则认为马克思主义的主要力量来自哲学，从而提出要恢复和重建马克思主义哲学，这种想法也有其正当根据。正是通过这两种不同的观点之间长期的交锋与争论，人们对于究竟什么是马克思主义哲学、马克思主义哲学与一般的西方传统哲学区别在哪里、怎样理解马克思主义的哲学革命、马克思主义哲学的性质究竟如何这些根本性的问题的认识，才逐步变得清晰起来了。尽管对这些问题的认识在西方的马克思主义哲学研究者中间还不能说已完全取得一致，但起码已达成了若干共识，如目前已很少再有人完全否定马克思主义包含着哲学的内容，但是与此同时，人们一般也不再在西方传统哲学的含义上来看待马克思主义的“哲学”定性，也就是说，即使认为马克思主义是一种哲学，也必须赋予哲学

新的含义，之后才能把马克思主义确认为一种哲学。这显然是加深了对马克思主义哲学的性质与地位的认识，不能不说这是马克思主义哲学研究中的一个突出进步。

2. 对马克思早晚期哲学思想相互关系、马恩哲学思想相互关系的研究

早在 20 世纪 20 年代初，西方马克思主义的开创者卢卡奇等人就提出了马克思早期哲学思想与晚期哲学思想，特别是马克思哲学思想与恩格斯哲学思想之间相互关系的问题。而到了 1932 年马克思的《1844 年经济学哲学手稿》公开发表以后，对这一问题的探讨更是被推到了西方的马克思主义哲学研究的最前沿。在一定意义上，对这一问题的探讨贯穿于整个 20 世纪西方的马克思主义哲学研究。西方马克思主义中的人道主义的马克思主义者、西方马克思学理论家、20 世纪下半叶的一些第二国际传统的理论家、流亡至西方的东欧新马克思主义者、20 世纪下半叶的一些第三国际传统的理论家，一般都推崇马克思的早期哲学思想，与此同时，常常对恩格斯的哲学思想持批判与否定态度，认为恩格斯对马克思的哲学思想存在着诸多的误解与歪曲；而西方马克思主义中的科学主义的马克思主义者，20 世纪上半叶的一些第二国际传统的理论家，20 世纪上半叶的第三国际传统的理论家、第四国际传统的理论家，一般都肯定马克思的晚期的哲学思想，并且并不认为马克思与恩格斯之间存在着严重的对立，而是强调两者之间的一致性，特别强调恩格斯对马克思主义哲学的贡献。如果说在苏东剧变前，从总体来说，在西方世界显然是肯定“青年马克思”而贬低“老年马克思”、肯定马克思而贬低恩格斯的倾向占上风，那么苏东剧变以后，这种格局有所改变，推崇“老年马克思”、推崇恩格斯的声音逐步强烈了起来，甚至还有的研究者提出马克思主义哲学中最值得肯定的是“老年恩格斯”的哲学思想，不仅要用“老年恩格斯”来否定“青年恩格斯”，而且要用“老年恩格斯”来否定整个马克思。

我们千万不要仅仅在消极、否定的意义上来看待贯穿于整个 20 世纪的西方马克思主义哲学研究之中的这场关于“青年马克思”与“老年马克思”、马克思与恩格斯之间相互关系的争论。正是这场争论引发了人们对马克思本人哲学思想发展过程，以及从马克思到恩格斯哲学思想发展过程的深入思考，在此基础上又引发了对究竟什么是马克思主义哲学思想的核心与“真精神”的思考。当然目前争论还在继续，但是到目前为止，马克思哲学思想的发展过程以及从马克思哲学思想到恩格斯哲学思想的发展过程在许多人的脑海中显然要比20世纪初要清楚得多。许多人既正视马克思前后哲学思想的差异性又看到了马克思前后哲学思想的连贯性，与此同时，既正视马克思哲学思想与恩格斯哲学思想的差异性又看到了马克思哲学思想与恩格斯哲学思想的连贯性。许多人正是借助于争论既逐步避免了突出“青年马克思”而否定“老年马克思”、突出马克思而否定恩格斯的片面性，也不断地避免了为突出“成熟马克思”而抹杀“成熟马克思”是从“青年马克思”演变而来、为了强调马克思与恩格斯是“一个整体”竟然无视两者之间存在着差别的片面性。显然，对“青年马克思”与“老年马克思”以及马克思与恩格斯之间关系的认识的逐步切合实际，也是20世纪西方的马克思主义哲学研究所取得的重大成就。

3. 对马克思主义哲学与人道主义相互关系的研究

对“青年马克思”与“晚年马克思”、马克思与恩格斯相互关系的研究，是与对马克思主义与人道主义相互关系的研究交织在一起的。一般来说，推崇“青年马克思”而贬低“老年马克思”，推崇马克思而贬低恩格斯的都强调马克思主义是一种人道主义，把马克思主义哲学归结为一种人道主义。与此相应，推崇“老年马克思”而否定“青年马克思”，认可马克思哲学思想与恩格斯哲学思想的一致性，认可恩格斯是马克思主义哲学中无可争议的“第二小提琴手”的，都把人道主义排斥于马克思主义哲学之外，强调马克思主义的历史唯物主义是马克思与资产阶级人道主义决裂以后才形成的理论体系。20世纪西方的马克思主义哲学研究，把探讨马克思主义与人道主义的关系作为第一主题，是具有深刻的社会历史根源的。一方面，苏联赫鲁晓夫批判斯大林个人迷信，及其对在社会主义国家中发生的大量侵犯人权的现象的揭露，把马克思主义究竟如何看待人的权利、人的尊严的问题尖锐地提到了人们的面前；另一方面，生活在资本主义世界中的人们，越来越切身感受到，尽管物质生活资料越来越丰富，但人们却日益被商品、机器所奴役，自己只是作为一种劳动工具和消费机器而存在着。正是在这种情况下，西方的一些马克思主义哲学研究者及时地把人的问题纳入自己的研究视野，相应地在理论上必然要重新反思人道主义与马克思主义哲学的关系，重新反思马克思在建立自己的哲学的过程中究竟有没有"丢掉人"以及究竟"如何对待人"，重新反思马克思主义的历史唯物主义与西方传统的资产阶级人道主义是完全对立的还是存在着某种继承关系的。

可以说，20世纪西方的马克思主义哲学研究的得失完全取决于对人道主义与马克思主义之间关系问题的研究的效应。20世纪西方的许多马克思主义哲学研究者为此倾注一生绝大部分的心血与智慧。这只要看一下在20世纪50—60年代的法国，围绕着马克思主义哲学与人道主义的相互关系，西方马克思主义中科学主义思潮的代表人物阿尔都塞与西方马克思主义中人道主义思潮的代表人物萨特之间的争论，以及阿尔都塞与法国共产党的著名理论家伽罗迪之间的交锋，是多么激烈，就一清二楚了。而到了20世纪70—80年代以后，尽管观点尚未统一，争论尚未平息，但显然争论的激烈程度、分歧的对立程度已不断地减弱。许多的马克思主义哲学的研究者似乎逐步统一到这样的观点上来：完全割裂马克思主义哲学与传统的人道主义之间的内在联系和继承性不可取，而把马克思主义的历史唯物主义完全等同于传统的人道主义，无视历史唯物主义对传统的人道主义的超越也不可取。像前者那样把马克思主义哲学与人道主义完全对立起来会带来严重的后果，而如后者那样把马克思主义哲学归结为人道主义也将受到历史的惩罚。当代法国马克思主义批评学派重要代表人物比岱就认为，将马克思主义理解为分析资本主义社会的"经济—社会—政治"的理论框架是对马克思主义理论的一种伤害，而将马克思主义理解为人道主义对马克思主义来说也是一种"来自其内部的威胁"，而现在需要做的是，超越这两种片面的理解，在沟通两者的基础上"重建历史唯物主义"。比岱的观点在目前西方的马克思主义研究者中间具有一定的代表性。把马克思主义哲学与人道主义的关系作为一个重要问题提出来加以研究，这本身不能不说是马克思主义哲学研究中的一个重大成就，而通过研究逐步地形成一种对两者关系的辩证的、合理的认识，更是对马克思主义研究的突出贡献。

4. 对历史唯物主义与辩证唯物主义、自然辩证法相互关系的研究

20世纪西方的马克思主义哲学的不同研究者，即使同样认可马克思主义哲学，但对马克思主义哲学究竟包含什么内容也存在着分歧。其中最大的分歧就是在辩证唯物主义与历史唯物主义的关系问题上的认识的不一致。第三国际传统的共产党的理论家，按照列宁对马克思主义哲学的解释，认为马克思主义哲学包含辩证唯物主义与历史唯物主义两大部分，辩证唯物主义与历史唯物主义共同构成马克思主义哲学的不可分割的“整钢”；而以西方马克思主义中人道主义思潮的理论家和流亡到西方的东欧新马克思主义理论家为代表的研究者，则在把马克思主义哲学归结为哲学的同时，又把马克思主义哲学归结为历史唯物主义，强调要把辩证唯物主义，特别是自然辩证法从马克思主义哲学中“清除”出去。这样在20世纪西方的马克思主义哲学研究过程中，研究者们又围绕着马克思主义哲学是否包含辩证唯物主义、自然辩证法，以及辩证唯物主义与历史唯物主义究竟是怎样一种关系，展开了持久的激烈的争论。

必须指出，对于这个问题的争论同关于马克思主义哲学与人道主义的关系的争论并不完全一致。有些研究者，即使强调马克思主义哲学是一种人道主义，但并不一定主张马克思主义哲学只是历史唯物主义。例如法国共产党的著名理论家伽罗迪，他是一个著名的人道主义的马克思主义者，如前所述，他为了恢复马克思主义哲学的所谓人道主义的本性，与强调马克思主义是理论上的反人道主义的阿尔都塞进行争论，但与此同时，为了捍卫列宁主义关于辩证唯物主义与历史唯物主义是不可分割的一块“整钢”的观点，他又同虽然与他一样把马克思主义归结为人道主义但却否定辩证唯物主义、自然辩证法的萨特展开激辩。应当说，这一争论对正确和深入把握马克思主义哲学的理论内容有着非同寻常的意义，就对马克思主义哲学的理论意义而言，这一争论带来的影响超过其他的任何有关马克思

主义哲学的争论。正是通过这一争论，人们对“是不是可以把辩证唯物主义与历史唯物主义的关系理解成先有辩证唯物主义，而历史唯物主义仅仅是把辩证唯物主义的观点‘推及’历史领域才形成的”等一系列重大问题，做出了“拨乱反正”。

由于后来提出马克思主义哲学只是一种社会历史理论，竭力反对把自然辩证法纳入马克思主义哲学范畴之中的卢卡奇他们检讨了自己这样做的片面性，而相应地，那些原先坚持历史唯物主义只是辩证唯物主义“推及”社会历史领域而形成的理论的研究者，也开始突出历史唯物主义在马克思主义哲学中的地位，从而可以说实际上两种具有对立立场的研究者业已“互相靠拢”。这样，在大部分的马克思主义哲学研究者中间，终于就是否认可马克思主义哲学中辩证唯物主义、自然辩证法的存在，以及在什么意义上加以认可达成了某种共识。这一争论大大推进了对马克思主义哲学的基本内容以及理论实质的正确认识。这一争论所取得的理论成果将在马克思主义哲学研究史上留下不可磨灭的印记。

5. 对历史唯物主义注重经济和生产力因素与注重精神因素的相互关系的研究

把第二国际传统的马克思主义哲学解释路向称为“经济决定论”是有理由的，尽管在第二国际传统的马克思主义哲学研究者中，也有像伯恩施坦这样的致力于否定和批判在经济关系中寻找历史发展的最终原因的理论家，但总的来说，第二国际传统的马克思主义哲学研究者都坚持认为强调经济、生产力因素对历史发展的决定作用是马克思主义哲学的立足点。而第三国际传统的马克思主义者，虽然在实践方面非常注重主观因素的作用——十月革命的胜利在一定意义上是他们注重历史发展的主观因素的作用的产物，但是在对理论的总体表述上，他们在坚持经济决定论方面却几乎与第二国际传统的理论家没有多少差别。20世纪上半叶的西方共产党的理论家，也严格坚持唯物主义的哲学立场，强调在社会历史领域存在着不以人的意志为转移的客观规律，强调必须在经济关系中寻找一切精神现象的根源。

首先向这种“经济决定论”发出挑战的是以卢卡奇、柯尔施、葛兰西为代表的早期西方马克思主义者。西方马克思主义正是在批判第二国际和第三国际的“经济决定论”的过程中形成的。西方马克思主义理论家之所以要把马克思主义人道主义化，之所以要提出马克思主义哲学是一种“实践本体论”，之所以要寻找一条通过唤醒无产阶级的阶级意识，让无产阶级的阶级意识直接成为变革现实的革命力量的所谓“内在超越”的道路，说到底就是为了推倒“经济决定论”而强调主观因素、阶级意识对历史发展的决定作用。西方马克思主义对“经济决定论”的批判影响了整个20世纪西方的马克思主义哲学研究。即使像阿尔都塞这样的坚持认为历史唯物主义的出发点不是抽象的人而是生产方式的思想家，在论述是什么因素主导历史发展的时候，也反对仅把历史的发展归结于经济的“一元论”，而提出历史发展的“多元决定论”。

苏东剧变后，一方面我们看到，有后现代主义思想背景的后马克思主义理论家对“经济决定论”的否定愈演愈烈：拉克劳与莫菲强调不是“经济的最终决定”赋予主体的优先地位抑或是什么“历史规律的担保”决定了主体的霸权；穆泽利斯的所有的理论活动都围绕着“克服政治或意识形态问题上的经济还原论”这一基点展开；鲍德里亚认为以物质生产方式为基础的历史唯物主义根本不能实现对资本主义的根本性批判。另一方面我们也看到，在当今西方的马克思主义理论界，也有与后马克思主义理论家不同的声音，如：英国的马克思主义哲学研究者伊格尔顿强调不能把历史发展中的意识形态因素与现实的社会关系因素相提并论，意识形态是现实社会关系的反映，它受现实物质条件的制约；美国的马克思主义哲学研究者福斯特提出为了揭示和弘扬马克思的生态世界观，必须重新回到马克思主义的唯物主义观点，注重历史发展中经济的决定作用。

6. 对马克思主义哲学与具体社会科学相互关系的研究

20世纪西方的马克思主义哲学研究所取得的理论成就不仅表现在对马克思主义哲学本身的研究上，更体现在对马克思主义哲学与具体社会科学相互关系的探讨上，具体地说就是，更体现在对马克思主义哲学如何指导

各门社会科学、如何使马克思主义哲学在各门社会科学中发挥自己的功能的探讨上。20世纪西方的马克思主义哲学研究的成就既有理论上的，更有实践上的，这指的是对20世纪的世界的历史进程，特别是西方世界的历史进程的积极影响。这种对现实所产生的影响，往往不是来自对马克思主义哲学本身的研究，而是来自对马克思主义哲学与具体社会科学相互关系的研究。也就是说，正是由于西方的一些马克思主义哲学研究者对马克思主义哲学与具体社会科学之间的关系做出了深入的探讨，从而使马克思主义哲学渗透于具体的社会科学之中，他们通过扩展马克思主义哲学对具体的社会科学的影响，实现了马克思主义哲学对现实的社会生活的影响。对马克思主义哲学本身研究的理论成果，特别是对有关马克思主义哲学与具体社会科学关系研究的理论成果，直接转化成了对现实社会生活施加积极影响的实践成果。纵观20世纪西方的马克思主义哲学研究，我们不难发现，其过程中出现了一系列马克思主义哲学与具体社会科学相互渗透的“边缘”学科，如马克思主义政治哲学、马克思主义历史哲学、马克思主义社会哲学、马克思主义生态哲学、马克思主义艺术哲学、马克思主义语言哲学等等。这些“边缘”学科的出现，是20世纪西方的马克思主义哲学的一个不可忽视的重大成就。实际上，西方的许多马克思主义哲学派别之所以具有强大的吸引力，一个重要的因素就是其注重对马克思主义哲学与一些具体社会科学相互关系的研究，注重马克思主义哲学与其他具体社会科学的融合。

人们公认法兰克福学派是20世纪西方世界成就最大的马克思主义研究派别之一，其实这一学派从形成那时起就以整合哲学与其他社会科学为宗旨。在这一学派的社会批判理论的旗帜下，聚集了各个社会科学领域最著名的专家学者，他们发挥各自的专长，借助于马克思主义哲学与相应的社会科学的融合，对社会做出综合的研究。当然在20世纪西方的马克思主义哲学研究中，像法兰克福学派那样在实现马克思主义哲学与具体的社会科学结合中，一个学派就几乎涵盖所有的社会科学的并不多见，但是，专注于使马克思主义哲学向一门特定的社会科学领域渗透，从而在马克思主义哲学与某一特定社会科学结合方面形成自己鲜明特色的马克思主义哲学研究派别则是举不胜举。生态马克思主义成功地实现了马克思主义哲学与生态学的结合，形成了系统的马克思主义生态哲学；女性主义的马克思主义把马克思主义哲学引向对妇女问题的研究，推出了具有鲜明马克思主义哲学特色的女性理论；弗洛伊德的马克思主义理论家所做的主要工作是把马克思主义哲学与心理学，特别是弗洛伊德的心理学结合在一起，弗洛伊德的马克思主义理论家往往认为自己理论的性质是马克思主义心理哲学；透过“解放神学”，我们可以看到马克思主义哲学发展的一个重要动向，即企图与基督教结盟的倾向，“解放神学”体现了马克思主义哲学与宗教的相互渗透；世界体系的马克思主义的理论家注重的是用马克思主义哲学修正和补充世界体系分析，同时又用世界体系分析来修正马克思主义哲学，世界体系的马克思主义严格地说是一种马克思主义政治哲学理论；在一定意义上，我们可以把年鉴学派称为马克思主义的历史哲学；法国的调节学派在把马克思主义哲学与经济学结合方面做得最出色；美英的一批马克思主义文艺理论家所建立的马克思主义文艺哲学体系，不但在马克思主义理论界，而且在整个西方学术界享有盛誉。正是在所有这些马克思主义哲学与具体社会科学的结合中，我们看到了马克思主义哲学研究于20世纪的西方世界不仅在理论方面而且在实践方面的突出成就。

三、20世纪西方马克思主义哲学研究的问题域偏颇

1. 20世纪西方的马克思主义哲学研究中的文化批判取向

20世纪西方的马克思主义哲学研究，从卢卡奇等思想家开创了西方马克思主义开始，基本取向就是注重文化批判、意识形态批判、哲学批判，是“倒转”了马克思主义的理论路向。佩里·安德森的《西方马克思主义探讨》——这部在国际和国内影响最大的西方马克思主义研究著作——在概括西方马克思主义的理论路向时，就认为其进行了“形式的转移”和“主题的创新”①，从而倒转了马克思本人的思想发展路向：马克思是从重

① 佩里·安德森. 西方马克思主义探讨. 北京：人民出版社，1981：65，96.

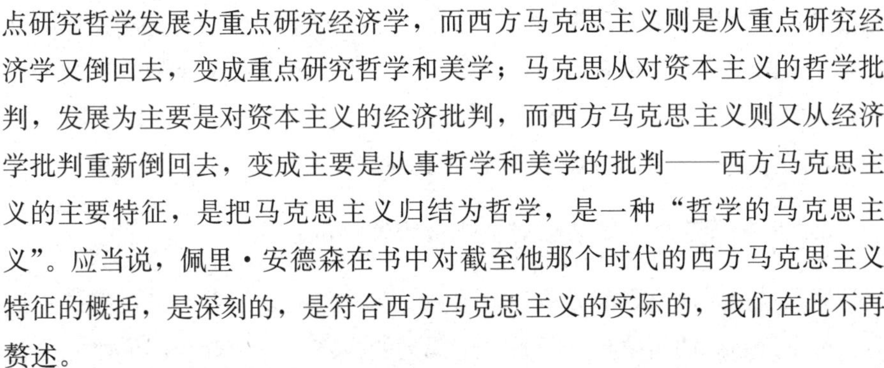

点研究哲学发展为重点研究经济学，而西方马克思主义则是从重点研究经济学又倒回去，变成重点研究哲学和美学；马克思从对资本主义的哲学批判，发展为主要是对资本主义的经济批判，而西方马克思主义则又从经济学批判重新倒回去，变成主要是从事哲学和美学的批判——西方马克思主义的主要特征，是把马克思主义归结为哲学，是一种“哲学的马克思主义”。应当说，佩里·安德森在书中对截至他那个时代的西方马克思主义特征的概括，是深刻的，是符合西方马克思主义的实际的，我们在此不再赘述。

而且在安德森视野之后的时代，在20世纪的西方的马克思主义哲学研究的新近代表性派别中，主流仍然延续着安德森当年所归纳评价的路向，他们的文化批判取向在当代仍然没有改变。首先，法兰克福学派新一代的所谓“政治伦理转向”，使批判理论进一步从政治伦理的角度对当代资本主义展开研究和批判。霍奈特作为学派的新一代核心人物和这一转向的代表者，他的承认理论及多元正义构想，是建立在其道德心理学基础之上的。霍奈特甚至批判早期的社会批判理论，认为其陷入了马克思主义传统的功能主义还原论，没有摆脱马克思主义的生产力的历史哲学。法兰克福学派原先的社会批判主要是文化批判，但其对消费主义盛行、阶级结构变迁等的考察毕竟还保持着与政治经济学批判的直接关联，而后期这种“政治伦理转向”不仅没有回到经济批判上来，反而使这种文化批判更聚集于伦理批判。

英国的马克思主义曾经有“文化马克思主义”之名，对马克思主义的所谓“经济还原论”的批判始终是其理论宗旨。正是围绕着对“经济还原论”的消解，英国的新马克思主义者建立了他们系统的意识形态理论和文化理论。进入新世纪以后，这一派别中的代表人物更是把对资本主义的批判，完全变成了文化—伦理的批判，也把对社会主义的辩护，完全变成了文化—伦理的辩护。东欧新马克思主义也与西方马克思主义有着千丝万缕的联系，也越来越否定历史唯物主义所注重的经济、生产力因素的作用，而强调精神、文化、伦理因素的作用。与西方马克思主义有着深刻理论渊源的所谓“后马克思主义”，更是把西方马克思主义的文化批判、意识形态批判和哲学批判推向了极端。后马克思主义的主要标志就是解构传统马克思主义的生产力理论和阶级理论，并针对意识形态和文化的自主性进行立论和解释。从"'西方'马克思主义"到"'后'马克思主义"，本身意味着对马克思主义的根本理论立场的彻底放弃。

2. 西方马克思主义内部对文化批判取向的反思

非常有意思的是，西方马克思主义文化批判的开创者本身，倒是曾经对这种批判路向的实质与危害做出过深刻的揭露。卢卡奇开创了西方马克思主义，当然也开创了这种文化批判、意识形态批判、哲学批判，但是他在《历史与阶级意识》中也批判了"伦理反对派"。他所说的"伦理反对派"就是那些热衷于只是从文化、伦理、意识形态上批判和反对资本主义的人。他认为，这些人相信资本主义在经济上具有生命力，但又认为资本主义还有"坏的方面"，为了能有一种没有"坏的方面"、没有"弊病"的资本主义，他们才从事对资本主义的批判。在这种情况下，他们"有必要为自我堵塞了的客观革命道路寻找和找到一种主观代用品"，也就是说，他们求助于伦理反对派这种"主观代用品"，即仅仅出于文化、伦理上的要求去反对资本主义。他们使自己的行为完全向内，即试图在世界唯一剩下的不受约束的地方，也就是说，在人本身上改变世界。他这样说道："有些'马克思主义者'在考察社会—经济现实时放弃了对历史过程作总体的考察，即黑格尔和马克思的方法。任何一个这样的'马克思主义者'一提出行动问题，他就必然回到康德学派抽象的要求伦理学上去。"① 晚年的卢卡奇在反思当中更是强调了这个方面，并相应地进行积极的理论构建："任何想对社会实践产生重大影响的重新解释马克思的尝试，必须与对资本主义新阶段的经济分析联系起来。"②

西方马克思主义文化批判、意识形态批判的另一个开创者柯尔施，也似乎意识到单纯地从事这方面批判既有违于马克思的宗旨，也无法击中这一社会的要害。柯尔施竭力推崇文化批判、意识形态批判，但他不否认在

---

① 卢卡奇. 历史与阶级意识. 北京：商务印书馆，1992：90.

② 卢卡奇. 关于社会存在的本体论：上卷. 重庆：重庆出版社，1993：295.

马克思恩格斯那里，“政治经济学的批判在理论上和实践上都是首位的”，“政治经济学的批判是马克思主义社会理论的最重要的理论的和实践的组成部分”，比起其文化批判、意识形态批判来，马克思的政治经济学批判是一种“更为深刻、更为彻底的革命的社会批判”①。基于这样一种对马克思的理论的基本判断，尽管柯尔施作为一个西方马克思主义的开创者，他仍然强调不能把马克思的政治经济学批判视为他对资产阶级社会批判的“全部”，强调不能认为马克思在中后期所进行的哲学的批判“仅仅是以一种偶然的、临时的方式进行的”，强调不能否定马克思在中后期“实际上在更深刻、更彻底的方向上发展了他的哲学批判”②。但是，柯尔施也强调了必须把文化批判、意识形态批判与对物质生产关系的批判结合在一起，他甚至把文化批判、意识形态批判纳入政治经济学批判的框架内来论述，认为政治经济学的批判“不仅包括对资本主义时代的物质生产关系的批判，而且还包括对它的社会意识的特殊形式的批判”③，在他看来，如果不这样做，文化批判、意识形态的批判就只是在“虚妄的世界里兜圈子”，而不能丝毫触动现实社会。

当然十分可惜的是，西方马克思主义文化批判开创者的告诫并没有生效，这种取向仍然在日后的发展当中成为西方马克思主义的主流，乃至成为整个西方的马克思主义哲学研究的主流。而西方马克思主义中颇为“另类”的著名代表人物阿尔都塞，对以人道主义为出发点和宗旨的哲学理论的批判，是同他对放弃马克思主义的政治经济学的批判、反对热衷于文化和意识形态的批判紧密结合在一起的。阿尔都塞在1967年为其《保卫马克思》一书的英文版写了题为《致我的英文读者》的序言，其中提出，他之所以要出版《保卫马克思》这一著作，是为了“对一种特定局势的干预”，他所说的“特定局势”是指苏共二十大以后，在国际共产主义运动中掀起了把马克思主义人道主义化、致力于对资本主义进行文化批判和意识形态批判的倾向。阿尔都塞强调，这既混淆了成熟马克思的历史唯物主义与青

① 柯尔施．马克思主义和哲学．重庆：重庆出版社，1989：46.

② 同①.

③ 同①.

年马克思的人道主义之间的界限，也混淆了马克思主义理论与前马克思的资产阶级理论之间的界限，其结果是阉割、葬送了马克思的“真精神”。他还预言，这样做必然产生严重的政治后果，使马克思主义“没有能力解决自苏共二十大以来形势所提出的现实的（其基础是政治的和经济的）问题，这样就产生了用一些仅仅是意识形态公式的虚假‘结论’来掩饰这些问题的危险”①。按照阿尔都塞的观点，由于这些社会主义国家没有能力解决现实的政治的和经济的问题，而是用文化、意识形态公式的虚假“结论”来掩饰这些问题，所以这些社会主义国家易帜是早晚的事，后来历史的发展不幸被阿尔都塞所言中。

3. 文化批判的要害是回避从生产关系和资本逻辑来分析现代资本主义社会

为什么撇开了政治经济学批判，单纯进行文化、意识形态和哲学的批判，就不能触动社会的根基、不能抓住问题的要害呢？关键在于，人们的社会存在决定人们的意识，而构成社会的基础的，确实如马克思所说的那样是经济关系、生产关系，而单纯进行文化的分析，则是游离了生产关系的分析，那么对社会单纯进行文化的批判，也就游离了生产关系的批判。马克思主义的历史唯物主义引导我们从人们的存在出发，即从物质生活条件的生产和再生产出发来了解这个社会，了解这个社会的文化特征及价值取向等。马克思主义的政治经济学则向我们解剖展示了这个出发点、这个存在过程、这个生产和再生产过程的系统本身，而西方马克思主义的批判却相反，它诱导人们只是从一个社会的文化观念来理解这个社会。西方马克思主义的文化批判、意识形态批判、哲学批判，其方式本身就包含着唯心主义的倾向，有违于马克思主义的历史唯物主义和政治经济学批判。

人们在进行文化批判、意识形态批判、哲学批判时，头脑中总有一个用来评判善恶、对错的标准。这个标准往往是与“人性”、人的价值取向联系在一起的。问题在于，这个所谓“人性”的标准来自哪里？历史唯物

① 西方学者论《一八四四年经济学—哲学手稿》. 上海：复旦大学出版社，1983：205.

主义清楚地告诉我们：我们平时所说的“人性”、人的价值取向和行为方式，是由人所处的社会关系所决定的，从而我们必须在历史形成的社会经济结构的整体制约中来分析人的价值取向和行为方式。相应地，对于这个社会经济结构的分析，“对市民社会的解剖”，“应该到政治经济学中去寻求”①。因此马克思批判蒲鲁东的水平远在经济学家之下，“因为他作为一个哲学家，自以为有了神秘的公式就用不着深入纯经济的细节”②，但“蒲鲁东先生不知道，整个历史也无非是人类本性的不断改变而已”③。如果我们只是满足于哲学和文化的分析，那也就撇开了社会生产关系，以某种抽象的人性假设、道德目标等为出发点，以此作为评判标准。单纯的文化批判，最后都会变成以脱离社会关系的个人的所谓“理性”作为出发点、作为评判标准的批判。

对社会进行文化和意识形态的分析和批判，其对象当然也会涉及政治、法律和伦理等上层建筑领域的现象，这些相对具体一些的对象，本身包含着人们的社会交往、社会关系的因素。但问题仍然在于，如果我们缺少政治经济学的视角，在分析和批判这些现象时，就往往有可能把这些现象与人的纯粹观念、意志联系在一起，认为它们取决于人的观念和意志，而不是依据不以人的意志为转移的社会存在，特别是其中首要的经济关系，来对它们做出说明。历史唯物主义又清楚地告诉我们：政治和法律的制度以及道德规范这些上层建筑都是建立在经济关系这一基础之上的，从而我们必须根据经济关系来理解政治法律制度以及道德规范。由政治经济学所研究的经济运动本身，则把这种制约和决定作用具体化了，为法律、道德规范等等的内容提供了明确的标准和要求：“只要与生产方式相适应，相一致，就是正义的；只要与生产方式相矛盾，就是非正义的。在资本主义生产方式的基础上，奴隶制是非正义的；在商品质量上弄虚作假也是非正义的”④。

---

① 马克思恩格斯选集：第2卷. 北京：人民出版社，2012：2.

② 马克思恩格斯选集：第3卷. 北京：人民出版社，2012：17.

③ 马克思恩格斯选集：第1卷. 北京：人民出版社，2012：252.

④ 马克思恩格斯全集：第25卷. 北京：人民出版社，1974：379.

所以，如果要对西方马克思主义的这种文化批判、意识形态批判、哲学批判的现实意义进行总的评估，那么我们的基本看法是，这种文化批判、意识形态批判、哲学批判尽管不能说完全没有历史作用和积极意义，但总的来说，这种批判消极面大于积极性。无论是评价这种批判本身的理论意义，还是考察它的实际效应，都不能不得出这一结论。现实无情地告诉我们，像西方马克思主义者们那样，单纯地从事文化、意识形态和哲学的批判，不把这种批判与政治经济学的批判结合在一起，或者说不把这种批判推进到政治经济学的层面，不把这种批判落实到经济运动的现实层面上来，这种批判就往往会阻碍了他们和我们对社会真正弊端的认识，让人们无法真正抓住社会的要害，这不能实现他们和我们作为批判者、作为马克思主义者的原初的宗旨，也会使得马克思主义的理论本身陷入“自我放逐”的境地。

第三章　借鉴西方马克思主义哲学研究，看马克思主义的“哲学”性质

在上面的论述中，我们径直谈及了马克思主义的“哲学”，而没有过多涉及它的具体内涵和外延，但正如我们在三大解释路向的分歧中，在西方马克思主义的问题域开拓中，都可以看到对马克思主义当中“哲学”的基本定性，对这一“哲学”在理论上的和对现实实践的革命性意义，是曾有过广泛和深刻争论的。对此，我们归纳出三个带有根本性的问题来专门进行探讨，它们也是当今中国理论界仍然需要追问，需要中国的马克思主义者批判继承前人探讨的成果，并加以严肃面对和正面回答的。这三个问题分别是：

第一，马克思主义是哲学吗？

第二，如果马克思主义本质上是哲学，那么在哲学发展的历史进程中，它是属于近代还是现当代哲学？

第三，如果马克思主义已经超越近代西方哲学，那么它又是否超越、在何种意义上超越了现当代西方哲学？

在我们看来，只有在回答这三个追问的基础上，我们才能进一步明晰马克思主义的历史地位和现实意义，并使之成为当前社会主义实践不可或缺的一部分。

一、马克思主义是哲学吗？

关于马克思主义的第一个追问就是：马克思主义是哲学吗？初看上去，这是一个非常奇怪甚至可笑的问题。因为“马克思主义哲学”长期以来都作为一门学科存在，这已是一个不争的历史事实，而且，马克思和恩格斯本人也都明确赞颂过哲学的崇高地位和伟大功能。但是，现实中马克思主义作为“哲学”而存在这一事实，并不能自明地表明马克思主义在其创始人那里就本质上是“哲学”。而且，仔细研究就会发现，我们现在经常引用的一些马克思恩格斯赞颂哲学的话，诸如“任何真正的哲学都是自己时代精神的精华”① “哲学已成为世界的哲学，而世界也成为哲学的世界”② “哲学把无产阶级当做自己的**物质**武器，同样，无产阶级也把哲学当做自己的**精神**武器”③ “德国人的解放就是人的解放。这个解放的头脑是哲学，它的心脏是无产阶级”④ 等等名句，以及他们称赞费尔巴哈“两部著作《未来哲学》和《信仰的本质》……给社会主义提供了哲学基础”⑤，评价德国人作为“一个哲学民族”，其共产主义是“建立在健全的哲学原理的基础上”⑥ 的之类提法，都是限于马克思恩格斯在19世纪40年代的上半期所说的。

然而自此以后，在他们的著作中可以说已找不到如此赞颂哲学的词句了，相反，其中往往充斥着要“消灭”和“终结”哲学的言辞。在《关于费尔巴哈的提纲》中，马克思就批判说“哲学家们只是用不同的方式解释世界，问题在于改变世界”⑦，而在《德意志意识形态》中，马克思和恩格

① 马克思恩格斯全集：第1卷. 北京：人民出版社，1956：121.
② 同①.
③ 马克思恩格斯选集：第1卷. 北京：人民出版社，2012：16.
④ 同①467.
⑤ 马克思恩格斯全集：第27卷. 北京：人民出版社，1972：450.
⑥ 同①591.
⑦ 马克思恩格斯全集：第3卷. 北京：人民出版社，1960：6.

斯更同“哲学”进行了彻底的决裂，他们把“哲学”径直等同于“思辨”和“关于意识的空话”，认为它们需要“终止”和“销声匿迹”，“须要‘把哲学搁在一旁’……须要跳出哲学的圈子并作为一个普通的人去研究现实”①，马克思恩格斯甚至还紧接着做出这样的比喻：“哲学和对现实世界的研究这两者的关系就像手淫和性爱的关系一样”②！所以，从这些后期对“哲学”的严厉批判乃至尖刻讽刺来看，马克思恩格斯确实不想把自己的思想与“哲学”扯在一起。反过来说，在对现实世界加以研究之后，马克思恩格斯诚然会得出一定的“抽象”、“一般”和“综合”，但他们却坚决拒斥将之冠以“哲学”之名，认为这些“与哲学不同”③，而在他们后来的理论表述中，我们可以看到采用过的提法还有“总的结果”“概述”“一般原则”“一般原理”“基本思想”等等，又比如“世界观”这个早期也曾使用过的术语在后期则是被有意发扬以取代“哲学”之名（“已经根本不再是哲学，而只是世界观”④），从而经由后世马克思主义者的传播普及成为今天广大读者对“哲学”的基本认知。

所以，假如我们要断言并论证马克思主义在本质上“是哲学”，就要对马克思和恩格斯所有这些肯定和批判“哲学”的言辞给予合理的解释，对于马克思恩格斯对于“哲学”提法的前后转变，我们既可以从单纯语言应用的角度分析，辨明其特定历史语境中的含义同思想史上、同今天大众用法的区别与联系，更要深层次地来考察，辨明他们这些提法的思想实质和理论考量。实际上，关于马克思主义究竟是不是哲学这一争论，早在20世纪初，第二国际传统的理论家与西方马克思主义的早期代表之间就有过激烈的交锋。第二国际传统的理论家一般都把马克思主义理解为狭义的科学社会主义，把马克思主义狭隘地“科学化”即实证主义化，他们认定马克思主义是一种单纯实证的社会理论、经济理论，他们正是抓住了上文中提到的马克思恩格斯在日后一些关于“终结哲学”“消灭哲

---

① 马克思恩格斯全集：第3卷．北京：人民出版社，1960：262.

② 同①.

③ 马克思恩格斯选集：第1卷．北京：人民出版社，2012：153.

④ 马克思恩格斯选集：第3卷．北京：人民出版社，2012：517.

学”的论述，才论证马克思恩格斯是在消解哲学以后才创立自己的思想体系的，才认为马克思主义与哲学无缘。而西方马克思主义特别是其早期代表则认为，第二国际理论家否定马克思主义哲学的存在，把马克思主义理解为一种单纯实证的社会科学、经济科学，就使马克思主义彻底丧失了应有的力量。在西方马克思主义看来，当时的无产阶级革命之所以一再陷于失败的境地，这与抹杀马克思主义哲学的功能，从而忽视人在社会历史发展过程中的主观能动性密切相关，他们认为第二国际传统的理论家之所以把马克思主义变成一种“见物不见人”的理论，原因就在于其否定了马克思主义哲学。

基于这样一种基本认识，西方马克思主义的早期代表人物柯尔施就认为要重新探讨马克思主义和哲学的关系，并提出要重建马克思主义哲学。我们认为，柯尔施的相关思想是极富启发性的，所以我们在此借用柯氏的视角作为中介，结合马克思恩格斯的直接表述和深层思想线索，来考察对马克思主义这一理论的“哲学”定性问题。柯尔施触及这个问题的时候，实际上是在两个不同层次上进行了回答。在第一个层次上，柯尔施把马克思和恩格斯“终结”与“消灭”的“哲学”界定为特定形态的哲学——这其中又可以细分为：(1)“终结”与“消灭”特定发展阶段上的哲学，即资产阶级唯心主义哲学；(2)“终结”与“消灭”一切哲学，但是只“终结”与“消灭”哲学的形式，而要保留哲学的内容。在第二个层次上，柯尔施则进而深入到“哲学”的内容和实质，指出：(1) 必须深入地研究马克思和恩格斯本人关于“马克思主义”和“哲学”相互关系的论述，特别是要深刻地研究“消灭哲学”和“实现哲学”之间的辩证关系，认识到马克思主义在本质上仍是哲学；进而，柯尔施揭示了：(2) 马克思主义的“哲学”定性与其“革命性”的积极的内在关联。

关于第一个层次，我们可以在马克思恩格斯的文本中找到直接的表述支持。第 (1) 方面，关于“哲学”被用来专指一个特定历史发展阶段上的哲学，我们可以援引《神圣家族》的表述，其中在称赞 18 世纪的法国启蒙运动（特别是法国唯物主义）而反对 17 世纪笛卡儿等人的旧理论的时候，在称赞费尔巴哈而反对黑格尔旧理论的时候，都是把新理论称为“哲

学”乃至是“清醒的哲学”，而旧理论则被称为“形而上学”，是“醉熏熏的思辨”[①]，所以首先从最初步的语用角度而言，“哲学”确实曾被马克思作为特定阶段的资产阶级哲学的专称，而非一般泛称，在这个意义上，纵然说消灭和终结“哲学”，但一般的哲学其实“没有由于只是废除它的名称而被废除”[②]。而反过来说，如果仅仅要与《神圣家族》对“哲学”的特定用法和马克思恩格斯后期规避“哲学”的做法保持一致，那么柯尔施本身也大可以用“理论”等措辞指称新的唯物主义，而把“哲学”限于资产阶级唯心主义，他表述为“新的马克思主义的唯物主义理论‘自发地’与资产阶级的唯心主义哲学相对峙”、马克思和恩格斯“是完全自觉地脱离德国唯心主义哲学，并转变到关于历史和社会的唯物主义观念上来的”等等，同样不影响一般意义的哲学的存在。

第（2）方面，即使当马克思恩格斯把所要终结与消灭的“哲学”之范围扩大到全部哲学，他们运用的也是辩证的“扬弃”，“就是说，‘既被克服又被保存’；按其形式来说是被克服了，按其现实的内容来说是被保存了”[③]。需要克服其旧有的思辨性和臆想性，克服其“科学之科学”的虚假地位，克服其作为“绝对真理”的封闭体系特征，等等，马克思恩格斯批判并要求取消这样的在形式上“独立的哲学”，这种“独立”不是旧哲学真正具有什么独立性，而是其在思辨的自我构造和展开过程中，自我设定（自我幻想）出来的，这种虚假的独立性：(a)“独立”于现实，“独立”于现实的历史[④]，自我设定（自我幻想）为凌驾于历史之上的（supra-historique）[⑤]；(b) 是“独立”于现实的各门科学，自我设定（自我幻想）为凌驾于一切专门科学之上的（über allen besondern Wissenschaften）[⑥]，成为一种“科学之科学”。所以在此，如果克服了这两层虚假的“独立性”，

---

① 马克思恩格斯全集：第2卷. 北京：人民出版社，1957：159.

② 柯尔施. 马克思主义和哲学. 重庆：重庆出版社，1989：17.

③ 马克思恩格斯选集：第3卷. 北京：人民出版社，2012：517.

④ 马克思恩格斯选集：第1卷. 北京：人民出版社，2012：153.

⑤ Karl Marx，lettre *à* l'éditeur des Отечественные *записки*. voir：Marx，Engels，Lénine，Sur les sociétés précapitalistes，Centre d'études et de recherches marxistes，Éditions sociales，1970：352.

⑥ Karl Marx-Friedrich Engels-Werke，Bd. 21，Berlin：Dietz Verlag，1962：291.

克服了这种“凌驾于之上”的虚假形式，回归到现实“之中”，并在现实的科学“之中”被证实而呈现自身，那么，新的“理论”和“观念”，新的“抽象”、“一般”和“综合”仍然需要被保存。当然上述这样的克服，对世界和历史等对象总体性的理论性把握并不因而就被排除，即仍然是要解释世界，只是克服了原先解释的具体方式。而柯尔施更是进而阐发了：(c) 要在革命实践过程中实现哲学，同时也把单纯作为理论形式的哲学自身消灭，这就是马克思所谓的从解释世界变为改变世界①，又或者是恩格斯所谓的以德国工人运动来继承德国古典哲学②。

但柯尔施又转向第二个层次，即固然意识到马克思恩格斯确实是想取消一切哲学，但他最终还是以迂回的方式维护了马克思主义作为一种“哲学”的定位。第（1）方面，柯尔施认为废除哲学在马克思恩格斯那里是个最终目标，要实现这个目标必须经历一个漫长的过程，马克思主义的整个超越与消灭哲学的过程又混合着哲学的特征，哲学不但还存在着，而且很有可能被强化，柯尔施为了论证这一点，类比了马克思主义关于国家消亡的著名辩证观点，马克思主义为了最终消灭哲学也不得不建立起自己的哲学。而除了哲学消亡过程自身必然经历的这种内在辩证道路，柯尔施还旨在强调第（2）方面，马克思主义之作为“哲学”，在于“它是一种革命的哲学，它的任务是以一个特殊的领域——哲学——里的战斗来参加在社会的一切领域里进行的反对整个现存秩序的革命斗争”③。在这里，柯尔施指出了马克思主义哲学有其直接的积极的功能，就是进行哲学的批判，所以首先哲学（a）保有其“特殊的领域”，这已从第（1）方面所述的单纯必然性变成了积极功能。

同时，哲学（b）具有总体性，其以社会一切领域的总体作为对象，自身也是总体性的。强调马克思主义“是哲学”，并非要将马克思主义化归为单纯文化的、意识形态的批判，因为比起这些，马克思的政治经济学批判是一种“更为深刻、更为彻底的革命的社会批判”④，如果在那种意义

---

① 马克思恩格斯选集：第 1 卷. 北京：人民出版社，2012：136.

② 马克思恩格斯选集：第 4 卷. 北京：人民出版社，2012：265.

③ 柯尔施. 马克思主义和哲学. 重庆：重庆出版社，1989：37-38.

④ 同③46.

上说马克思主义“是哲学”，就既偏离了马克思恩格斯本人的理论和实践立场旨趣，也与西方马克思主义早期代表人物做出此种理论判断和探索的初衷背道而驰。要关涉和切入社会一切领域，就不能不以诸门现实的科学为中介，柯尔施也完全注意到，与马克思恩格斯在言辞上坚决拒绝“哲学”同样显著的事实是，马克思恩格斯在后期，其政治经济学批判“在理论上和实践上都是首位的”，“是马克思主义社会理论的最重要的理论的和实践的组成部分”，但是与第二国际理论家对此所做的狭隘的实证科学理解不同，我们不能认为马克思在中后期再进行哲学的批判就“仅仅是以一种偶然的、临时的方式进行的”，而是“在更深刻、更彻底的方向上发展了”他们的哲学批判①，“是哲学”这一属性是渗透于、贯穿于马克思恩格斯对经济社会的一系列具体的研究和批判的，是在其“之中”的。

哲学的这种渗透和贯穿作用，就需要表现在（c）：它是“战斗”，是“反对整个现存秩序的革命斗争”。“哲学性”的总体和辩证原则视角，起着防止政治经济学批判蜕化为实证主义的描述乃至辩护的作用，是作为革命性的推动力量，柯尔施强调马克思主义“是哲学”，正是为了“恢复”政治经济学批判的“充分的革命意义”②。马克思恩格斯也曾用过“实证的”（positiv）提法，并把它和“现实的”（wirklich）、“实践的”（praktisch）等形容词交替使用来描述自己的新理论③，并说自己要“从最过硬的事实出发”④。但是，这绝不表明马克思主义是一种实证主义，如果说黑格尔的思辨形而上学是“从无通过无到无”⑤，那么马克思主义就并不是“从事实通过事实到事实”，即不是绕着事实、绕着当下的状况、绕着“现存秩序”之类的兜圈子。“从……出发”也就意味着要在进程中对这一“事实”加以否定和超越，“在对现存事物的肯定的（positiv——引者注）理解中同时包含对现存事物的否定的理解”⑥，它形成对事实的肯定—否

① 柯尔施. 马克思主义和哲学. 重庆：重庆出版社，1989：45.

② 同①.

③ Karl Marx-Friedrich Engels-Werke，Bd. 3，Berlin：Dietz Verlag，1958：27.

④ 马克思恩格斯选集：第2卷. 北京：人民出版社，2012：12.

⑤ 同④.

⑥ 马克思恩格斯选集：第2卷. 北京：人民出版社，2012：94.

定—否定之否定的螺旋式上升，它是批判的和革命的，哲学性与革命性存在内在的关联，马克思主义不能不是这样一种革命的哲学。

以上，如果我们已经确认了马克思主义本质上是这样的一种哲学，那么，我们可以进而提出关于马克思主义的第二个追问：在古往今来的种种“哲学”的流变之中，马克思主义哲学居于何种位置，特别是我们要问，它是属于近代哲学还是现当代哲学？

二、马克思主义哲学是近代哲学还是现当代哲学？

从西方哲学发展史的角度来看，我们一般都认同其中有着一个从近代向现当代的转折。从笛卡儿开始的整个近代西方哲学是有着鲜明的特征的，恩格斯所归纳出的“全部哲学，特别是近代哲学”的所谓基本问题①是符合思想史实际的，近代西方哲学设定着“主—客”关系的问题框架，秉持着理性主义的路向，以某种抽象的、绝对化的基础主义和本质主义思维，满足于在抽象化的自然界或绝对化的观念世界中兜圈子，致力于创建能包容和说明一切的哲学体系。这种近代西方哲学，其诸多具体学说及其一般的哲学思维方式，是由一定的社会历史条件和既有思想资源合理地发展出来的，也曾发挥过积极的作用，但随着历史条件的变化，其消极性、片面性和局限性也越来越暴露无遗。从纯粹思想的层面来说，其哲学体系、哲学特征、哲学宗旨内在蕴含着严重的怀疑论和独断论的二律背反，更遑论其在现实的时代变革面前的漠不关心或无能为力。近代西方哲学陷入困境和矛盾之中，它需要变革，需要被突破、被超越，需要被新的哲学思维方式所取代，这既是哲学逻辑发展本身的必然，更是时代的要求、社会的要求。于是，现当代西方哲学应运而生。

现当代西方的形形色色的哲学派别当然差别极大、分歧明显，比如它们有的与近代哲学之理性万能和理性独断倾向相抗衡，主张一种人文的视

① 马克思恩格斯选集：第4卷．北京：人民出版社，2012：229.

角，主张突破理性的界限，转向乃至完全投入非理性的世界，有的则沿着理性和逻辑的路向进一步发展，形成科学主义和实证主义潮流。但尽管如此，它们都在企图寻找一种与近代哲学有别的新的思维方式来重建哲学，都想以此来开辟新的哲学发展道路，在这一点上它们是一致的：它们不再纠缠于思辨形而上学之中，而试图以各种形式回归现实世界；它们一改近代西方哲学的“体系哲学”取向，不再企图建立无所不包的理论体系，而对哲学的性质与功能做出了新的定位；它们向近代西方哲学把人的存在抽象化的做法发出挑战，而力主恢复人的某种本真性，重新认识人的价值及其意义；它们对作为近代哲学预设的主客二元分立极其不满，纷纷在各自理论中把心物视为某种统一的不可分割的连续体。——在我们看来，在这些方面之中都存在着马克思主义哲学与现当代西方哲学的同质性，我们可以分以下几个方面来叙述。

首先，马克思主义哲学与现当代西方哲学许多流派，都坚持对近代西方哲学形而上学世界观和思维方式的批判，从而两者都具有反形而上学的特征。现当代西方哲学是在“拒斥形而上学”的旗帜下走过来的：发端于孔德、斯宾塞的科学主义思潮不消说，因为属于这一思潮的哲学家都强调应把哲学研究局限于人所加以感知、观察和思索的世界，即经验世界、认知世界，他们都对近代形而上学那种致力于探讨抽象的物质或精神实体，即把哲学研究定格于探讨绝对化的本质和基础的做法嗤之以鼻；而叔本华、尼采、克尔凯郭尔等开创了人本主义思潮的哲学家及其追随者，虽然不像科学主义那样明确地把形而上学排除在哲学研究之外，但也通过批判传统形而上学中抽象的物质或精神实体这些东西，通过推崇和张扬情感、意志等这些与人的生命息息相关的东西，来实现对近代西方哲学的形而上学的世界观和思维方式的改造。现当代西方哲学家向人类贡献了一种反形而上学的思维方式和哲学世界观。

其次，马克思主义哲学与现当代西方哲学许多流派，都致力于超越一切僵固的、封闭的、无所不包的哲学体系，从而两者都具有反体系化的特征。许多现当代西方哲学家常常把以建立关于整个世界的完整的理论体系为目标的近代西方哲学斥为基础主义和本质主义。他们既反对从主观意识、从作为这种主观意识的普遍化和绝对化形态的理性概念出发去构造能包容整个世界的知识体系，又反对从抽象的物质出发去说明整个宇宙图景。他们的“拒斥形而上学”与他们的“反体系化”是完全一致的。他们力图通过与这种体系化倾向的背道而驰来建立能与科学或生活世界相结合的哲学。马克思主义哲学是有着严密的内在逻辑的理论体系，马克思注重把一个“艺术的整体”呈现给读者①，但马克思主义哲学同样不是体系哲学，不是自我封闭和自我展现的“圆圈”，不是黑格尔形而上学体系的“从无通过无到无”。并且，马克思主义哲学同样与近代西方体系哲学的重要特征，即抽象的、绝对化的基础主义和本质主义有着根本的区别。马克思主义一方面批判了一些近代西方哲学家及其追随者，批判他们从绝对、自我意识或抽象的人出发建构哲学体系；另一方面，马克思主义诚然也谈基础和本质，例如我们熟知的“经济基础”和“人的本质”，但这并非是诉诸某种抽象的理念或实体，而是把它们归结为现实的生产关系和社会关系，并且这种谈论也不是绝对化的、机械的、僵死的决定关系，而是具有辩证的视角，认识到总体和相互作用的应有地位。

再次，马克思主义哲学与现当代西方哲学许多流派，都促使哲学转向现实社会生活中的人及其所在的世界，从而两者都具有强调人的现实生活以及充分发扬人的创造性的特征，而在此过程中，近代哲学主客二分的基本问题设定也被突破了，心物达成了某种统一。现当代西方的许多哲学家一旦开始促使哲学放弃构建无所不包的世界图景的奢望，一旦开始促使哲学研究超越脱离现实生活的形而上学视野，就转向了现实生活中的人及其所在的世界。存在在他们那里仍然是个基本范畴，但存在的内容改变了，它不再是绝对化的实体和本质之类，而变成了具有时间性和历史性的活动和过程。在这样一种转向中，现当代西方哲学许多流派又往往反对主客的割裂和分离，尽管他们一般并不否认主客之间存在着差别，但他们反对把这种差别无限地扩大，而要求在一个不可分割的统一过程中来把握它们之间的关系。他们一般都肯定康德通过“哥白尼

① 马克思恩格斯全集：第31卷．北京：人民出版社，1972：135.

革命”在一定程度上超越了主客两分、超越了唯理论与经验论的对立，但与此同时又批评康德由于在现象和自在之物、理论理性和实践理性之间划了一个严格的界限，从而又加剧了二元论倾向。他们致力于强调主体的能动性，以此来克服康德的不彻底性，并相应地超越主客对立。马克思主义哲学则一方面深刻地揭示了人的存在的社会性和历史性，另一方面又揭示出人的社会实践不仅在认识领域，而且在整个哲学中都具有决定作用。尊重现实生活和实践，像一根红线一样贯穿于马克思主义哲学的全部理论之中，马克思主义哲学把人的实践活动置于核心地位，它不仅使分立的主客、心物统一起来，更是把认识世界与改造世界也联成一体。

所谓“哲学的终结”作为近代西方形而上学的哲学观和思维方式的消解与终结，无疑是人类思想史上的一个重大进步，现当代西方众多哲学流派都在其中做出了重大的贡献，马克思主义哲学在其中更有不可磨灭的功勋。从某种意义上说，马克思主义哲学和现当代西方哲学在对待近代西方哲学的态度上可谓是殊途同归，它们通过批判近代西方哲学，共同创建了现当代思维方式。现当代西方哲学的许多流派对近代西方哲学的超越之处，大多也同属马克思主义哲学的超越之列，而且只要仔细观察一下现当代的许多哲学流派从不同的角度对近代西方哲学的矛盾与危机的揭露、批判以及随之而来的超越，就不难看出马克思主义在创建自己的理论之时就已率先实现这一点了。所以，如果从单纯的思想史发展的角度来看，两者在这批判和超越过程中是同盟军，从两者哲学思维方式的共同点这一角度看，马克思主义哲学处于广义的现当代哲学范围内，是现当代哲学不可分割的一个组成部分。不过，我们又必须指出，单纯从思想史的角度来考察二者在超越近代西方哲学方面表现出的共同性，简单地把马克思放在和现当代西方哲学并列的现当代哲学中，是不足以凸显马克思主义哲学所带来的根本性革命的，所以随之而来的我们关于马克思主义的第三个追问就是：马克思主义哲学是否以及在何种意义上超越了现当代西方哲学？

三、马克思主义是否以及在何种意义上超越了现当代西方哲学?

马克思恩格斯在其有生之年就已经注意到了当时涌现出的现当代西方哲学的一些早期代表人物和观点，并在正面阐述自己理论的同时，针对孔德的实证主义、穆勒的功利主义、叔本华哲学、新黑格尔主义等等做出过一定的批判。而有的现当代西方哲学家本身也承认，马克思主义哲学在某个角度上要来得正确与高明一些，超越于现当代西方哲学，例如海德格尔在《关于人道主义的书信》中有一段为人们所熟知的话："因为马克思在体会到异化的时候深入到历史的本质性的一度中去了，所以马克思主义关于历史的观点比其余的历史学优越。但因为胡塞尔没有，据我看来萨特也没有在存在中认识到历史事物的本质性，所以现象学没有、存在主义也没有达到这样一度中，在此一度中才有可能有资格和马克思主义交谈。"① 不过，海德格尔在这里很抽象地承认了马克思主义哲学在某"一度"中对现当代西方哲学的超越。让我们将这"一度"加以层次地展开：从中我们一方面可以看到马克思主义哲学在批判和超越西方近代哲学时，是如何比现当代西方哲学来得彻底和坚决；另一方面，则可以领悟到马克思主义哲学是怎样在超越西方近代哲学的过程中，同时又超越了现当代西方哲学。

许多现当代西方哲学流派虽然突破了近代西方哲学的做法，超越了后者远离现实生活的形而上学视野，不再从抽象的物质或抽象的意识出发去构建世界图景，也已不再把存在当作实体而是当作活动来理解；但是，现当代西方哲学所说的转向现实社会生活，并不是指转向人的社会实践，特别是作为一切实践之基础的生产劳动——而实际上，正是由于生产劳动才使人得以成为人，才使社会得以发展，从而在"此一度"的问题上，只有生产劳动才是人真正的存在——这样，这些现当代西方哲学流派就不可能

① 海德格尔选集：上卷. 上海：上海三联书店，1996：383.

真正把握作为哲学研究的对象的人的存在究竟是什么、世界的存在究竟是什么，所以必然合乎逻辑地走向抽象的和唯心主义的结论。我们似乎不难联想到，上述这种路径，也正是马克思之前的费尔巴哈的理论探索所走过的，而在时间上同于或后于马克思的许多现当代哲学家们，实际上又在重蹈这一覆辙。与之形成鲜明的对照，马克思主义哲学不但提出了哲学研究必须面向现实生活，而且对现实生活究竟是什么做出了崭新的解释，这就是揭示出人的感性劳动、人的实践是人的真正的存在，并且在一定意义上也是世界的真正的存在。把具有社会性与历史性特征的人的感性劳动、人的实践与存在联系在一起，这是马克思主义哲学所实施的哲学革命的一步关键之所在，作为马克思主义哲学核心的唯物史观由此而诞生。

许多现当代哲学流派从注重发挥人的能动性和创造性出发，致力于揭露主客二元分立的种种弊端，试图使主客对立变成统一。但由于它们把这种主客统一建立在唯心主义的基础之上，从而也就由此滑向了无视客观实际的主观主义。关键在于，由于它们不可能真正把生活与实践的观点当作哲学的基本观点，即不可能理解人的社会实践的意义和作用，从而它们也不可能理解主客体为什么能统一和究竟如何实现统一。它们批判了一些近代西方哲学家从机械唯物主义出发所导致的在主客关系问题上的客观主义，却又走向了从唯心主义出发所导致的在主客关系问题上的主观主义。它们面临着在解释人与世界、主观与客观等关系时不可逾越的障碍。关键在于，它们往往割裂人所牵涉的各种意义上的生活世界与不以人为转移的客观物质世界之间的不可分割的内在联系，这样，主客之间的统一在它们那里实际上还是形式上的。马克思主义哲学在主客关系问题上只与这些现当代西方哲学家共同走了一段很短的路，以后马上就分道扬镳了，马克思恩格斯作为无产阶级的革命家，把哲学上的主客关系这一理论问题与无产阶级的生产斗争和革命斗争实践结合在一起，这就为更加深刻地解决主客关系问题开辟了道路：通过对社会实践的革命性作用的强调，使相互分立的主客体获得真正统一。

如果说，马克思主义哲学之所以与现当代西方哲学曾经成为同路者，有如此多的同质性，主要在于两者在思想史发展的内在逻辑线索，在直接的思想文化背景和某一层面的社会历史条件上有着类似之处，那么，两者之间之所以具有质的区别，马克思主义哲学之所以从整体上超越现当代西方哲学，主要源自更深一步的社会历史条件——两者社会阶级基础的迥然有别。在这一基础上，马克思主义哲学在批判和超越近代西方哲学时，更要改造和重塑近代西方的这种社会存在方式，要批判和超越资本主义。《关于费尔巴哈的提纲》提出的哲学家解释世界和改变世界的对立，《德意志意识形态》提出的"全部问题都在于使现存世界革命化，实际地反对并改变现存的事物"[①] 的任务规定，都是马克思主义的根本的立场取向，马克思主义所具有的"哲学"的维度，也是服务于这一立场取向的，试图建立哲学发展的新的社会基础。而现当代西方哲学的各种流派在批判和超越近代西方哲学时，实际上是沿袭了近代西方哲学发展的既有社会基础，它们也不是为了推翻原有的社会阶级利益，至多是具有某种程度的改良的社会关切，这是问题的又一关键之所在。

以上，我们提出对马克思主义的三个追问，对于这些追问加以回答也就是对马克思主义自身一些根本特征、功能和根本立场宗旨做出了阐明，同时，这也是对马克思主义在哲学史上实现的革命性变革的意义和地位的一个揭示。马克思主义到底实现了一种怎样的哲学革命？上面的回答中我们指出了马克思主义哲学诉诸社会实践，这是笼统的答案，而从新时期"实践是检验真理的唯一标准"讨论以来，我国学界也不断深化着对马克思主义哲学理论和实践的关系的理解，"实践唯物主义""实践哲学"等概念也被相继提出和发扬。而我们进而认为，为了进一步厘清马克思主义哲学所实现的哲学革命，还需要在结合以上三个追问，即在理解了马克思主义的根本特征、功能和根本立场宗旨的基础上，认真反思马克思主义哲学理论与实践之间的内在张力关系，更加深刻和全面地认清这一问题：马克思主义究竟如何关涉和切入实践？从西方马克思主义研究的角度来看，我们在此选取柯尔施、葛兰西和阿尔都塞，认为他们关于马克思主义哲学所各自提出的"哲学的现实性"—"实践哲学"—"哲学实践"的学说，可

① 马克思恩格斯选集：第1卷. 北京：人民出版社，2012：155.

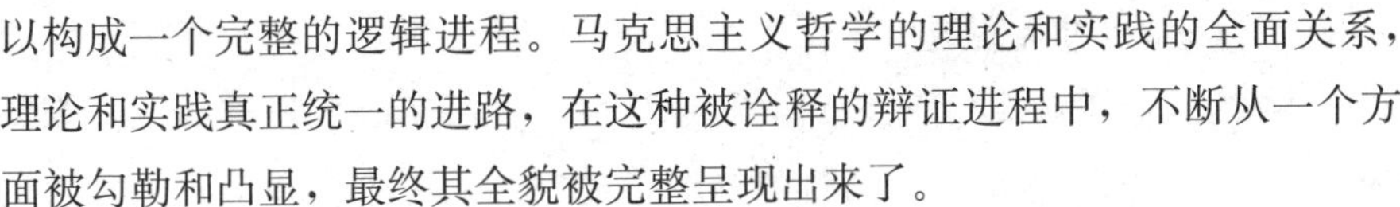
以构成一个完整的逻辑进程。马克思主义哲学的理论和实践的全面关系，理论和实践真正统一的进路，在这种被诠释的辩证进程中，不断从一个方面被勾勒和凸显，最终其全貌被完整呈现出来了。

四、“哲学实践”与马克思主义哲学所实现的哲学革命

之前我们已经看到，柯尔施探讨马克思主义与哲学的关系问题，最终是以迂回的方式维护了马克思主义之作为“哲学”的地位，认为马克思主义的核心就是哲学，而马克思主义的主要力量也来自哲学。我们看到，无论是对“消灭哲学”和“实现哲学”的辩证道路的指认，还是对哲学与革命内在关联的揭示，柯尔施都相应地探讨了马克思主义哲学中的理论与实践的关系问题，柯尔施的一个重要贡献，就是凸显了理论与实践之间的统一性问题，特别是这一问题对于马克思主义哲学的意义。基于对意识与现实内在一致性的理解，柯尔施认为，没有诸社会意识形式的支撑，资本主义的物质生产关系就无以生存，因此，应该把精神现实与社会的政治生活相结合来看待，而包括经济、政治或法律在内的社会存在和社会的发展都应当与不同表现形式的社会意识相结合来加以研究，资本主义的社会意识形式连同其经济的、法律的和政治的社会结构应该一同在理论上被批判，在实践中被消灭。柯尔施通过探讨马克思的**“不使哲学成为现实，就不能够消灭哲学”**①等思想竭力说明，马克思实际上也还是要促使哲学回到人们的现实生活中，使之成为现实世界的一个重要组成部分，特别是无产阶级革命实践的内在组成部分。柯尔施所认为的哲学的功能，不是为实践提供某种外部的推动和支撑，而是内在的。他创造性地提出了马克思主义哲学的“现实性”的概念，旨在强调马克思主义哲学本身就是改变旧世界的一种现实的革命力量，是现实的一部分，本身是具有直接现实性的。

而葛兰西追随拉布里奥拉，试图把马克思主义定义为一种新的哲学即

① 马克思恩格斯选集：第1卷. 北京：人民出版社，2012：8.

"实践哲学"。不过我们这里需要注意，葛兰西的着眼点是与我国当代学界对"实践哲学"的解读有所差别的，他是以一种极富有启发性的方式来阐释理论与实践的关系，即认为哲学的理论批判活动并不外在于社会的政治生活，进行哲学批判实际上已经是一种现实地参与政治的方式，因为哲学本身就是"政治的"。对于葛兰西来说，哲学并不是由特定领域内的专家或者专业内和系统的哲学家所从事的专门的知识活动，相反，人人都是哲学家，广义的哲学就是世界观；然而，葛兰西又旗帜鲜明地指出了，既然哲学批判是一种现实地参与政治的方式，从现实的历史和政治上说，批判的自我意识就意味着创造知识分子的精英，需要一个专门从概念和哲学上研究思想的集团，这个集团从理论和实践混为一体的状态中具体地区分出理论方面。只有完成了此种区分，人民大众以及特定社会历史集团才能从旧有的、常常是已经陷入危机的生存状态和生活方式中摆脱出来，从而才能在更高的层次上实现理论与实践的统一。并且，只有由一个专门集团从理论—实践的关系中具体地区分出来理论方面，才能使人民群众具有组织性；因为只有当纯粹的理论从实践中被分离出来，才能在此基础上引领和领导人民群众有意识地"区别"自身，才能让人民群众真正独立而自觉地行动，成为有组织性的群体。因此，在葛兰西看来，马克思主义哲学实际上是这样的一种"实践哲学"，这种"哲学"本身就是"政治"的，从而可以说马克思主义哲学这一"理论"具有"实践"的意义，但是，它的实践意义归根到底是来自它之外的社会的，它的传播过程也有政治的、归根到底是社会的原因，而理论和实践的"统一"实现前，需要经由必要的"区分"和"分离"的中介作用，所以可以说，葛兰西所认识到的这种张力的存在，是柯尔施式直接现实性的反题。

而阿尔都塞对于马克思哲学理论和实践关系的思考，阿尔都塞自身观点的前后变化，阿尔都塞同上述柯尔施和葛兰西观点的对立与联系，则给我们一个综合的视角来看待马克思的哲学革命。众所周知，阿尔都塞在《保卫马克思》和《读〈资本论〉》时期曾借用"认识论断裂"和"问题式"概念，严格区分了"意识形态"和"科学"，认为马克思主义的核心是"科学"（即"历史科学"）而非"哲学"（即"实践哲学"）。从此观点出发，阿尔都塞批判拉布里奥拉虽然试图把马克思主义定义为一种新的哲学即“实践哲学”，但事实上却只能停留于《关于费尔巴哈的提纲》的预言般词句，未见任何新的哲学产生。而至于卢卡奇和葛兰西，阿尔都塞则认为其从开始就误解了马克思主义，把科学诞生前的青年马克思思想认作马克思主义，因此他们所谓的“后黑格尔哲学”或“实践哲学”，恰恰不过是马克思所批判的“意识形态”罢了。除了批判拉布里奥拉、葛兰西和卢卡奇，阿尔都塞似乎也点过柯尔施的名，但要么只是认为其随附在青年卢卡奇名后而无独特意义①，要么干脆评价柯氏影响短暂，远逊于葛兰西和卢卡奇②。然而我们认为，阿尔都塞此时对哲学理论和实践关系的看法，在大体立场上却正是与柯尔施接近的，即将马克思主义哲学纳入成为实践的一个部分。“理论实践”是阿尔都塞此时提出的一个新概念，他说：“理论实践包括在实践的一般定义的范围之内……理论实践的最广泛的形式不仅包括科学的理论实践，而且包括先于科学的，即‘意识形态’的理论实践（构成科学的史前时期的‘认识’方式以及它们的‘哲学’）。”③ 在批判流行的“实践哲学”解读后，马克思主义哲学被定义为一门科学的学科，即“理论实践的理论”。

但是，对于将马克思主义哲学看作一种“理论实践”的思想，阿尔都塞后期进行了深刻反省，认为这片面强调理论自身的实践功能，“在理论上高估了哲学……在政治上低估了哲学”④。进一步讲，哲学归根到底是理论领域中的阶级斗争，哲学中“科学”与“意识形态”的边界划分并不能在哲学内部得以完成，哲学“边界”纷争的背后实际是不同政治势力之间的博弈，这些可以说是综合进了前述的葛兰西式的理解，在哲学和政治的内在关系中加以考察。当然，阿尔都塞并不是简单地从柯尔施式的理解转向葛兰西式，而是积极地探索将马克思主义哲学的理论和实践统一起来的新的实现形式，在此问题上他最后是无意间综合了二者：他一方面如柯尔

---

① 阿尔都塞，巴里巴尔．读《资本论》．北京：中央编译出版社，2001：161，164.

② 同①135.

③ 阿尔都塞．保卫马克思．北京：商务印书馆，2010：158-159.

④ 阿图塞．自我批评论文集．台北：台湾远流出版事业股份有限公司，1990：168.

施一样，在论述“哲学”的作用时类比了“国家消亡”的辩证历程，另一方面他明确援引葛兰西，揭示“哲学”在意识形态领导权问题上的作用——然后，他综合两者提出了马克思主义的“哲学实践”的概念，这是一种对实践的哲学干预，在未来，其要成为“非哲学”的，正如自由人的联合体“非国家”一样，那时的干预形式是对实践自由解放的直接促进，在当下，它则要服务于无产阶级的阶级斗争，要在政治斗争中发挥“哲学”的意识形态领导权的功能，此时的干预形式是为实践的自由解放创造条件①。

上面，我们通过选取西方马克思主义三位代表的思想表达，将这三种原本各自从属于其独特语境的理论，统一地置入了我们的叙事框架之中，这并不是我们任意地剪裁思想史，而是在一个辩证发展的框架之中来看问题，我们认为他们各自的阐发方面的演进，也就是马克思主义哲学本身的丰富内涵在历史当中的辩证展开。我们从一个事后登场的反思的角度看问题，我们在这样一种综合的叙述当中，实际上是沿着马克思主义哲学的内在理路的，而马克思主义哲学的理论和实践的辩证张力关系，以及解释世界与改变世界的完整意义，也就在这种综合当中被呈现出来了。而我们也只有这时才可以说，马克思主义哲学之所以实现了哲学史上的一场伟大革命，就在于其开启了理论与实践的全新范式。对于马克思主义是不是哲学的问题、它是什么样的哲学以及它与近现代哲学的关系问题，我们既不能单纯从思想史的角度或者从不同哲学思潮的外在比较的角度来考察，也不能单纯地在理论上诉诸“实践”范畴或使得理论直接同化和消解在实践中，而必须在这一全新的范式中，在内在的辩证的张力关系中进行理解。所以，马克思主义哲学对近代和现当代西方哲学的超越，不是在个别的具体论题上的突破，而是在不同的社会基础上，在整体的问题域、在言说问题和干预实践的方式上的超越，通过这种整体上的超越，马克思主义哲学成了与近代和现当代西方哲学都有着根本区别的新的哲学。

---

① 阿尔都塞．哲学的改造//陈越．哲学与政治：阿尔都塞读本．长春：吉林人民出版社，2003：237-249.

第四章　借鉴西方马克思主义哲学研究，看马克思的“本体论”思想

在讨论了马克思主义的“哲学”的性质之后，我们接下来考察一个与之有着密切联系但并不简单重合或被其包括了的问题，即所谓的“本体论”问题。多年以来，我国有许多学者在争论，马克思主义的哲学是不是本体论、是怎样的本体论，我们在这里则试图继续结合对西方马克思主义的研究，在参照和对比之下来对这一问题做出一定的回答。我们认为，从既往的热烈争论来看，我们首先要解决的核心问题其实是“本体论是什么”，这个问题不搞清楚，在所讨论的基本概念的界定上就存在着歧见，其后的问题也就难以进一步探讨清楚。所以，本章首先试图归纳一下对于何谓“本体论”的三种不同理解。

一、对“本体论”的三种不同理解

对“本体论”的第一种理解，以俞宣孟先生《本体论研究》一书中对本体论的定义为代表。《本体论研究》中归纳出本体论有三个特征：

(1) 从实质上讲，本体论是与经验世界相分离或先于经验而独立存在的原理系统；(2) 从方法论上讲，本体论采用的是逻辑的方法；(3) 从形式上讲，本体论是关于“是”的学说，“是”是经过哲学家改造以后而形成的一个具有最高、最普遍特征的逻辑规定性的概念①。在俞先生看来，ontology 按照其字面的原意乃是一门关于“是”的学问，应当译成“是论”，并且它是超验的、纯粹逻辑的研究，是纯粹的哲学原理，而不以任何事物为对象。根据这个标准，则自然哲学、宇宙论等都有特定的研究对象，它们不是本体论。

该种理解是很有道理的，严格的、最狭义的 ontology 就是如此，在此种对“本体论”的理解之下，俞著中反复论证了马克思主义哲学不是本体论，乃至现代西方哲学大部分流派都没有本体论的问题，哲学史上只有像亚里士多德和黑格尔的学说这样的少数才是作为“第一哲学”的典型的本体论。我们还可以说，对这样的本体论，马克思主义是批判的，其声称要“消灭”哲学、“终结”哲学，要义之一正是要否定这样的哲学，否定彼岸世界的哲学，排斥“纯粹**经院哲学**的问题”②。而恩格斯在高度评价马克思的唯物史观时，也正是以黑格尔式的本体论哲学来作对照的：“它是从纯粹思维出发的，而这里必须从最过硬的事实出发。一种自己承认是‘从无通过无到无’的方法，以这种形式在这里是根本不适用的。”③

第二种，从恩格斯《路德维希·费尔巴哈和德国古典哲学的终结》对哲学基本问题的表述出发来理解“本体论”。恩格斯把全部哲学的基本问题归结为思维和存在的关系问题，讨论世界的本原是精神还是物质，而恩格斯这样的研究，就被我们一些学者理解为是本体论。这种对于“本体论”的理解，显然是与上一种基于词源含义的理解，即与最狭义的、作为“是论”的 ontology 有差别的，“本体论”的词义发生了偏移或曰发展。这种“本体论”，不仅是要研究特定的东西，而且把特定的东西作为世界的本原，探究本原是物质还是精神。

---

① 俞宣孟. 本体论研究. 上海：上海人民出版社，1999：27.

② 马克思恩格斯选集：第1卷. 北京：人民出版社，2012：134.

③ 马克思恩格斯选集：第2卷. 北京：人民出版社，2012：12.

基于这种对于本体论的理解，还产生了两派不同的进一步看法。一派是经典的辩证唯物主义体系，认为马克思主义把世界本原归结为物质存在，认为既然它探讨世界的本原，并且还具体地谈到这种本原究竟是物质还是精神，那么就可以被判断是本体论，艾思奇的《大众哲学》即以加括号的“本体论（世界观）”为章名①，在当今学界如黄枏森先生等坚持并阐发了这种路向。另一派看法认为马克思主义哲学不是本体论，其认为马克思并不是非常清晰地去把世界归结于物质还是精神，而是超越了这种对立，但与此同时，超越论者对“本体论”这个术语的把握，实际上也是持有第二种理解，认为本体论是具体地讨论何者是世界本原，在这一点上这两派并没有区别。同样持有第二种理解的这两派，他们的区别是在于：前一派认为马克思主义哲学坚持了哲学基本问题，而且坚持物质是世界本原的观点，所以判定马克思主义哲学是本体论，而且是物质本体论；后一派则强调马克思主义哲学实际上超越了恩格斯所说的哲学基本问题，超越了物质与精神的对立，从而判定马克思主义哲学不是本体论，既不是精神本体论，也不是物质本体论。

第三种对于“本体论”的理解更加宽泛，认为可以超越那种把整个世界归结于物质或精神二选一的终极本原的做法，只要是探究世界中某种存在的基本的、重大的地位，就是“本体论”。所以，当今我们许多学者所持的“实践本体论”是本体论的判断，实际上对于“本体论”，不仅不是在上述第一种意义，并且也不是在第二种意义上理解它，而是已经赋予了它新的含义。他们基于“本体论”这个词的第三种含义，然后才称马克思主义哲学是本体论，因为马克思主义显然讲了某种具有重大意义的存在，例如讲了人的感性活动、讲了实践，从而他们就可以宣告马克思主义是本体论，是实践本体论。尽管他们与持第二种理解的学者在表述上可以同样认可马克思主义哲学是本体论，但实际上两者之间的观点有天壤之别。不仅是他们对本体论的含义的理解，还有对马克思主义哲学的实质的理解，都完全不同。

---

① 艾思奇文集：第1卷. 北京：人民出版社，1981：140.

二、西方马克思主义关于本体论的两大判断

如果从西方马克思主义研究的角度来看，我们可以认为上述第三种理解的重要源头正是西方马克思主义，而我国当代许多学者对此问题的看法，并非我们全新的创造，乃是基于西方马克思主义理论家的理论阐发，这种阐发于20世纪80年代起在我国产生巨大影响（对这一点我们将在之后的章节当中专门进行考察），我们将其接受过来而进一步加以发挥，今天才使得“本体论”的概念变得更加宽泛。可以说，如果我们不阅读这些理论家的先行成果，也就不会产生对本体论的新理解。而就本体论的新的第三种意义而言，西方马克思主义已经达成了以下两个基本判断：（1）马克思主义是本体论；（2）马克思主义的本体论是实践本体论。

尽管一些西方马克思主义理论家直接提到“本体论”一词，像施密特《马克思的自然概念》开篇即论述马克思唯物主义的所谓“非本体论特征”①，或又如弗洛姆先肯定“马克思是一个本体论的唯物主义者”，然后加以悬置，“他确实对这些问题不感兴趣，也就很少谈到这些问题”②，即绕开它再去做自己的阐发；但是，他们这里所否定或悬搁的，只是第二种意义的本体论。如果我们不是看其术语选择，而是从其思想实质来考虑，则可看出西方马克思主义中的主流，是主张要超越传统的唯物和唯心的对立、超越传统的物质第一性，进而可知，他们实际上阐发了第三种意义上的“本体论”思想，只是未以此称谓来命名。另一方面，我们看到柯尔施《马克思主义和哲学》中的提法，是断定马克思主义“是哲学”，他乃是认为马克思和恩格斯“在‘观念’辩证的‘自我运动’下面发现了历史的现实的运动，并把这一历史的革命运动宣布为唯一‘绝对的’存在”③。柯尔施将社会历史运动、将人的实践活动视作基本的存在，他断言马克思主义

---

① 施密特．马克思的自然概念．北京：商务印书馆，1988：5.

② 西方学者论《一八四四年经济学—哲学手稿》．上海：复旦大学出版社，1983：26.

③ Korsch．Marxism and Philosophy．London：NLB，1970：131-132.

“是哲学”，就是在说马克思主义有着对这种基本存在的探寻，所以，若我们用后起第三种意义的“本体论”语词来述评这样的实质思想，也就可以说，柯尔施断定了马克思主义是本体论并进而是实践本体论。

我们还可以列出许多西方马克思主义代表人物的相应论断，比如：葛兰西认为，“客观的总是指‘人类的客观’，可以认为它正是等于‘历史的主观’”①；列斐伏尔提出“物质是一个X”，“自然界本身是无动于衷的”②，把物质作为纯粹的方法论结构，为了说明人的活动使自然界具有意义；阿多诺说“客体只是一个术语上的伪装”③，在他看来，客体不能离开主体而独立存在；马尔库塞认为不仅要在客观的意义上，更要在主观的意义上理解自然界，自然“本身就是一种生命力，是主体—客体”④；梅洛-庞蒂说，“世界就是我们所知觉的那个东西”，“事物和世界是通过我的身体而给予我的”⑤。举出这些话，就是为了说明一点，西方马克思主义的主流思想，是主张超越传统的物质—精神式的本原探求，凸显人、人的实践这种基本存在的重大地位，断定马克思主义是第三种理解下的本体论、是实践本体论——西方马克思主义关于马克思主义本体论的这两个基本判断和结论，也已经在我们国内学界被广泛接受，那么，我们对这两个判断应当如何评价，它们是否还存在什么问题？对此我们仍需加以反思，并且我们首先有必要重读卢卡奇晚年的《关于社会存在的本体论》。

三、卢卡奇晚年的两点反思

卢卡奇的《关于社会存在的本体论》，对其本人早年思想乃至西方马克思主义的传统都进行了检讨，在该书主题所涉及的本体论问题上更是如此。有不少论者轻视乃至否定该书，将它看成卢卡奇晚年一部折中主义乃

---

① Gramsci. Selections from the Prison Notebooks. New York：International，1971：445.

② Lefebvre. Le Materialisme Dialectique. Paris：Presses Universitaires de France，1962：99.

③ Adorno. Negative Dialectics. London：Rouledge，1973：192－193.

④ 西方学者论《一八四四年经济学—哲学手稿》. 上海：复旦大学出版社，1983：150.

⑤ Merleau-Ponty. Sense and Non-sense. Evanston：Northwestern University Press，1968：133.

至思想混乱的作品。但是，我们考察该书的创作过程，可以看到卢卡奇原是打算为伦理学著作写出绪论，来为伦理学奠定基础，进而他却投入全部精力将这个绪论扩大，成为关于社会存在本体论的篇幅巨大的独立作品。由于卢卡奇患癌症去世，他留下了还未最终修著完的书稿。所以，我们单从卢卡奇的创作实践也可以看出，《关于社会存在的本体论》是卢卡奇对于一生哲学道路的系统总结与积极反思，是留给我们的宝贵哲学遗产。因此，我们要完整准确地理解和评价西方马克思主义在本体论问题上的两个基本判断，完全可以而且应该参考卢卡奇晚年的反思，将卢卡奇的反思作为看待这个问题的重要视角。

卢卡奇该书所做的检讨之一，是针对早年否认马克思主义是本体论的提法，卢卡奇在《历史与阶级意识》中认为马克思主义的核心是方法，而在《关于社会存在的本体论》中，则讲要返回到存在去，存在的概念应该占主导地位。卢卡奇认为，如果只谈认识论方法论而不谈本体论，马克思主义就是一种无根的浮萍，而如果这样，马克思主义就退化为了认识论主义，就与西方哲学的总体发展趋向是一致的了，马克思主义也就没有了社会存在本体论地位，所以他要回到存在，讨论存在是什么、何以存在，他正面地构建起一个社会存在本体论。卢卡奇在社会存在本体论的部分之中，大力阐发物质与精神的统一、社会存在是有机整体、社会存在的历史性等思想，这其实与他早年的理论、与西方马克思主义的传统，在本质上是一致的，而他这里所主张的社会存在本体论，正是第三种意义的“本体论”。

而检讨之二，则是针对早期否认物质世界的客观存在的观点。卢卡奇早年为了强调世界和自然是人化自然，从而否认自然辩证法、否认自然界的客观存在，而到了晚年，则改而提出关于两种本体论的学说，即自然本体论和社会存在本体论，晚年卢卡奇认为，承认自然是理解马克思主义的一个前提和出发点。前述检讨之一所构建的社会存在本体论，在卢卡奇晚年新的理论框架当中，也是建立在自然本体论的基础之上的，承认后者才能有前者，并且，由于承认了自然本体论，所以卢卡奇也改而承认，自然辩证法是存在的。

那么，晚年卢卡奇的这种对西方马克思主义传统的反思与检讨、修

正，是否是沿着正确的方向在走呢？我们以为是正确的。应该看到，西方马克思主义认为马克思主义是一种实践本体论，这些阐发本身是非常有创见、非常重要的，但我们认为它还有不够周全之处，对这种“实践本体论”的阐发需要抱有一种审慎的态度。马克思对他自己的新世界观，对这种实践的唯物主义，是有着直接的表述的，例如《关于费尔巴哈的提纲》的第一条的确高度强调实践的人的作用，旧唯物主义“对对象、现实、感性，只是从**客体**的**或者直观**的形式去理解”，而实践的唯物主义第一个要点就是“把它们当做**感性的人的活动**，当做**实践**去理解”，“从主体方面去理解”①，其后《德意志意识形态》更是进一步声明，“周围的感性世界决不是某种开天辟地以来就直接存在的、始终如一的东西，而是工业和社会状况的产物，是历史的产物，是世世代代活动的结果”②。

但是，我们需要注意不能片面地理解它们，《提纲》第一条还有另一方面，马克思在讲到旧唯物主义的缺点之后也还讲到了唯心主义，它们的缺点则是“抽象地发展了”能动的方面，它们其实并不真正懂得“现实的、感性的活动”。这两个方面都缺一不可，我们对马克思主义不能仅仅是从主体方面去理解，不能把能动的方面仅仅进行唯心主义的发展。马克思所讲的“实践”的后面，还有其唯物主义基础，而西方马克思主义只强调第一方面，恰恰犯了错误。西方马克思主义者在强调实践本体论的时候，非常强调马克思的“人化自然”思想，据此来认为自然界都是人的实践、人的活动的产物，进而片面地将世界从主观方面去理解，例如卢卡奇早年在《历史与阶级意识》当中直接认定自然范畴就是社会范畴。我们对此则要指出，他们的思想与马克思的“人化自然”思想其实是有差别的，可以将这些差别归纳为六个方面。

四、马克思和西方马克思主义对自然看法的六大差别

第一，马克思强调人化自然，但马克思有没有把一切自然存在都看作

① 马克思恩格斯选集：第1卷. 北京：人民出版社，2012：133.

② 同①155.

社会存在、社会活动的产物，是否认为一切自然都是人化自然？关于这一点，卢卡奇在晚年看到，有社会存在也有自然存在。实际上，马克思确实认为有两种自然，一种是被劳动改造过的人化自然，另一种是保持其原始直接性的自然，而只有前者才是社会活动的产物，正如《德意志意识形态》中所说的，“在这种情况下，外部自然界的优先地位仍然会保持着”①。所以，在这个最初的点上，列宁在《唯物主义和经验批判主义》中向马赫主义所进行的质疑，也仍然是有意义的：在人类存在以前，自然早已存在了②。

第二，马克思从确认人化自然出发，有没有进而把人化自然概念完全归结为社会范畴？也就是说，人化自然物除了它的社会性之外还是否有其自然性？马克思并不能把经由社会活动而发生形态改变的自然，看作丧失了自然本性和自然基质的东西，例如马克思对于商品所做的分析，就是指出：“种种商品体，是自然物质和劳动这两种要素的结合。如果把……各种不同的有用劳动的总和除外，总还剩有一种不借人力而天然存在的物质基质。”③ 不能借自然的人化，用劳动产品的社会性去消解它的自然性。与商品一样，一切劳动产物，一切人化自然物，也都具有两重性，如果完全从主观方面去理解，认为自然性不存在了，这样解读马克思就会纯然陷入一种唯心主义的路径。

第三，马克思强调人化自然是以实践为中介的，那么对这种以实践为中介的人化自然，马克思是不是认为它具有客观实在性与优先地位？马克思没有否认这一点，而是一再强调它是人的实践活动的前提、基础和对象。作为劳动产品的人化了的自然物质，也不能说是完全从属于实践的第二性的东西，它仍然是第一性的东西。在商品中，不仅其保存和转移的天然自然属性是客观的，而且，人化的因素加入，即活劳动的凝结，也是客观的。推广到一切劳动产物，一切人化自然物，都是如此，人们并不能“随心所欲地”创造历史，他们“不是在他们

① 马克思恩格斯选集：第1卷．北京：人民出版社，2012：157．

② 列宁选集：第2卷．北京：人民出版社，1995：81-82，129．

③ 马克思恩格斯全集：第23卷．北京：人民出版社，1972：56．

自己选定的条件下创造，而是在直接碰到的、既定的、从过去承继下来的条件下创造”①，人化自然仍然具有这种客观实在性，人们不能对其随心所欲，人化自然仍然具有优先地位，它作为实践的条件，制约着实践。

第四，马克思有没有把世界的统一性问题一笔勾销？实际上马克思关于自然的理论主张，仍然在讲世界的统一，他在强调实践的变革作用、强调自然的人化时，没有否定统一性问题，而是首先讲了世界统一于实践，然而再进一步地考察。这还是统一于物质，因为这种“人化”作用，这种实践，本身就是一种客观的、物质的活动，而非唯心主义所不懂得的真正“现实的、感性的活动”。当马克思界定什么是“劳动”时即说明，“劳动首先是人和自然之间的过程，是人以自身的活动来引起、调整和控制人和自然之间的物质变换的过程”，在这个意义上，马克思又使用了广义的“自然”概念，即不仅是外部自然界（从天然自然变成人化自然），而且人本身、人的劳动力、“人化”作用本身，也都算作一种“自然力”，这种自然力同外部自然相对立②。而相反，西方马克思主义仅仅以实践而不是物质作为出发点，以脱离了物质的实践作为出发点，就会如卢卡奇晚年所反思的，“革命的实践概念表现为一种夸张的高调”，“过度夸张实践概念可以走向其反面：重新陷入唯心主义的直观之中”③，重蹈《关于费尔巴哈的提纲》第一条所批评的另一种缺点的覆辙。

第五，马克思有没有否认自然观具有一种本体论地位？一方面，当然马克思没有用过“本体论”这一措辞，他在 19 世纪 40 年代中期之前正面地使用过“哲学”一词，而后又转而批判它，他反对形形色色的唯心主义特别是黑格尔的哲学，但他早期采用的“世界观”这个概念则延续下来。另一方面，马克思还沿用了“唯物主义”一词，在继承了第二种意义的本体论基础上，进而将唯物主义延伸到了更加广阔的领域，使其具有了更加丰富的含义。马克思反对旧的唯物主义，在他激烈变革的过程中，在

---

① 马克思恩格斯选集：第 1 卷. 北京：人民出版社，2012：669.

② 马克思恩格斯全集：第 23 卷. 北京：人民出版社，1972：201-202.

③ 卢卡奇. 历史与阶级意识. 北京：商务印书馆，1992：新版序言 11-12.

《1844年经济学哲学手稿》中主张“彻底的自然主义或人道主义”，“既不同于唯心主义，也不同于唯物主义”[①]，但不久后在其所承担的《神圣家族》章节中，尽管尚未摆脱对费尔巴哈的认同，但马克思不仅正面地接过“唯物主义”，更是称赞费尔巴哈“在**理论**方面体现了和**人道主义**相吻合的**唯物主义**”[②]，在他谈到欧文和法国一些“比较有科学根据”的共产主义者时也说，他们“把**唯物主义**学说当做**现实的人道主义**学说……加以发展”[③]。马克思日后反复声明了自己理论的“唯物主义”属性，在20世纪80年代西方马克思主义传到我国之初，徐崇温先生的《保卫唯物辩证法》即通过对马克思大量表述的搜集整理论证了这一点，而我们在此试图做一补充，即马克思的“唯物主义”是同他变革之初所采用的“自然主义”有着继承和发展关系的，而《1844年经济学哲学手稿》中“人是自然界的一部分”[④] 的表述，在《政治经济学批判》导言中对应地发展为“自然（这里指一切对象的东西，包括社会在内）”[⑤] 的概念。

第六，自然界有没有规律、自然辩证法是否存在？前面几点中我们已经看到马克思笔下的自然具有多层次的丰富内涵，是那最广义的包括社会在内的自然，而早年的卢卡奇也承认有主客体相互作用的辩证法存在，在这里我们再返回到问题之初，即看那毕竟与人有区分、与人相对而言的外部自然界，尽管它是与人的活动分不开的，但这种产物的产生也是有其自然规律的，“人在生产中只能象自然本身那样发挥作用”[⑥]，并且，人化了的自然仍然作用于人、制约人的实践，既然确认自然的这种客观存在，那么，马克思也必然要承认自然界有独立的规律，而不能

① 马克思恩格斯全集：第42卷. 北京：人民出版社，1979：167.

② 马克思恩格斯全集：第2卷. 北京：人民出版社，1957：160.

③ 马克思恩格斯全集：第2卷. 北京：人民出版社，1957：167-168. 可以说，马克思对“唯物主义”的接受是领先于恩格斯的，恩格斯在此同期所承担的《神圣家族》章节中，尚以赞许的口吻认为“唯灵论和唯物主义过去在各方面的对立已经在斗争中消除，并为**费尔巴哈**永远克服”（马克思恩格斯全集：第2卷. 北京：人民出版社，1957：120），与马克思在《1844年经济学哲学手稿》中的提法相类似。

④ 马克思恩格斯全集：第42卷. 北京：人民出版社，1979：95.

⑤ 马克思恩格斯选集：第2卷. 北京：人民出版社，2012：711.

⑥ 马克思恩格斯全集：第23卷. 北京：人民出版社，1972：56.

否认自然辩证法存在。正因为人化自然按照自己的客观规律在发展，所以它才能够与人对抗，人不能随心所欲地调控它。人类所面临的自然生态问题，从反面促使我们进行此种理论上的思考，我们不妨设问：如果没有自然辩证法，生态问题岂非轻而易举可以解决？事实当然并非如此，所以我们正看到，当代生态马克思主义的理论构建当中，J. B. 福斯特尤其注重发掘马克思主义的唯物主义基础，从中汲取理论的养分①，这种做法，也是对原先西方马克思主义主流传统的一种回拨，从卢卡奇到萨特等人一再否认自然辩证法存在，是抽掉了马克思主义的唯物主义本体论基础。

五、马克思的实践—物质本体论与其资本批判具有内在关联

从上一部分可以看到，围绕人化自然这一概念，西方马克思主义与马克思主义的理解是有差别的。我们认为，既要反思那种传统形态的物质本体论，也要反思西方马克思主义的实践本体论思想及新时期我们对其的进一步阐发。我们首先要搞清楚什么是本体论，在“本体论”的三种理解之中，我们当然可以接受第三种，在明确了新的含义以后，在此基础上做理论阐述和表达。但是，我们也不能完全依照西方马克思主义的理解，笼统地主张“实践本体论”，仍然还需要做许多的补充和完善工作。首先，就马克思上述对自然的看法而言，马克思并不是简单地抛开了第二种含义的本体论，在他的理论框架中，仍然需要在确认物质的前提下，恰当地强调人的能动作用。所以假如我们一定要对马克思主义的本体论有一个概括性表述的话，则不妨做模糊处理，在实践和物质之间进行一个结合——“实

---

① 对于J. B. 福斯特的生态马克思主义理论的专门分析，可以参见陈学明的相关论述。陈学明. 马克思唯物主义自然观的生态意蕴：约翰·贝拉米·福斯特对马克思主义的解释. 马克思主义与现实，2009（6）；陈学明. 马克思“新陈代谢”理论的生态意蕴：J. B. 福斯特对马克思生态世界观的阐述. 中国社会科学，2010（2）.

践—物质本体论”。徐崇温先生曾经基于他的理论见解，把马克思主义哲学表述为“物质—实践本体论”①，徐先生的这一表述，也可以说是触及了马克思主义哲学的实质的，我们赞同其基本精神。此外，我们认为在理论上更加重大的任务，还不是构建起这种或那种本体论的“解释世界”，更不是简单做出这种或那种本体论的“正名”工作，对于我们最为重要的是要把握马克思主义“改造世界”的思想实质，也以此相应地理解好西方马克思主义的有关探索，即使我们只是要在学术层面对他们做出评价，也需要把握它们各自理论的内在线索，并结合它们的现实基础和实践指向所在来考察。

马克思恩格斯自称“实践的唯物主义者”，他们紧接着的表述是“即共产主义者”，这两个提法本身是为了表达他们的关切所在：“全部问题都在于使现存世界革命化，实际地反对并改变现存的事物”②。如果说马克思主义有着某种本体论的问题域的话，其考察存在是什么、何以存在，也是为了解决存在如何可以被改造、可以被改造成什么形态的问题，尤其是要针对资本主义这一存在，揭示其基础、其由来和发展趋势，对这一存在进行批判和改造。当马克思早在 1842 年提及“新的世界观”时，就是意指“一些共产主义和社会主义的原理”③，当然，这时还只是指其所接受的当时社会流行的共产主义流派，当时马克思还没有开辟出自己的科学理论，之后他阐发出实践—物质本体论观点，也同样是在这个批判资本主义、阐明共产主义的总主题之下的。我们在前一部分中已经正面地论述了马克思的人化自然观点，而马克思在《哥达纲领批判》中评论“劳动是一切财富的源泉”的反面观点时，则认为“硬给劳动加上一种**超自然的创造力**”是“资产者”的取向，而“社会主义的纲领”恰恰应当与此对立④，在我们看来，这正是我们考察马克思的人化自然理论和整个本体论观点时，需要注意的实践维度，外部自然界之所以需要在理论上确认其地位，一大原因也

① 徐崇温. 用马克思的思想统一对实践唯物主义的认识. 哲学研究，1989（12）.
② 马克思恩格斯选集：第 1 卷. 北京：人民出版社，2012：155.
③ 马克思恩格斯全集：第 27 卷. 北京：人民出版社，1972：436.
④ 马克思恩格斯选集：第 3 卷. 北京：人民出版社，2012：357.

在于，它在实践上表现为生产的资料，其现有的占有方式正是资本主义的存在根据，共产主义革命也正是要消灭这种所有制。

而对于西方马克思主义，一方面我们要肯定，西方马克思主义持那样的一种实践本体论观点，是有其历史贡献的，它开启了新的理论视域，使得我们并不停留在最初的点上，单纯强调外部自然界的优先地位，而是促使我们由其出发，经历了辩证的发展过程，展开了丰富、全面得多的论域，当我们再谈及自然、自然辩证法等熟悉的概念时，已经是在更高的层次上达成了对马克思主义的理解，完整准确地把握其思想实质。不过与此同时，西方马克思主义的理论家们对本体论问题的看法，是有片面性的，而它在强调主观方面也可以说是做过了头，这也在上文中已经引述过的卢卡奇反思文字中可以看到。另一方面，正如我们前文所述的，西方马克思主义在问题域上有一大偏颇，他们远离了马克思主义原本的主要论域，改而以哲学和文化为主要的战场，这实际上也遮蔽了他们实践本体论观点的深入——资本主义存在和存在之扬弃的根据和条件问题，是无法从自然和人化自然本身当中直接导出的。马克思则同他们相反，马克思是从中进一步研究并发展出了完整的政治经济学批判，真正构建了科学的社会主义，西方马克思主义的实践本体论恰恰缺失了这一导向实践的桥梁。对于这一点，卢卡奇晚年反思看到“任何想对社会实践产生重大影响的重新解释马克思的尝试，必须与对资本主义新阶段的经济分析联系起来”① 是难能可贵的，所以对西方马克思主义的研究即使单从其本体论思想着眼，也需要注意把握和比较马克思思想的整体性。例如，在西方马克思主义当代的新发展中，有一个重要生长点即生态社会主义理论的构建，这就是切合马克思的自然观和本体论思想的，也是切合马克思批判现存的资本主义生产方式的主旨的，是这种批判的一个重要维度，值得我们高度重视。

① 卢卡奇．关于社会存在的本体论：上卷．重庆：重庆出版社，1993：295.

中　篇

马克思主义哲学在政治经济学批判中的确证和深化

上篇之中，我们看到了西方马克思主义哲学的研究者们的一大偏颇，他们没有把握住马克思的思想发展和侧重，从马克思所发展出的资本主义的政治经济学批判又退回到哲学批判，乃至往往只注重某种人本主义的哲学批判，只有像卢卡奇、柯尔施等少数人注意到了"经济分析"和"政治经济学的批判"的意义，这种分析和批判"实际上在更深刻、更彻底的方向上发展了他的哲学批判"①。其实我们十分熟悉恩格斯对马克思一生"两个伟大的发现"的提法：一是唯物史观，二是以剩余价值为枢纽的政治经济学理论。恩格斯在《反杜林论》当中，在为德国社会民主党撰写的马克思传略当中，在马克思墓前所做演说当中，反复强调了这两大发现是马克思一生最重要的贡献，并且正是由于这两大发现使得"社会主义变成了科学"②，"现代科学社会主义就是以这两个重要事实为依据的"③。但是，熟知并不等于真知，当我国学界在叙述马克思主义的发展史时，实际上往往也只强调了马克思的前一个"发现"即唯物史观，只是用这次"发现"来划分马克思思想的"成熟"阶段，实际上，这就淡化乃至忽视了后一个"发现"即政治经济学的意义，这是片面的。

我们在此要强调，马克思的两大"发现"是一个整体，我们在叙述和评价马克思主义的最终形成、科学社会主义的真正确立时，应当同时强调两大"发现"的整体作用，不能单纯强调唯物史观，似乎在唯物史观开启之后，一切便都是平坦大道上渐变的、自然而然的结果，我们要把政治经济学的那个后面的"发现"看作马克思主义史上的又一次重大转折。所以综合起来看，马克思一生的思想可以说经历了三次大的飞跃：

第一次飞跃发生在19世纪40年代早期，马克思开始摆脱欧洲近代的启蒙主义传统，由青年黑格尔派走向费尔巴哈式强调人的感性存在的唯物主义，并由革命民主主义走向共产主义；

第二次飞跃发生在40年代中期到40年代末，马克思创立了作为新世界观的唯物史观；

---

① 柯尔施．马克思主义和哲学．重庆：重庆出版社，1989：46.

② 马克思恩格斯选集：第3卷．北京：人民出版社，2012：402.

③ 同②726.

第三次飞跃发生在50年代到60年代中前期，马克思创立了以剩余价值理论为核心的马克思主义政治经济学的“艺术的整体”，从而也把唯物史观真正发展为“历史科学”。

马克思经过三次飞跃所完成的这两大“发现”，共同支撑社会主义从空想变为科学，使得马克思主义在人类思想史和现实历史变革运动中具有了不可替代的作用和地位。

第五章　马克思走向政治经济学批判的三次飞跃

一、超越启蒙理性，走向唯物主义和共产主义

马克思早年其实是一个启蒙主义者，他深受欧洲近代以来所形成的启蒙主义思潮的影响，他与同时代的许多思想家一样，追随某些启蒙理性的范畴。进入大学以后，马克思先是受到康德和费希特的影响，他信仰抽象的善，认为从“应当”出发就可以形成一种权利和义务相互规定的法哲学体系，这是一种典型的启蒙式话语，这时期也只能算作马克思踏上人类思想史舞台的前史。马克思很快发现了“应当”的软弱无力，因此走向了强调“现实”的黑格尔哲学。在黑格尔看来：现实既不仅仅是现存，也决不仅仅是抽象的“应当”；现实性在其展开过程中表现为必然性，表现为“是”和“应当”的相互转化。黑格尔的辩证法既带有革命性的内核，阐明了凡是现实的都是合乎理性的、凡是合乎理性的都是现实的；又采取了保守的形式，把普鲁士国家看作理性运动的最终结果。作为青年黑格尔派成员之一，马克思的博士论文和《莱茵报》时期的政论，是站在启蒙原则

的立场上批判现实，主要是用理性和人道的原则来批判专制的德国现实，追求的是抽象的所谓“人”的现代解放。马克思试图通过对理性的现实性和必然性的探讨来论证现实当中人的自由，他把抽象的理性自由设定为人的内在本质，还把政治解放当作实现这一目标的手段，可以说，这时候的马克思依然处在启蒙主义的传统之中。但马克思在《莱茵报》期间也开始发现他根据启蒙理性所追求的所谓人的现代解放所具有的限度，马克思开始对现代、对启蒙持批判态度了。马克思发现，当时的法和国家根本不是理性的体现，而是“物质利益”即黑格尔所谓“市民社会”的体现，仅仅用抽象理性的设定来批判这种现实，其实仍然是无力的。“物质利益”问题是马克思此时无法克服的难题。对物质利益难题的思考通过黑格尔法哲学的反思和批判的方式，在马克思那里具有了根本的理论意义，特别是借助于异军突起的费尔巴哈的“颠倒”方法和人本主义，马克思实现了其思想历程中第一次巨大的飞跃。

启蒙主义的特点，就在于离开人们的经济地位抽象地谈论人，谈论抽象的人。无论是18世纪的启蒙学者，还是康德、费希特、黑格尔，谈论的都不是人本身，而是理性的人或人的抽象理性。相应地，人的感性存在要么被排除，要么被摆在从属于理性的位置上。对于黑格尔来说，甚至人的理性也不是属人的，而是从绝对精神那里来的，由此，黑格尔必然陷入理性神秘主义。同黑格尔相反，费尔巴哈把人的存在与对象性联系在一起，把对象性与感性、与人的肉体感受联系在一起。正如费尔巴哈指出的那样，哲学必须解决感性存在与理性思维的关系：“黑格尔哲学是思维与存在的矛盾的扬弃，这个矛盾特别是康德就已经提出来了，……只不过这种矛盾的扬弃是在矛盾的范围以内——是在一种要素的范围以内——是在思维的范围以内。在黑格尔看来，思维就是存在，思维是主体，存在是宾词。”① 费尔巴哈认为，必须把它们颠倒过来：“思维与存在的真正关系只是这样的：存在是主体，思维是宾词。思维是从存在而来的，然而存在并不来自思维。存在是从自身、通过自身而来的——存在只能为存在所产

① 费尔巴哈哲学著作选集：上卷. 北京：商务印书馆，1984：114.

生。”[①] 马克思接受了费尔巴哈的这种“颠倒”，从而把人的肉体存在视为人的全部本质的基础。在马克思看来，矛盾并不只是存在于理性中，并不能说理性仅仅把人的感性当作达到自己目的的手段，恰恰相反，理性中的矛盾仅仅是感性世界的自我矛盾的产物和反映。这就使马克思开始真正越出了传统启蒙哲学的范围，达到了一种还带有极大人本主义色彩的唯物主义立场，这为未来新唯物主义世界观的建立开辟了道路。

这个时候，马克思也达到了一种还带有极大哲学思辨色彩的共产主义立场，他通过批判鲍威尔等把政治解放与人的解放混为一谈的思想，揭示了所谓“现代解放”的本质还只是“政治解放”，马克思进而提出了人的解放、社会解放的命题。在《论犹太人问题》中马克思指出，不能把政治解放和人类解放混淆起来，政治解放的本质是把经济从政治的束缚下解放出来，这其实只是“经济人”的解放，不是人本身的解放。在封建社会中，人被固定在特定的等级身份中，是一种经济、政治、社会、文化的混沌统一，近代市民社会把经济和政治分割开来，经济人成为“私人”，政治人成为“公人”，由此，“人权”被分割为生命权、经济权利和政治权利。经济权利成为私权的结果，导致私权和公权的对立，公权被规定为私权的衍生物，意味着人本身被异化为经济动物。宗教异化无非是人的异化的反映而已，马克思特别分析了犹太民族作为商业民族与犹太教的关系：“犹太教的世俗基础是什么呢？实际需要，自私自利。”“犹太人的世俗礼拜是什么呢？做生意。他们的世俗的神是什么呢？金钱。”“那好吧！从做生意和金钱中解放出来——因而从实际的、实在的犹太教中解放出来——就会是现代的自我解放了。”[②] 在《〈黑格尔法哲学批判〉导言》中马克思宣布，在德国，宗教批判的任务已经完成，“对天国的批判变成对尘世的批判，**对宗教的批判**变成**对法的批判**，**对神学的批判**变成**对政治的批判**”[③]。马克思用思辨和美文学的方法指出了“无产阶级”的地位和作用，主张哲学同无产阶级的结合，用“武器的批判”使德国人解放成为人。

---

① 费尔巴哈哲学著作选集：上卷. 北京：商务印书馆，1984：115.

② 马克思恩格斯全集：第3卷. 北京：人民出版社，2002：191-192.

③ 马克思恩格斯选集：第1卷. 北京：人民出版社，2012：2.

同期恩格斯在《德法年鉴》上发表的《国民经济学批判大纲》，启发马克思到政治经济学中去寻求市民社会的秘密，形成了涉及这一领域的最初成果——《1844年经济学哲学手稿》。不过，《1844年经济学哲学手稿》对于市民社会的经济运行和作为市民社会理论表现的资产阶级政治经济学，主要还只是做了非常外在的批判，《1844年经济学哲学手稿》的主要意义还是在于哲学的批判。比如说，其中考察了异化劳动，认为这种异化发展到顶端，就会走向它的自我否定，作为私有财产的资本就会向共产主义转化。同时，它对共产主义也从三个环节进行考察，即私有财产的普遍化和完成、私有财产的否定、私有财产的否定之否定。其中既有许多日后构成新世界观的新鲜内容，也仍然带有一种关于人的本质的抽象设定，历史的发展过程仍然从属于一种逻辑的必然演绎。当然，《1844年经济学哲学手稿》毕竟还是从《论犹太人问题》对货币的批判进展到了对资本的批判，指出了在市民社会中，对货币的崇拜必然导致资本积累，并且特别指出了应将无产和有产的对立归结到劳动和资本的对立。这样，马克思就使得此前的“无产阶级”概念，既不是停留在直观素朴的穷人、贫苦人的层次，也不是哲学理念的抽象设定，而是在经济学的视野中得到了初步的阐释。相应地，“私有财产”特别是“资本”在现实社会当中，具有了一种比自由、平等、博爱、民主等启蒙主义观念和政治制度更为基础的地位，无论是个人的幸福和自由，还是社会的平等和民主，都必须以占有私有财产特别是资本作为前提，而人类的解放，也就需要一种经济解放，意味着从资本的统治中解放出来。

当然，马克思的这第一次转变，本身主要还是在哲学领域，特别是法哲学领域发生的；马克思此时所转变为的那种共产主义思想，他对资本主义现存状况的批判和对未来社会形态的预言，是经由费尔巴哈人本主义对黑格尔的颠倒，是借助类本质和异化等哲学范畴，抽象地推导出来的。马克思（以及同时代的恩格斯）运用德国哲学的成就，推测了社会变革的趋向，向当时理论界弥漫着的认为资本主义永恒合理的迷雾，投入了一道明亮的光。但是，当时他们的共产主义思想还不是科学的，原因就在于他们关于走向共产主义的观念，是主要植根于人本主义和唯心主义的基础之中的。马克思经过这次飞跃所达成的这种带有极大人本主义色彩的唯物主义，与不久之后的唯物史观相比，也还是有很大局限性的。“物质利益”的难题并没有真正解决，仍然带有启蒙唯心史观的影响。马克思对于统治阶级和剥削者追逐物质利益做出了价值观上的否定，但是没有把这种“恶”在历史前进中的客观动力性作用揭示出来。马克思对于贫困民众和无产阶级丧失物质利益的局面及争取物质利益的斗争则持有同情态度，但对这种局面在理论上还只是持一种消极否定的态度，例如《1844年经济学哲学手稿》Ⅰ中认为，受肉体需要的支配是人的生命活动同人相异化的表现，实际上设定和追求着某种非异化的抽象的人的本质。尽管如此，这一时期的思想成果毕竟是马克思走向彻底的唯物史观发展的前奏。《1844年经济学哲学手稿》的手稿Ⅲ转而积极地肯定“人作为自然的、肉体的、感性的、对象性的存在物，和动植物一样，是**受动的**、受制约的和受限制的存在物，……他的欲望的**对象**……是他的**需要**的**对象**；是表现和确证他的本质力量所不可缺少的、重要的**对象**。……人是**肉体的**、有自然力的、有生命的、现实的、感性的、对象性的存在物……”在这里的论述中，人作为这样的存在物，这种“作为”本身，就使得人“和动植物一样，是**受动的**、受制约的和受限制的存在物”，需要“呼吸着一切自然力”，具有“欲望”，具有作为“自然的**需要**”的“**饥饿**”①。

《神圣家族》进一步表现了马克思向唯物史观、向第二次飞跃的接近程度。费尔巴哈和马克思都曾经引用黑格尔《法哲学原理》第190节对“人”的论述，借以说明感性的人与抽象的人的区别。在费尔巴哈看来，“需要”意义上的人才是真正的人，而法权、道德，以及伦理关系中的人，都只是这同一个个人的不同性质而已。他指出：“‘人’这个名称的意义，一般只是指带有他的需要、感觉、心思的人，只是指作为个人的人，异于他的精神，一般地说，异于他的一般社会性质”②。马克思则评论黑格尔的观点说，“思辨”“把现实的人看得无限渺小”③。在马克思看来：“**对象**作

① 马克思恩格斯全集：第42卷. 北京：人民出版社，1979：167-168.

② 费尔巴哈哲学著作选集：上卷. 北京：商务印书馆，1984：117-118.

③ 马克思恩格斯全集：第2卷. 北京：人民出版社，1957：49.

为**为了人的存在**，作为**人的对象性存在**，同时也就是**人为了他人的定在**，是他**同他人的人的关系**，**是人同人的社会关系**。”① 而正是这种对于社会关系、对于连接作用的强调，使马克思能够逐渐超出“人的本质异化”本身的视野限制，正面凸显需要的积极意义：“他的每一种本质活动和特性，他的每一种生活本能都会成为一种**需要**，成为一种把他的**私欲**变为对他身外的其他事物和其他人的癖好的**需要**。……正是**自然的必然性**、**人的特性**（不管它们表现为怎样的异化形式）、**利益**把市民社会的成员彼此连接起来。”② 所以，正是立足于费尔巴哈哲学的先导作用，从这种强调人的“感性存在”的唯物主义进一步前进，马克思才最终走进了自己的第一大发现。

二、达成实践的、共产主义的唯物主义，开启对资本主义生产关系的批判

马克思的第二次重大转折发生在19世纪40年代中后期，这是从历史唯心主义向历史唯物主义的转变。在《神圣家族》中，马克思还对18世纪法国唯物主义和费尔巴哈的唯物主义给予高度评价，认为它们为社会主义和共产主义提供了哲学基础。但到稍后写作《关于费尔巴哈的提纲》时，马克思的思想开始发生转变，在《德意志意识形态》中，马克思和恩格斯清算了德国哲学中的唯心史观和人本主义的影响，系统阐述了新的唯物主义历史观。自此之后，马克思彻底超越了近代启蒙的“哲学”传统：他的世界观越出了传统意义的“哲学”范畴，清算了以往的哲学，包括马克思恩格斯本人以往的哲学信仰，要求对“物质生活的生产方式”进行考察。唯物史观彻底终结了关于人性、理性、自由等的抽象人本主义设定，揭示了它们真正由以生发出的实践基础。唯物史观还要求在推动生产力发展的基础上“使现存世界革命化，实际地反对并改变现存的事物”③，马克思和

① 马克思恩格斯文集：第1卷. 北京：人民出版社，2009：268.
② 马克思恩格斯全集：第2卷. 北京：人民出版社，1957：154.
③ 马克思恩格斯选集：第1卷. 北京：人民出版社，2012：155.

恩格斯成了“共产主义的唯物主义者”“实践的唯物主义者即共产主义者”。这可以说是马克思对第一次飞跃后所开启的对启蒙传统的抽象理性和抽象实践之超越的完成，同时又为进展到对“物质生活的生产方式”的具体细致考察，包括对既往具体考察的理论成果的批判开辟了道路。在本次飞跃完成的同时，马克思思想当中又还孕育着下一次飞跃的萌芽，就像马克思回顾时指出的那样，在《哲学的贫困》、《关于自由贸易的演说》和《共产党宣言》当中，一方面公开展示了唯物史观的成果，另一方面又包含有政治经济学方面的初步结论，断定了资本主义的经济运动当中所具有的基本矛盾和基本前景。

在《1844年经济学哲学手稿》中，马克思还在强调“完成了的自然主义”和“完成了的人道主义”的统一，而在《德意志意识形态》中，马克思和恩格斯则直接从人和自然既对立又统一的规律出发来研究人和自然的关系。马克思和恩格斯认为，自然界是人类实践活动的产物，正如感性的人是实践活动的产物一样。无论是人，还是自然界，都不能被抽象地谈论，它们都是历史中的人和历史中的自然，也就是处于不断改变中的人和不断改变中的自然。“由此可见，这种历史观就在于：从直接生活的物质生产出发阐述现实的生产过程，把同这种生产方式相联系的、它所产生的交往形式即各个不同阶段上的市民社会理解为整个历史的基础，从市民社会作为国家的活动描述市民社会，同时从市民社会出发阐明意识的所有各种不同的理论产物和形式，如宗教、哲学、道德等等，而且追溯它们产生的过程。这样做当然就能够完整地描述事物了（因而也能够描述事物的这些不同方面之间的相互作用）。这种历史观和唯心主义历史观不同，它不是在每个时代中寻找某种范畴，而是始终站在现实历史的基础上，不是从观念出发来解释实践，而是从物质实践出发来解释各种观念形态……”① 这是马克思和恩格斯对唯物史观的最初阐述。在这里，马克思和恩格斯在“生活决定意识”这一原理的基础上，第一次指出了社会存在决定社会意识，以及直接生活的物质生产对于全部生活生产的制约作用。后来，马克思

① 马克思恩格斯选集：第1卷. 北京：人民出版社，2012：171-172.

思明确地把它表述为“物质生活的生产方式制约着整个社会生活、政治生活和精神生活的过程”①。

在《1844年经济学哲学手稿》中，马克思曾认为费尔巴哈“创立了**真正的唯物主义**和**实在的科学**，因为费尔巴哈使社会关系即‘人与人之间的’关系也同样成为理论的基本原则”②。但在《关于费尔巴哈的提纲》中，马克思开始批判费尔巴哈和18世纪的法国唯物主义，认为他们看待“社会关系”至多是从现存的社会关系本身出发，而不是从实践的角度即从现存社会关系必然被改变的角度出发。实践意味着矛盾的不断产生和不断解决，因此实践唯物主义不仅要求“按照事物的真实面目及其产生情况来理解事物”③，而且要求通过揭露现存事物的自相矛盾来揭示它的未来发展，即它的可变性。实践唯物主义者不是从现实中排除矛盾，然后在此基础上对现存事实进行无矛盾和无发展的思考。相反，由于把现实本身理解为实践活动的产物，因此唯物史观必然立足于以实践活动本身为核心的过去、现在和未来的统一，立足于矛盾的产生和矛盾的解决。无论是18世纪法国的唯物主义，还是费尔巴哈的唯物主义，在谈到人的时候，尽管他们也试图表述为所谓“现实的人”，实际上都还是在谈论抽象的个人和由抽象的个人组成的抽象的社会。这两种唯物主义，都没有看到人和社会本身是历史地生成着的，无法科学地解释历史，特别是无法科学地批判资本主义现实并指明出路，因而最终不可避免地倒向了唯心主义解释。马克思和恩格斯则从人的实践特别是物质生产出发，从生产关系与生产力之间关系的发展过程出发，在生产关系中谈论人，并把经济的社会形态看作整个社会的经济基础，把人类历史的发展看作一个合乎规律的过程，既论证了资本主义生产方式存在的必然性，同时也说明了这种生产方式必然被新的生产方式即共产主义生产方式所替代，唯物史观把经济的解放看作人类解放的物质基础，生产力的发展水平是这一经济解放的物质前提。

马克思在这第二次转折后，从根基上清算了从人的本性的异化及其复

---

① 马克思恩格斯选集：第2卷．北京：人民出版社，2012：2.

② 马克思恩格斯文集：第1卷．北京：人民出版社，2009：200.

③ 马克思恩格斯选集：第1卷．北京：人民出版社，2012：156.

归来批判资本主义、论证共产主义的历史唯心主义做法，把共产主义的学说建立在了历史唯物主义的基础之上。显然，看不到马克思恩格斯思想发展的这一重大转折，过度拔高马克思恩格斯早期思想的价值，对他们的思想一味地做人本主义的解释肯定是不对的。但是我们还要注意，把对马克思恩格斯思想的理解仅仅停留在这个阶段，仅仅停留在对历史普遍规律的一般阐述，也还是肤浅的，还不能达到革命批判的深刻性和彻底性，也还不能真正通达革命的实践。实际上，他们的思想发展进程仍然在继续，他们还需要有另一次重大的转折。我们要看到，在这一时期马克思和恩格斯所认识和阐述的生产关系一定要适应生产力的规律是人类社会发展最一般的规律，运用一般和个别的基本逻辑推演，我们就可以论证得出当资本主义的生产关系不再适应生产力，资本主义就必然要灭亡、社会主义必然胜利——例如《共产党宣言》也正是这样做的，但是，这个最一般的规律还并不能直接被用来说明某个特定的经济制度，不能直接说明资本主义的矛盾，必须把对一般历史规律的揭示，与对实际经济运行过程规律的具体分析结合在一起。在生产力—生产关系矛盾运动的一般大前提之下，对于资本主义这个具体的社会而言，我们还需要说明：它的生产力和生产关系到底是如何发生矛盾的，这种矛盾有何阶段的特殊性，这种矛盾的孕育、发展和激化过程，这种矛盾的不可克服性及如何导致资本主义本身灭亡的，它的内在逻辑线索和现实历史过程是如何的，它和其他历史阶段的矛盾有何不同。相应地，当我们理解了资本主义这个社会的具体矛盾方式，我们才能掌握它存在的限度和变革的依据，才能说明取代它的未来新制度的相应特征。也就是说，要说明人类社会必然要用社会主义来替代资本主义，除了要依赖于关于人类社会发展最一般的规律之外，还得依靠更加实在的根据，马克思恩格斯在从《德意志意识形态》到《共产党宣言》的这个时期，还是比较缺乏这种实在与具体分析的，“这种阐述只是表明当时我们在经济史方面的知识还多么不够”①。

当然，正如马克思所回顾的那样，唯物史观“一经得到”②，就被用于

① 马克思恩格斯选集：第4卷. 北京：人民出版社，2012：218.

② 马克思恩格斯选集：第2卷. 北京：人民出版社，2012：2.

指导他的政治经济学研究。他在《哲学的贫困》、《关于自由贸易的演说》和《共产党宣言》中的研究工作，正是他在系统研究政治经济学和批判既往政治经济学研究成果之前，在完成自身政治经济学理论的“艺术整体”之前，在唯物史观的总体框架之下，对现代资本主义社会中生产力—生产关系的矛盾方式，做出的初步的概观性揭示，从而深化了唯物史观：一方面是现代大工业的生产力，另一方面是社会中源于“劳动—资本”对立的“无产—有产”对立，广大工人群众的贫困化，使得资本主义市场体系无法同大工业的生产力所提供的丰富产品形成平衡，从而造成经济矛盾和危机，导致了生产相对过剩的矛盾和周期性危机。实际上马克思此时初步揭示了资本主义经济运动的内在矛盾，指出了经济危机形成的最概括的机制和必然性，这是资本主义所蕴含的自我否定的辩证法。马克思分析了交换发展的过程，指出与封建社会中的等级差别不同，资本主义的不平等恰恰是以平等交换的外观出现的，这是一个普遍买卖的时期，是可以把一切精神的或物质的东西都变成交换价值并到市场上去寻找最符合它的真正价值的评价的时期。在马克思看来，劳动成为商品（当时他还未区分出科学的劳动力商品概念），正是上述这种普遍的交换过程的产物，它亦构成了资本主义生产方式的核心本质：资本雇佣劳动。其次，马克思把无产—有产对立、贫富两极分化的状况，和资本主义市场当中供求矛盾直至危机的爆发联系了起来：“工人的工资和利润比较起来……越来越低”，“生产资本越增加，……生产就越是超过消费，供给就越是力图强制需求，结果危机的发生也就越猛烈而且越频繁”①。这就揭示了资本主义生产方式自身所包含的破坏性作用，其自我的内在否定。——但是我们必须要指出，马克思恩格斯这时还没有自己的科学的劳动价值学说，更没有剩余价值的理论，没有对资本主义生产关系内部结构及其运动规律的全面系统的认识，没有科学地说明从原初的对立到经济危机最终形成的完整机制。这样，马克思恩格斯当时对资本主义制度还没有达到完全科学的理解，他们所做出的关于“两个必然”的结论在相当程度上，还仍然只是一种高尚的价值追求，

① 马克思恩格斯选集：第1卷. 北京：人民出版社，2012：366-369.

或者说还只是科学假设和猜想。

三、完成马克思主义政治经济学的科学体系

1848年欧洲革命失败后，马克思退回书斋，除了对革命经验进行的理论总结以及为生计考虑的报刊政论写作，他主要潜心于政治经济学的科学研究工作，致力于真正达到对“这一个社会”即资本主义社会的深刻理解，着重从经济上全面深入地研究它的运动规律。19世纪50年代到60年代，马克思进一步发展了他在40年代末初步取得的政治经济学研究成果，形成了数个《经济学手稿》，并最终形成了《资本论》——以剩余价值理论为核心，完成了对资本主义社会的科学的系统的理论分析，这是他的思想发展过程中的第三次飞跃。有了这第三次飞跃，社会主义理论对资本主义的批判不仅有了科学方法论的指导，不仅有了关于人类社会的一般规律的支撑，而且还具备了关于资本主义经济运动和发展规律的理论基础。多年以来，资本主义社会的贫富两极分化现象不断被人们重复揭示，最近在皮凯蒂的《21世纪资本论》中再次得到坚强的论证；资本主义社会的经济危机，不断被资产阶级的实业家、政治家和学者们所承认，直到2008年金融危机仍然困扰着资本主义世界。而马克思经过第三次飞跃所达成的政治经济学理论，不仅仅是实证主义地概括了这两方面的现象和结果，也不仅仅是停留在唯物史观从一般层面上指出的从生产力—生产关系的基本建制生发出的矛盾必然性。《资本论》以剩余价值理论为枢纽，把资本主义的一系列经济运动规律展现在人们面前：价值规律、剩余价值生产规律、资本积累规律、资本流通和循环规律、平均利润率的形成以及其下降的规律、剩余价值的最终分配流向和现代阶级格局形成的规律等等。人们透过所有这些规律，可以确切地知道资本主义生产关系究竟是如何推动生产力发展又如何变为了生产力发展的障碍，可以确切地知道资本主义如何产生和发展又如何因为自身的逐渐演化最终陷入了不可能再存在下去的境地。

马克思这第三次飞跃，确证和充实了唯物史观的基本结论，使之成为

真正的历史科学。马克思两大发现的完整呈现，两者的相互结合，是马克思在刚开始进行积极的政治经济学研究时就确定了的。正如他批判蒲鲁东时指出的那样，后者“自以为他既批判了政治经济学，也批判了共产主义；其实他远在这两者之下。说他在经济学家之下，因为他作为一个哲学家，自以为有了神秘的公式就用不着深入纯经济的细节；说他在社会主义者之下，因为他既缺乏勇气，也没有远见，不能超出（哪怕是思辨地也好）资产者的眼界”①。在马克思政治经济学研究的过程当中，他又批判庸俗政治经济学家说：“有两种情况特别使亚·弥勒能对政治经济学有所谓高超的理解。一方面他对于经济事实完全无知，另一方面他对哲学只是抱爱好而空想的态度。”② 而当他在基于两大发现来指导社会主义运动实践时，例如在评判巴黎公社起义时，又强调：“对现存经济制度完全无知的人，当然更不能理解工人为什么要否定这种制度。他们当然不能理解，工人阶级企图实现的社会变革正是目前制度本身的必然的、历史的、不可避免的产物。”③ 正是这第三次重大转折，才使马克思恩格斯关于资本主义的结论真正有了科学的依据，所以，《资本论》是“工人阶级的圣经”，恩格斯称该书所做的结论“日益成为伟大的工人阶级运动的基本原则”④。法国的西方马克思主义理论家阿尔都塞，尽管在方法论上把马克思的第二次转折看作所谓“断裂”，却也同样高度重视了《资本论》在马克思主义当中的地位，他这样说道：人们“都以各自不同的方式在《资本论》这个茫茫森林中为自己开辟道路”⑤。

有了这样的结合，对资本主义诸建制的崇拜，或者对资本主义进行抽象理性的或人本主义的批判，才彻底失去了意义，被彻底超越了。但是这样的结合所提出的资本主义批判，仍然是在继承了现代资产阶级社会所创造的一切合理遗产的基础之上。作为马克思现代性批判的核心内容的马克思的资本批判，辩证地揭示了现代文明的基本成果和限度所在，它因此超

① 马克思恩格斯选集：第3卷. 北京：人民出版社，2012：17.

② 马克思恩格斯全集：第13卷. 北京：人民出版社，1962：63.

③ 马克思恩格斯选集：第3卷. 北京：人民出版社，2012：159.

④ 马克思恩格斯全集：第23卷. 北京：人民出版社，1972：36.

⑤ 路易·阿尔都塞，艾蒂安·巴里巴尔. 读《资本论》. 北京：中央编译出版社，2001：2.

越了后现代主义式的虚无主义解构。首先，正如同马克思主义是唯一把辩证法从德国唯心主义哲学中拯救出来的一样，它也的确是要把现代性的合理因素即以工业化为主要内容的现代化，从现代性的西方资本主义的具体形式当中拯救出来，并且正是其生产力—生产关系的分析框架，指出了是现代大工业的巨大生产力造成了对资本主义生产关系的矛盾，并为突破后者的桎梏提供了物质前提。其次，在现代大工业这一物质生产力因素当中，又包含着科学技术的巨大作用，马克思主义的现代性批判，绝不否定科学的理论成果内容本身，绝不否定科学所属的那种理性、概念、逻辑、因果、规律等的人类基本认知范式，而只是批判科学技术在资本主义形式下的应用；而马克思主义对于唯物史观和政治经济学研究，本身也正是将其视作一门历史科学，根据科学理性的要求进行叙事。马克思主义批判旧哲学，是批判其抽象性和思辨性，特别是批判旧哲学中的理性神秘主义和唯心主义宏大叙事；至于马克思主义批判庸俗政治经济学家和古典政治经济学家的庸俗方面，则更是认为这恰恰是因为资产阶级的狭隘视野窒息了他们的科学研究，而其本身是要发扬政治经济学当中的科学成分。再次，马克思主义在唯物史观和政治经济学批判研究成果的基础上，使社会主义从空想变为科学，形成了科学的理论指导下的科学实践，也就使得对资本主义现代性的扬弃性批判得以科学地进行，全面超越了后现代主义之类的批判视角。

今天当我们审视马克思的在唯物史观指导下的政治经济学批判时，可以看到他是在资本主义还处于上升时代时，就已经给资本主义下达了“死亡判决书”。一百几十年的时间过去了，虽然这一“判决”延期执行，但依然有效，并且在新的历史条件下，在生产力和生产关系两方面的新发展下，愈发显示出其必要性和可行性。在《资本论》出版的19世纪60年代，资本主义的生产方式实际上只在英国得到了充分的发展，资本主义在欧洲（更遑论全世界）还处于上升期。马克思选择成为资本主义的深刻批判者，选择以资本为主导的社会经济运行方式为切入点进行批判，他首先看到了资本对于现代社会的主导性地位，看到了资本主义这种经济运动的趋势和必然性。并且，既然马克思是基于资本主义自身所设定的前提和运行机

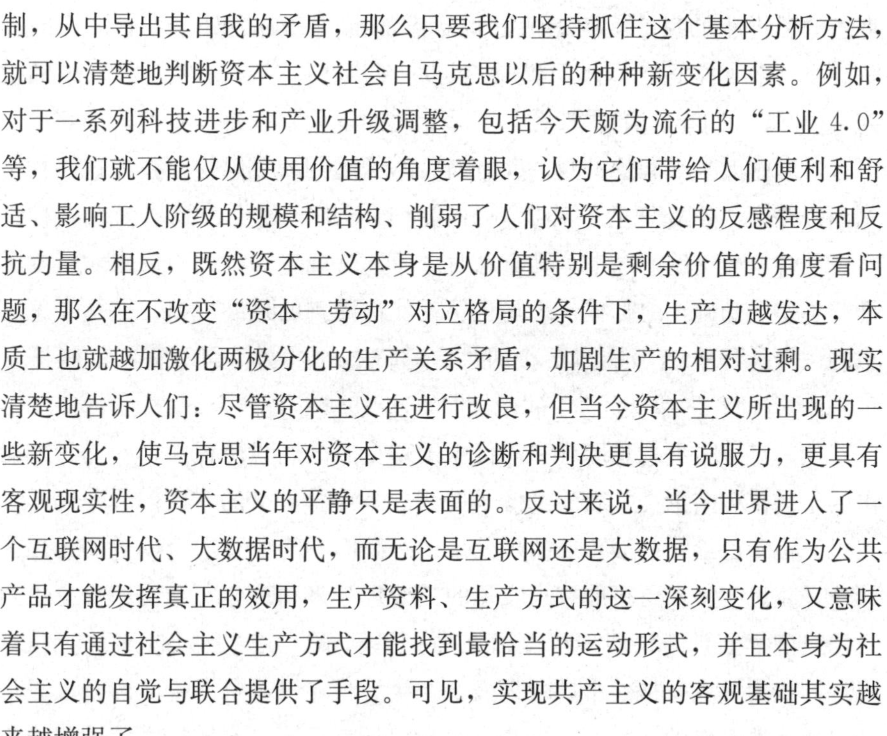
制，从中导出其自我的矛盾，那么只要我们坚持抓住这个基本分析方法，就可以清楚地判断资本主义社会自马克思以后的种种新变化因素。例如，对于一系列科技进步和产业升级调整，包括今天颇为流行的“工业 4.0”等，我们就不能仅从使用价值的角度着眼，认为它们带给人们便利和舒适、影响工人阶级的规模和结构、削弱了人们对资本主义的反感程度和反抗力量。相反，既然资本主义本身是从价值特别是剩余价值的角度看问题，那么在不改变“资本—劳动”对立格局的条件下，生产力越发达，本质上也就越加激化两极分化的生产关系矛盾，加剧生产的相对过剩。现实清楚地告诉人们：尽管资本主义在进行改良，但当今资本主义所出现的一些新变化，使马克思当年对资本主义的诊断和判决更具有说服力，更具有客观现实性，资本主义的平静只是表面的。反过来说，当今世界进入了一个互联网时代、大数据时代，而无论是互联网还是大数据，只有作为公共产品才能发挥真正的效用，生产资料、生产方式的这一深刻变化，又意味着只有通过社会主义生产方式才能找到最恰当的运动形式，并且本身为社会主义的自觉与联合提供了手段。可见，实现共产主义的客观基础其实越来越增强了。

四、马克思的三次飞跃昭示我们向政治经济学回归

马克思本人思想经历三次重大转折的阶段性，也可以分别在我们中国的理论界，特别是马克思主义哲学界的思潮演变当中得到对应的体现（这一点我们将在本书的下篇当中专门加以论述）：在改革开放以后最初的时段里，我们在相当程度上把马克思当作了现代性的代表，这是对现代性的单纯拥抱与鼓呼，我们像马克思的青年成长时期一样，带有一种浓厚的“启蒙”精神的氛围。之后，我们也转向了现代性批判，从现代性批判的角度研究和认识马克思的思想。但在这种转向刚开始时，我们把马克思的现代性批判理论单纯理解为马克思对传统哲学、对旧形而上学观念、对意识形态的批判，这种批判当然也毫无疑问是存在于马克思那里的，但把马

克思的现代性批判单纯归结成意识形态的批判，则是对马克思的片面理解。再后来，我们终于认识到马克思的现代性批判还应包括对资本的批判，但问题在于，我们尽管看到了马克思的现代性批判有着两大内容——既有对形而上学观念的批判，又有对资本的批判——但却往往把这两种批判相提并论，或者把后一种批判自觉不自觉地随附于、归结为前一种批判。尽管从历史的顺序上，马克思对形而上学观念的批判为后来对资本的批判奠定了基础，但真正代表马克思现代性批判的最终成果、在马克思思想的逻辑进程中处于最高层次的，是对资本的批判，是对资本的经济学批判。

从马克思本人思想历程和当代中国理论界的思想历程中，我们所能得出的一个核心结论是：政治经济学批判是马克思主义的首要部分，这是马克思恩格斯留给我们最重要的理论遗产。我们不能抛开了这一首要思想而侈谈马克思主义，更不能用马克思的其他理论来“矮化”和消解马克思的政治经济学批判。我们不能停留在马克思的第一次转折之前来认识马克思，即认为马克思是一个启蒙主义者，认为马克思对资本主义的看法只是从启蒙理性出发的。我们也不能停留在用马克思第二次转折之前的理论观点来理解马克思主义的阶段中，即不能停留在马克思早期带有人本主义和历史唯心主义色彩的思想上，不能停留在马克思早期局限在哲学领域所进行的对现代性的批判上。甚至，我们也不能停留在用马克思在第三次转折之前的理论观点来理解马克思主义的做法上，不能停留在把马克思说成只是揭示了人类社会发展最一般的规律的看法上。马克思是转而进入到政治经济学的研究中的，这使得资本现代性概念成为一个基本的范畴，使得所谓“现代”与“资本”之间建立起了内在的联系。对资本的经济学分析批判，实际上就是现代性批判在政治经济学领域的展开，是深入到资本本身的运动当中去的内在批判。虽然我们不能说马克思后来“摈弃”了早期的对形而上学观念的批判，也不能简单地把马克思的现代性批判化简为经济学批判，但马克思晚期的政治经济学批判确实构成了马克思现代性批判的首要维度。

既然我们对马克思的理解必须进入政治经济学这一层次和维度，那么

就要把马克思的政治经济学批判，把马克思的《资本论》，把马克思达成《资本论》过程当中的一系列《经济学手稿》等著作，在马克思主义的理论体系和著作群当中凸显出来。可由此反观当代中国马克思主义学界，从总的来说却存在一个经“冷”哲“热”的奇怪现象。一方面，对马克思主义政治经济学的研究日益衰落，以至在一些高等院校和科研机构当中到了逐步失语乃至无法立足的地步，更遑论在一般公众舆论中出场。而与此相对照，对马克思主义哲学的研究似乎还比较活跃，但这种活跃景象的背后，是马克思主义哲学的研究淡化弱化了与政治经济学的关系，或者是往往会对政治经济学材料进行不全面考察，从而出现了严重的纯学术化、经院化的倾向，有学者把此称为马克思主义哲学研究的“自我放逐”。这里的原因有很多，在实践方面主要是20世纪下半叶（特别是80—90年代以来）的一系列历史状况，似乎构成了对马克思经济理论和科学社会主义的否证，从而使对马克思主义的研究似乎只能退缩到较为抽象的哲学和文化领域。而从理论的直接继承性角度看，这与西方马克思主义在我们国内的广泛传播是分不开的。西方马克思主义把马克思主义归结为哲学，把马克思主义的批判主要归结为文化、意识形态批判，其广泛传播对我国的马克思主义研究产生了强烈影响，造成哲学研究“一枝独秀”。

对于这种理论方面的缘由，这里就需要针锋相对地提出，我们马克思主义哲学界不能局限于《德意志意识形态》这种偏重哲学演绎的作品，又或者采取一种偏颇的做法把《资本论》等作品也首先当作一部哲学著作，对《资本论》等作品做单纯的所谓哲学的、存在论的解释，这是对《资本论》地位做似是而非的凸显。我们仍然认为，《资本论》首先主要是政治经济学的著作，只是它全面贯彻了马克思主义哲学即唯物史观和唯物辩证法，它通过对资本主义社会运动规律和内在矛盾的具体展现而确证了马克思主义的哲学，并且推进了这一哲学作为革命批判和革命实践的武器的深刻性。但是如果主要把《资本论》本身当作一本哲学著作，甚至所谓存在论的著作来解读，这就没有看到马克思思想第三次转折的里程碑意义，这就蕴含着极大的可能性，会把经历第三次转折后的马克思，重新倒退到第二次转折、第一次转折甚至更早的理论层次上，也就是说，可能要用马克思第一次转折前的启蒙理性，用第二次转折前的唯心的人本主义观点，用第三次转折前虽然唯物但缺乏经济的、实证的依据的历史观，来框定《资本论》，把《资本论》的丰富内容削足适履填充进原先的理论框架之中。在这个意义上，关于西方马克思主义最早提出的所谓“两个马克思”的对立，我们要说不仅有青年和晚年的“两个”，而且可以有更多的“不同的马克思”，我们必须要从马克思最终的和整体的理论成果，来把握真正的马克思，马克思主义的马克思。

第六章　用马克思两大发现的整体视角，看资本主义的“经济人”

在上一章当中，我们从经典作家本人思想的形成历程方面考察了马克思一生两大发现的地位，现在，让我们从马克思所达成的结果、他思想本身的内容来考察，我们选取一个较小的但是颇受当代人关注的主题——资本主义的“经济人”——作为切入点，来看看马克思对资本主义的批判和扬弃是如何运用两大发现的整体视角，特别是如何依赖后一个发现的发展深化作用的。“经济人”假设是现代西方主流经济学的一项基本教条，是其在形式上严密的理论体系进行演绎的起点，地位如同欧几里得几何学体系开头的“公理”一般。在资本主义主导全球经济的现代社会当中，这一前提假设同西方经济学的许多观点和结论一样，成了一般社会意识中的流行理念，被许多人信奉、传播与执行。这一假设的基本内容的提出，一般认为可以追溯到亚当·斯密的《国富论》，并且，这一假设的基本立场方法还有着近代西方功利主义哲学的思想背景，斯密在1765—1766年访问巴黎期间，既同重农学派经济学家也同法国唯物主义哲学家多次交流，汲取了许多思想材料，在斯密之后，也有功利主义哲学家边沁、穆勒等人，在阐发和传播“经济人”式的人性设定当中起了重要的作用。

马克思恩格斯的理论生涯中，没有直接提到“经济人”这个概念本身，但马克思主义实际上已经涉及了“经济人”所谈及的基本问题，对“经济人”式的理论设定及其背后的社会现实进行了科学的批判，达到了真正的严密和深刻。早在《德法年鉴》后恩格斯与马克思不断通信交换意见时，他们谈及施蒂纳利己主义的“人”，就意识到“几句老生常谈就能驳倒他的**片面性**。可是，这种原则里的正确东西，我们也必须吸收”，“我们不应当把它丢在一旁，而是要把它当作现存的荒谬事物的最充分的表现而加以利用，在我们**把它翻转过来之后**，在它上面继续进行建设”①，这也可以说是马克思主义看待和批判“经济人”的总基调。马克思恩格斯的批判，首先是在他们创立唯物史观的过程当中，是在批判霍尔巴赫、爱尔维修、边沁等人的功利主义哲学，批判施蒂纳的德国意识形态的过程中进行的，其后，马克思主义在开展政治经济学批判的过程当中，更加深化了这一批判，通过系统分析资本主义经济生产关系，澄清了这一理论设定所由以产生、所由以发挥效力并且最终何以能够被扬弃的现实历史根据。

一、“经济人”的理论假设与现实基础

1. “经济人”假设的基本内容及其片面性

“经济人”假设之所以能追溯到斯密，是因为斯密虽未曾明确对其加以定名，但他的论述已经涵盖了后世在“经济人”名目下所涉及的基本内容：“各个人都不断地努力为他自己所能支配的资本找到最有利的用途。……他通常既不打算促进公共的利益，也不知道他自己是在什么程度上促进那种利益。……由于他管理产业的方式目的在于使其生产物的价值能达到最大程度，他所盘算的也只是他自己的利益。”② 斯密的表述已经齐备了“经济人”的三个要素：(1)“利益”原则，人追求的是其自身的

① 马克思恩格斯全集：第27卷. 北京：人民出版社，1972：12.

② 亚当·斯密. 国民财富的性质和原因的研究：下卷. 北京：商务印书馆，1974：25-27.

利益；(2)“理性”原则，人以其理性来思考计算，指导其行为，达成利益的最大化，所以“经济人”往往又被称为“理性经济人”；(3)“市场”原则，“经济人”首先被设定的不是人类作为群体、集体的特性，而是每个个体的人似乎先天具备的“人性”，当然，政治经济学家所关注的也不是费尔巴哈式的“无声的合类性”，他们视野中把诸个个体联系起来的东西，就是个体间的交易行为，是市场。

这里要说明一点，直观看来“市场”似乎已不属于人性假设的范围，所以西方经济学在谈及市场方面要素的前提设定（如自由竞争、信息完备等）时，是否将其列入了“经济人”的假设，抑或另外作为相并列的假设，不同著作对比的处理并不一致。我们认为，在这里无须陷入辨析概念追究名相的纷争，不妨一并加以探讨，毕竟即使分列的方家，亦会强调市场假设与经济人密切联系不可分离。而从理论设定的逻辑来看，经济人的个人“人格”，就是要有自由市场与之相配合，市场作为之前、之后的环节，来提供信息给主体计算，主体运算出的问题解又输出给市场加以运行，其结果再进一步被反馈回主体，如此不断反复才能（按照其所设想的）趋向于均衡、效率、公共福利之类，例如斯密本身也正是紧接着前述论“个人”禀性的引文，提出了著名的“看不见的手”，由它来作为“指导”①。

“经济人”的这三个要素，当然绝没有完整呈现出现实社会中人的全部特性，它也如施蒂纳利己主义视野中的“人”那样，具有“片面性”，经不起哪怕“老生常谈”的反驳：首先，即使斯密本人，在《道德情操论》乃至《国富论》之中，也多次承认人除了自利，也存在着同情、善良之类的动机，斯密这里再次单纯诉诸人性的承认，以及人们日常的朴素认知，在今天已经可以用严格的社会科学研究来加以确认②；其次，西方经济学在其后续发展中，针对“经济人”种种偏离现实的方面，也不断提出“有限理性”“交易费用”等等的补充修正的理论模型，又比如管理学在处理企业的具体运营时，用霍桑实验之类的实证方法证伪“经济人”，转而

---

① 亚当·斯密．国民财富的性质和原因的研究：下卷．北京：商务印书馆，1974：27.

② Dunn，Aknin and Norton. Spending Money on Others Promotes Happiness. Science，2008，319 (5870)：1687-1688.

提出“社会人”“复杂人”等更加接近现实的人性假设，从而也才能在根本上更好地服务于分析和指导资本主义经济；此外更不用说，无论是日常经验的“利令智昏”之类现象，还是如阿罗、纳什等人用经济学所偏好的数学工具的分析，都可以得出“经济人”的这三个要素的结合本身，也是会产生冲突的，可能会导致自我否定的结果。

2.“经济人”的现实性：作为资本主义的历史的结果

不过我们同样还要指出，马克思主义要批判“经济人”，这种批判并不仅仅限于揭露这个理论假设的片面和疏漏方面（当然也绝不放过这种揭露，例如在《资本论》一开头，马克思也在一个脚注中嘲笑了“在资产阶级社会中，流行着一种法律上的假定，认为每个人作为商品的买者都具有百科全书般的商品知识”①)，马克思在做这种揭露的同时，并不停留于这种指谬与证伪，而只是将其悬搁（即只是在脚注当中加以说明)，正文的叙述逻辑是仍然姑且承认这一设定，而按照政治经济学的理论线索向下推演，这本质上说也就是在按照资本主义经济运动的现实规律进行描述。最终，马克思主义论证了资本主义的整个体系内部存在着不可克服的矛盾和危机，从根本上得出其自我否定的革命结论，而对“经济人”的批判，也就得融入于对资本主义的现实、对其整个体系的批判之中。所以，马克思主义的理论进路，其实反而还注意到了“经济人”的部分的和暂时的现实性。

“经济人”不仅是理论假设乃至纯粹虚构，它也是此一阶段的现状和事实，是作为资本主义历史运动的结果呈现的，是一个特定时代的产物。马克思批判斯密和李嘉图把“单个的、孤立的猎人和渔夫”设定为起点，直指这是“虚构”。但马克思所谓“虚构”，首先是在于这样的“人”需要市民社会在不断“走向成熟”的过程当中去实际地造就，这样的“人”在斯密李嘉图时代还只是“预感”或“预言”，尚未现实存在；而更为重要的“虚构”方面，则是这样的“人”既然是被市民社会造就，就因而只是“历史的结果”，斯密和李嘉图却将其认作为“历史的起点”，这尤其属于

① 马克思恩格斯全集：第23卷．北京：人民出版社，1972：48.

“虚构”——但是，马克思却相反地评价其后的斯图亚特，认为他就“比较多地站在历史基础上，从而避免了这种局限性”①。《资本论》又曾批判边沁的人性观点，认为边沁“枯燥无味地重复”，他“幼稚而乏味地把现代的市侩，特别是英国的市侩说成是标准的人”②，但是，《资本论》又相反地称赞边沁所重复的对象——爱尔维修和18世纪其他法国人的言论——是“才气横溢”的。其实早在《德意志意识形态》中，马克思就已经相似地评价过施蒂纳的利己主义，认为如果他的理论“同爱尔维修和霍尔巴赫在上一个世纪所说的完全一样，那末这是可笑的不符合时代的东西”③。

在这里，无论是斯密和李嘉图的超前于历史现实，还是施蒂纳和边沁的滞后于历史现实，关键的症结还在于他们的理论设定的提出，都“不符合时代”；相反，爱尔维修和霍尔巴赫那样对“人”的理论设定，则适应于现实历史运动所处的那个时代阶段，马克思主义认为其是“有正当历史根据的哲学幻想”④。要谈及“符合时代”与否，当然首先就要明确时代是什么，马克思恩格斯言简意赅地回答：“我们的时代，资产阶级时代”⑤。斯密、李嘉图在资产阶级时代成熟之前对“人”的“预感”，施蒂纳、边沁在资产阶级时代业已成熟乃至暴露出矛盾危机之后对“人”的“重复”，这些设定所实际刻画的，也正是资产阶级时代的“人”，是资产者。斯密已经预设这样的“人”，他具有“自己所能支配的资本”，他“管理产业”，马克思恩格斯则深刻地揭示，这样的“人”还雇佣他人进行劳动，从而他进行剥削，“对资产者来说，只有一种关系——剥削关系——才具有独立自在的意义”⑥，占有资本、经营生产、剥削雇佣劳动，这是资产者的完整社会职能，是资本的全方位的人格化。

3. “经济人”是资本主义现实当中人的主导性的存在方式

对于资产者而言，对于资本的人格化而言，对于这种资本主义社会的

① 马克思恩格斯全集：第46卷：上册. 北京：人民出版社，1979：21.
② 马克思恩格斯全集：第23卷. 北京：人民出版社，1972：669.
③ 马克思恩格斯全集：第3卷. 北京：人民出版社，1960：480-481.
④ 同③480.
⑤ 马克思恩格斯选集：第1卷. 北京：人民出版社，2012：401.
⑥ 同③480.

现实的人而言，“经济人”的表述恰恰呈现了这种“人”的根本特征，“经济人”的理论范畴片面化地、抽象化地表述了“人”的特质，其深层次原因在于，资本主义的经济现实本身就是把人这样片面化、抽象化了的，现实把人塑造成为这样的适应资本主义生产关系的人。既然范畴“是从我和别人发生的现实的交往关系中抽象出来的”①，那么，“对于这个历史上一定的社会生产方式即商品生产的生产关系来说，这些范畴是有社会效力的、因而是客观的思维形式”②，马克思主义认为“经济人”的理论范畴有其现实性，是“现存的荒谬事物的最充分的表现”、是“有正当历史根据的哲学幻想”，也正在于此。“经济人”理论中所设定的要素，反映了资产阶级时代现实存在的要素，比如像《共产党宣言》所列举的资产阶级时代人和人之间所充斥着的“赤裸裸的利害关系”，包括“现金交易”“利己主义”“交换价值”“贸易自由”等等。

当然，对于《共产党宣言》在列举上面这些资产阶级时代、资产阶级社会的现实要素时，所用到的“变成”“代替”“除了……就再也没有任何别的……”③之类决绝的表述，我们不能机械地理解，我们要考虑到《宣言》在革命前夜的时刻进行写作的历史紧迫性和政治鼓动功能，而此前《德意志意识形态》当中系统阐发新世界观时的措辞表述，要更加准确，也要更加深刻：

> 在现代资产阶级社会中，一切关系实际上仅仅服从于一种抽象的金钱盘剥关系……对资产者来说，其他一切关系都只有在他能够把这些关系归结到这种唯一的关系中去时才有意义，甚至在他发现了有不能直接从属于剥削关系的关系时，他最少也要在自己的想像中使这些关系从属于剥削关系④。

在这里，马克思恩格斯为我们揭示了“经济人”式人性设定的三个层次：(1) 在资本主义的现实当中，人即直接地作为“经济人”而存在；

---

① 马克思恩格斯全集：第3卷. 北京：人民出版社，1960：480.

② 马克思恩格斯全集：第23卷. 北京：人民出版社，1972：93.

③ 马克思恩格斯选集：第1卷. 北京：人民出版社，2012：403.

④ 同①479-480.

（2）人的其他存在方式，服从、归结、从属于“经济人”的方式；（3）人被资产阶级理论家在“想象中”归入“经济人”的方式。马克思主义所提出的这三个层次，特别是其关于服从、归结、从属的思想，有助于我们更好地理解“经济人”的理论设定的现实性问题，亦即资产阶级社会中的人是如何现实地作为“经济人”而存在的。人们的朴素经验和实证科学所能观察到的、连资产阶级经济学家们也不同程度承认的种种非“经济人”特性的存在，从更深刻的角度来看，其实还并不能作为对“经济人”的有力否定，因为它们都会被不断纳入资本主义生产关系的“普照的光”之下，被改变、被塑造，被统摄于“经济人”的存在方式，从而能够适应于、服务于资本主义生产关系的体系。

二、资本主义生产关系将人塑造为“经济人”的基本途径

“经济人”是资本主义生产关系所不断产生和趋近的结果，“经济人”的三个要素，实际上是人们在现实的物质生活特性、在资本主义的特定生产关系下的特定表现。我们可以类比马克思在《神圣家族》中对黑格尔及斯宾诺莎、费希特的形而上学体系的三个要素的批判，马克思认为他们把现实中的自然形而上学地改装为“实体”，把现实的精神改装为“自我意识”，把现实的人改装为“绝对精神”，而相似地，在资本主义条件下：（1）人们所必需、所追求的物质利益，被塑造为以商品经济为中介的、以价值来界定的、以货币来计量的经济利益；（2）人的具有原始丰富性的全面的感知（包括思维把握和指导实践的能力在内），被塑造为抽象的经济理性；（3）人的具有原始丰富性的社会共同体，被塑造成了以市场交易和市场竞争联系起来的市民社会。资本主义现实地塑造出了人的这三个方面的阶段性特性，而“经济人”假设对这些特性做了理论上的表述。

1. 从物质利益，到商品价值形态的经济利益

马克思探求新世界观的肇始，就在于他遇到了“物质利益”难题之后

对原有信仰深刻的反思，乃至恩格斯宣称“我们也是从利己主义成为共产主义者的”[①]，他们最终在《德意志意识形态》的理论建构当中积极地系统地阐明了这个问题：人们的物质生活是本原性的，人们需要获取物质生活资料，从而人们需要从事物质生产，而物质生产也就使得“人本身就开始把自己和动物区别开来”[②]。乍一看，马克思主义所承认的这种作为现实历史起点的现实的个人，他们所具有的这项本质性区别性特征，似乎不也是扣合着“经济人”的第一个要素即人追求利益吗？但仔细分析就可以看出，马克思主义的唯物史观所处理的“物质利益”，不是发达商品经济时代引申义的“物质”，而是着眼于“由他们的肉体组织所决定的”[③] 属性——人的现实存在首先就是其物质生活过程，例如马克思最初所碰到的“物质利益”问题，正是莱茵省贫民为了基本生存而捡拾木柴的活动，或者如《德意志意识形态》中十分直白却又高度概括的说法——“吃喝住穿”[④]，恩格斯晚年简要地归纳和评价马克思的第一个伟大发现时，也一再强调了“吃喝住穿”的现实出发点。所以，唯物史观所承认作为前提的物质利益，是指现实的人的直接物质需要，是“为了满足自己的需要，为了维持和再生产自己的生命”，这种物质利益必须通过物质生产来获得，“在一切社会形态中，在一切可能的生产方式中，他都必须这样做。……这个领域始终是一个必然王国”[⑤]，具有历史的普遍性和必然性。

而在资本主义的特定历史阶段，这种人所具有的普遍必然的物质需求，就具体地表现为对物质产品（作为商品）所具有的价值因素的需求。本来，商品制度的发生是在生产力发展了的情况下，人们为获取和实现更多的物质利益（使用价值），而采取了以价值作为中介手段而进行交换的行为。但随着商品经济原则的发展，随着这种制度和原则在现代资本主义社会的真正发展，人们基于自身客观需要所追求、所获取、所消费的事物的使用价值，反而被逐步抽离、日益边缘化，而以货币来定义、来衡量的

① 马克思恩格斯全集：第27卷. 北京：人民出版社，1972：12.

② 马克思恩格斯选集：第1卷. 北京：人民出版社，2012：147.

③ 同②.

④ 同②154.

⑤ 马克思恩格斯全集：第25卷. 北京：人民出版社，1974：926-927.

商品的价值，愈来愈成为人们的首要追求。“经济人”所追求的利益，实际上就是通过交换，来获得的价值、货币、利润，所以斯密直截了当地说道：“把资本用来支持产业的人，既以牟取利润为唯一目的，他自然总会努力使他用其资本所支持的产业的生产物能具有最大价值，换言之，能交换最大数量的货币或其他货物。”① 如同上文已经说过的一样，马克思在对斯密所设想的“把资本用来支持产业的人”进行深刻补充，补充上了雇佣劳动制度之后，就依然遵循斯密式语言来刻画资本主义社会中的“人”：人的“致富欲”，是为了生产和占有货币，即“一般财富”，而并不是“为了特殊产品，即同个人的特殊需要发生特殊关系的产品”，这尤其被作为了雇佣劳动的“目的”②。

2. 从感性存在，到资本增殖效率至上的经济理性

在唯物史观对现实的人的阐明当中，与其物质存在方式、其物质需要和物质生产相适应的，是人们的感性，而事物的物质存在及其能够通过人感觉被感知，是事物的现实性的一体两面，也即是《关于费尔巴哈的提纲》第一条就要求的既从客体方面又从主体方面去理解。人自身的物质存在也是这样，在马克思主义对人的一般看法当中，人是“现实的、可以通过经验观察到的、在一定条件下进行的发展过程中的人”③。所以首先，在这个意义上，马克思主义视野中的“理性”也绝不是如康德式的与感性简单相并列乃至相分割的阶段，相反，理性的思维、预期、设计等等，是内在于人的实践活动之中的，从而，理性也就是属于人的现实性、人的感性存在的内在环节，包含于人的**“丰富的、全面而深刻的感觉”**④。正因为如此，马克思在此称赞说最蹩脚的建筑师也要比蜜蜂高明，马克思扬弃地重构了哲学史上用“理性”来作为人和动物本质区别的观点，而又将其与唯物史观对实践的重视相匹配。如果这样的观点被用在经济生活领域，那

① 亚当·斯密. 国民财富的性质和原因的研究：下卷. 北京：商务印书馆，1974：27.

② 马克思恩格斯全集：第46卷：上册. 北京：人民出版社，1979：173-174.

③ 马克思恩格斯选集：第1卷. 北京：人民出版社，2012：153.

④ 马克思恩格斯全集：第42卷. 北京：人民出版社，1979：126.

么，就可以说人将其物质利益通过观念、目的的中介形式来求得实现，人们的物质生产“过程结束时得到的结果，在这个过程开始时就已经在劳动者的表象中存在着，即已经观念地存在着……这个目的是他所知道的”①。

而在资本主义的特定历史阶段，人的全面的感性存在、其以获得现实物质利益为目的的物质生产，就具体地表现为商品价值的生产、剩余价值的生产，是在资本增殖的目的指引下的生产。经济理性所追求的“最大化”收益，就是资本增殖的最大化，所追求的“效率”，就是资本增殖的效率，尽管在形式的表现上，它也需要物质产品的极大丰富，《德意志意识形态》和《共产党宣言》不吝笔墨铺陈了资本主义时代所形成的巨大生产力和物质财富，但是，物质财富是作为价值的物质载体，甚至《资本论》反过来说，“从这个意义上说，每个商品都是一个符号，因为它作为价值只是耗费在它上面的人类劳动的物质外壳”② ——物质财富反倒只是价值的符号。这种经济理性所追求的内容和形式之间的背离和颠倒，甚至使得斯密闪烁其词，《道德情操论》同样看到了人类生产出的巨大物质财富，要解释这一过程的原因——尽管在此处斯密倒是看到了雇佣劳动，但他却又忘记了资本，所以他不仅不用“理性”的称谓，反而用“无聊而又贪得无厌的欲望”，乃至用“天性”可能的“欺骗”“蒙骗”来论述③。马克思主义则始终抓住资本主义社会当中资本雇佣劳动的核心生产关系，用资本的特性来解释劳动受雇佣从事生产时的目的所在：“资本及其自行增殖，表现为生产的起点和终点，表现为生产的动机和目的；生产只是为**资本**而生产”④。

3. 从社会关系，到市场原则下的市民社会

资本原则所统摄着的经济利益和经济效率，也内在地要求着“市场”的机制，因为要获取尽可能多的商品利润和尽可能高的生产效率，就要驱使人与人之间的关系成为以竞争为主的关系，以此来相应地调动人的积极

① 马克思恩格斯全集：第23卷. 北京：人民出版社，1972：202.

② 同①109.

③ 亚当·斯密. 道德情操论. 北京：商务印书馆，1997：230.

④ 马克思恩格斯全集：第25卷. 北京：人民出版社，1974：278-279.

性，在人们各自看似为自己积极创造财富的竞争中，创造出资本增殖的效率。当然在一定的历史阶段中，这种竞争的确在客观上使社会生产力能够不断发展、社会总产品不断增加。和“经济人”的上两个方面一样，“市场”联系起来了逐个的个人，这种市民社会，是人们的“一般关系”在资本主义历史阶段的特定表现形式，并且这种特定形式被理论虚构为“一般关系”，但与前两个方面不同的是，它不仅在形式上转变，而且基于交往的密切程度这同一尺度，市民社会与之前的形式相比较，它可以称得上是“迄今为止最发达的社会关系”①。传统的基于血缘、伦理、地域、宗教之类的诸多局部性的“共同体”（Gemeinschaft），被日益整合而成为一个统一市场基础上的“社会”（Gesellschaft）。这个整合首先是在一个民族国家的范围内进行的，其后又日益冲破民族国家的界限，基于资本主义的世界市场，而真正首次形成了世界历史性的“人类”，而不只是物种意义上的人或费尔巴哈“无声的合类性”的人。正是在这种形成世界历史性的人类或者“与世界历史直接相联系的各个人”的作用方面，马克思恩格斯不点名地“用一位英国经济学家的话”来表达：供求关系“就像古典古代的命运之神一样，遨游于寰球之上，用看不见的手把幸福和灾难分配给人们”②。

但是，个人和市场的直接充分结合的“市民社会”图式，至多只是与中世纪后期原有封建社会逐步解体、小私有和小生产者（小工商业者和小农）活跃的早期阶段现实相吻合，而非资本主义成熟阶段的特征。对此马克思指出，市场“是资本主义生产方式的基础和生活条件”③，同时资本主义生产方式“所固有的以越来越大的规模进行生产的必要性，促使世界市场不断扩大”④，“个人”并不随“市场”而同步发展，反而是同市场竞争所需要的“规模”相矛盾的。适应于扩大了的市场的占主导地位的主体，不是“个人”，不是众多的小生产者，而是工厂、企业，是资本，从而直接地就表现为资本的所有者、资本的人格化即资本家——用相应的法律术

① 马克思恩格斯选集：第2卷. 北京：人民出版社，2012：684.

② 马克思恩格斯选集：第1卷. 北京：人民出版社，2012：167.

③ 马克思恩格斯全集：第25卷. 北京：人民出版社，1974：126-127.

④ 同③372.

语来表述这种经济关系，就是说主要的市场主体不是自然人，而是法人及其代表。只有法人的市场主体资格是完整的，而大多数自然人作为受雇佣劳动者，其市场主体资质是片面和残缺的，留给他们行使交易权利的领域，只是两部分割裂的市场：一方面，是其出卖自己劳动力的市场，在这里他们“有权”依据形式上自愿公平、等价有偿的市场原则出售自己的劳动力；另一方面，是用其分配到的劳动力价值，“有权”购买劳动力生产和再生产的必要生活资料的市场。推而言之，资本主义市场经济在其发展过程中形成的这种主体资格差别，也就是“经济人”在各领域的全面差别。由于劳动对资本的从属，只有资产者作为资本的人格化，才是完整的“经济人”，才能真正自由追求价值利益、追求效率至上，而社会的大多数成员作为受雇佣劳动者，作为劳动的人格化，只是片面和残缺的“经济人”，是那一小部分完整“经济人”的附属物。

三、共产主义批判和扬弃资本主义“经济人”的方式

马克思主义由其唯物史观和政治经济学批判的伟大发现，使得共产主义从原先空想的理论或盲目的运动变成了科学。这种科学的共产主义理论和实践，当然就要深刻地批判资本主义的“经济人”，但不能只批判副本而放过原本、只反对结果而放过原因。“经济人”理念的背后是现存的生存方式，生存方式的背后是整个资本主义生产关系。只有批判资本主义生产关系，才能最终改变人之作为“经济人”、人被塑造为“经济人”的生存境遇，并从而驳倒“经济人”在观念上理论上的表达。这种科学的共产主义，也合理地设想了未来能够使人的生命获得充分发展和丰富意义的存在方式，并为保证这种存在方式可以实现而设想了基本的社会制度安排，马克思将其称作为“自由人联合体”：“在那里，每个人的自由发展是一切人的自由发展的条件”①。

---

① 马克思恩格斯选集：第1卷. 北京：人民出版社，2012：422.

1. 基于资本主义生产关系的“经济人”的历史阶段性

马克思恩格斯看到了在资本主义社会中，“经济人”是占统治地位的人的规定性，而不是追求公共利益、无私奉献等等。马克思恩格斯本身无疑认同后者，但他们并不简单否定前者，在他们看来，共产主义者“清楚地知道，无论利己主义还是自我牺牲，都是一定条件下个人自我实现的一种必要形式”①。而资本主义是社会经济形态的一个必然阶段，因而适应了资本主义生产关系内在要求的“经济人”，也就成为人们实现其现实生活的必然阶段。马克思一方面分析了资本主义的社会关系是如何造就了这一时期的人之作为“经济人”的根本特性；另一方面又分析了这种作为资本人格化的“人性”，这种追求自身经济利益和效益、最终被归结为资本利益和效益的本性，又如何反过来在促进资本主义中起着作用，并在这个特定历史阶段中客观上促进着社会生产力发展和人类社会进步。

但与此同时，根据这种条件和条件之下的形式所具有的历史的阶段性，马克思主义当然也就反对把“经济人”普遍化、永恒化和神圣化，认为它必然要发展走向灭亡并向新的存在方式转化。马克思主义不是对现存事物的单纯实证的（positiv）确认，而是一种关于现实运动的辩证法，“在对现存事物的肯定的（positiv——引者注）理解中同时包含对现存事物的否定的理解（Negation——引者注），即对现存事物的必然灭亡的理解；辩证法对每一种既成的形式都是从不断的运动中，因而也是从它的暂时性方面去理解”②。马克思主义在肯定的同时，保有着对“经济人”、对资本主义的否定性、批判性的理解。

这种阶段性、暂时性既然首先是事物现实运动的阶段性、暂时性，那么对其的批判也就是基于事物的自身矛盾、自身运动方向的批判，也就不是单纯的理念诉求乃至道德的批判。马克思恩格斯认为，“共产主义者根本不进行任何道德说教，……不向人们提出道德上的要求，例如你们应该

---

① 马克思恩格斯全集：第3卷．北京：人民出版社，1960：275.

② 马克思恩格斯选集：第2卷．北京：人民出版社，2012：94.

彼此互爱呀，不要做利己主义者呀等等”，“揭示这个对立的物质根源，随着物质根源的消失，这种对立自然而然也就消灭”①。马克思主义既然看到人的那种追求自身私利的本性是资本主义生产关系的产物，同时又历史地看待这种本性和资本主义，从而深信这种人性的统治地位也会随生产关系变革而历史地改变，即只要资本主义的生产关系被历史地改变了——如变为社会主义和共产主义生产关系，那么占统治地位的就可以相应地转变为注重公共利益的人性或者注重团结、服务、牺牲等等。

在这种关于历史的阶段性的观点看来，批判资本主义条件下的“经济人”，实现的也就是人在新的历史条件下，新的“自我实现的一种必要形式”。一方面，人们不能没有某种具体的形式来实现，不能成为某种纯粹抽象的、一般的“人”，或者哲学理念设定的“本真”状态。另一方面，也就不能回到前资本主义条件下人的存在方式和人性，不能重视历史上确实曾存在过的田园牧歌式场景——这种场景的另一面，是人类被束缚在直接的物质生存、自然形成的原始共同体之中，是人在一个狭隘范围内所具有的丰富性，而且这种存在方式已经被资本主义历史阶段的生产力生产关系所扬弃，未来的新社会也只能是在资本主义的历史台阶之上，在扬弃了资本主义的一切现实产物之后，才能建立起来的。

2. 人在联合体中全面发展的新社会总体图景与现实基础

马克思主义所界定的未来社会基本形式，就是自由人的联合体，《共产党宣言》中的提法是，人类社会必须组织成“自由人的联合体”，在这个联合体中“每个人的自由发展是一切人的自由发展的条件”，恩格斯后来特意指出，对于那代替了存在着阶级和阶级对立的资产阶级旧社会的新社会而言，“再也找不出”比这更“合适”的话可以用来表述基本主要特征了②。那么，对这里的“自由人”应当如何去理解，例如它还能是资产阶级社会视野中的贸易自由、政治自由之类吗？我们认为，马克思主义所设想的人的自由特性，就在于人的全面发展，从而不管人们从什么样的角

① 马克思恩格斯全集：第3卷. 北京：人民出版社，1960：275.

② 马克思恩格斯选集：第4卷. 北京：人民出版社，2012：647.

度去规定人所具有或应当具有的特性，或者甚至说所有这一切规定其实都是限制和否定，人在历史的长期趋势当中，也都应当是不断发展出无限丰富性的人，是全面的人，并从而成其为自由的人。全面性才是基于历史发展的观点，是对于人的发展的首要要求，使人的各个方面、各个层次得以兼容并包、相互协调地发展，并且这是一个保持开放与扩展的领域，可以而且应该不断地有新的内涵、内容加入到人的规定性之中。

在当代的现代化大生产条件下，在批判资本主义并扬弃现有的资本主义存在方式、存在内容的阶段上，我们所直接面对的发展方向和要求，是要从个人和人民、和社会利益的统一出发，使得物质生产资料扬弃资本属性，使它不再以资本增殖作为“生产的动机和目的”，而是只作为手段服务于“不断扩大生产者**社会**的生活过程”[①]，并且除了直接针对人们的物质利益，还始终不忘在从事物质生产活动之余“从事自由活动”，即具有精神生活和社会生活[②]。我们需要牢记，在物质生产领域这个“必然王国”的彼岸，还有“人类能力的发展”，这一领域是“真正的自由王国”，它要建立在物质生产发达的基础上，但它是“作为目的本身”而规定着物质生产的现代化方向[③]，这种对人民的完整的“物质文化需要”的满足，是社会主义的真正关切。

人们在新的更高的历史阶段的全面发展，也需要新的社会组织形式，即联合体。马克思恩格斯没有也不可能非常具体地设计未来新社会、指定各方面的具体运行方式和政策策略，除了例如巴黎公社的几条政治原则之外，他们主要是从历史发展的宏观方向上，指出以人们的自觉“联合”来扬弃资本主义用市场纽带对人的“联系”。前面我们已经说过，我们固然可以在最广泛的含义上理解“社会”，将其认为是一切历史阶段上人的群体性生活方式的总称，但马克思又可以比较狭义地区分“社会”（Gesellschaft）和前资本主义的诸多“共同体”（Gemeinschaft），承认是资本主义第一次将人们联系、聚合为一个总体即“市民社会”。然而，马克思对

① 马克思恩格斯全集：第25卷．北京：人民出版社，1974：278-279.

② 马克思恩格斯全集：第23卷．北京：人民出版社，1972：579.

③ 同①926-927.

“社会”还有更加严格的一种界定，《关于费尔巴哈的提纲》指出了与以旧唯物主义立场建立“市民社会”不同，新唯物主义主张“人类社会”或“社会的（gesellschaftlich）人类”，恩格斯修订发表的文本更是将措辞改成了“社会化了的（vergesellschaftet）人类”，凸显了未来新的人类群体的存在方式需要较之市民社会，有再一次的深刻转化，才能够成其为“社会”。

这种新型“人类社会”或联合体同旧有市民社会的本质区别，必然首要地要求在生产关系领域的变革，实现“社会化的人，联合起来的生产者”①。应当说，资本主义社会也有“联合”，但其中首要的是资本的联合，形成所谓“社会资本”和“社会企业”②（德语中 Gesellschaft 除了表示“社会”，也可以表示“公司”），在资本主义生产方式容许的范围内进行消极的扬弃。而与此相对，马克思关于“社会化的人，联合起来的生产者”，就要求这样的社会或联合体占有财产。这是“直接的社会财产”③，他们“用公共的生产资料进行劳动”④。这种生产资料的直接的社会性、公共性，也体现了对资本主义根本性的、积极的扬弃，是马克思主义为未来社会所提出的一项明确的经济原则，是自由人联合体所必须建诸其上的深刻现实基础。

① 马克思恩格斯全集：第25卷．北京：人民出版社，1974：926.

② 同①493.

③ 同①494.

④ 马克思恩格斯全集：第23卷．北京：人民出版社，1972：95.

第七章　用马克思两大发现的整体视角，谈马克思主义的劳动解放观

上面我们谈了从资本主义的当下现实出发的批判和扬弃，现在，让我们选取一个更加宏观的历史视野。马克思恩格斯自从在 19 世纪 40 年代前期转变为共产主义者，就一贯地批判资本主义的现实，主张实现无产阶级和全人类的解放、达成自由人的联合体的伟大目标。但马克思恩格斯没有停留于早期的信仰，他们在其后的探索中经由思想上的再次飞跃，使得共产主义真正被提升为科学，他们不是从唯心主义的人性、意志、道德、宗教等出发谈问题，而是“在劳动发展史中找到了理解全部社会史的锁钥”①。所以相应地，马克思主义所主张的无产阶级和全人类的解放，也就必然是全部社会史这一“自然历史过程”的发展结果，人的解放的基本形态和方式，这种解放的历史根据和路径，都必须要从劳动解放的尺度上去把握和理解。我们可以看到，马克思在为第一国际所撰写的宣言当中，在向全世界无产阶级、向巴黎公社的革命者们所发出的呼吁和期许当中，明确提出了“我们的共同事业即劳动解放的事业”②。

---

① 马克思恩格斯选集：第 4 卷. 北京：人民出版社，2012：265.

② 马克思恩格斯选集：第 3 卷. 北京：人民出版社，2012：72.

不过，马克思在《哥达纲领批判》当中，似乎又批判了纲领草案关于“劳动的解放”的提法，马克思似乎认为这个提法令人难以理解[①]，后世的“正统”的马克思主义者们也往往回避了这个提法（在下文当中，我们将澄清对《哥达纲领批判》的这一误会）。另一方面，许多西方马克思主义者虽然正面地用“劳动解放”的提法来归纳马克思学说，但是他们往往局限于“异化”的理论叙事，而从劳动的异化、异化状态的扬弃和某种本真状态的复归来谈论“劳动解放”。一般我们并不反对“异化”的提法，但我们主张要避免陷入对某种抽象“本质”和思辨过程的设定。马克思主义的两大发现即唯物史观和政治经济学批判，正是在于科学地分析劳动的现实的历史发展进程，才从中得出关于解放的科学结论，我们也需要以此来梳理马克思主义“劳动解放”理论的内在线索。

一、劳动的发展推动了人在自然和社会历史中的不断解放

人的劳动为人们生产出了物质的生活资料，也生产出了人之为人的特质，是人自身存在的积极展开，推动了自然和社会的发展史。唯物史观认为，“个人怎样表现自己的生命，他们自己就是怎样。因此，他们是什么样的，这同他们的生产是一致的——既和他们生产**什么**一致，又和他们**怎样**生产一致”[②]。人以其劳动来生产物质生活资料，这不同于其他动物以其活动来摄食，人不只是对自身生命的简单再生产，不只是对个体生存的单纯维持和对物种的生殖繁衍，而是扩大再生产，不断丰富、发展着自身的生命和生活的内容。一方面，劳动从一开始就使得“人本身就开始把自己和动物区别开来”[③]，人在劳动中开启了自身对自然的能动关系；另一方面，人们在劳动当中也必然发生社会关系，结成自身的社会组织，使得人成为社会的存在。而无论是最初激发人开展劳动生产的物质需要，还是人

① 马克思恩格斯选集：第3卷. 北京：人民出版社，2012：365-366.

② 马克思恩格斯选集：第1卷. 北京：人民出版社，2012：147.

③ 同②.

进行劳动生产的自身能力和物质手段，以及人借以实现劳动生产而结成的社会组织，这些都会随着劳动生产过程本身的发展而发展，并在发展的过程中表现为一定的历史阶段和社会形态分期，因此，在劳动的发展当中，我们得到了人的自由程度的发展，即人在自然和社会的双重维度中的不断解放。

1. 劳动的物质生产职能提供了人对自然关系的能动基础

马克思探求新世界观的肇始，是在于他碰到了“物质利益”的难题，而这种利益问题的现实解决，必然要推导出劳动，人们通过劳动来生产和获取物质生活资料。莱茵省贫民所欲求的物质利益，是木柴这一基本生存资料，《德意志意识形态》中将此类前提直白地概括成“吃喝住穿”①，恩格斯在晚年归纳马克思的两大发现时，也一再强调了唯物史观把“吃喝住穿”作为前提。但这种物质利益、物质需要还只是人得以存在的预设前提，还不是人的存在本身，不是人的活动和历史。为了满足这一前提，从这一前提出发，《形态》和恩格斯晚年的提法都旋即推导出了“生产”② 和“劳动”③，这是真正作为人的第一个历史活动本身的因素。《资本论》同样将“劳动”和“物质生产”联系在一起，以此谈论其基础性地位：“任何一种不是天然存在的物质财富要素，总是必须通过某种专门的、使特殊的自然物质适合于特殊的人类需要的、有目的的生产活动创造出来。因此，劳动作为使用价值的创造者，作为有用劳动，是不以一切社会形式为转移的人类生存条件，是人和自然之间的物质变换即人类生活得以实现的永恒的自然必然性。”④

但是，劳动不等同于物质生产，生产只是劳动的职能之一，《资本论》明确辨析了这两个概念，只“从其结果的角度，从产品的角度加以考察”，

---

① 马克思恩格斯选集：第1卷．北京：人民出版社，2012：154.

② 马克思恩格斯选集：第1卷．北京：人民出版社，2012：158-159；马克思恩格斯选集：第3卷．北京：人民出版社，2012：1002.

③ 马克思恩格斯选集：第3卷．北京：人民出版社，2012：723.

④ 马克思恩格斯全集：第23卷．北京：人民出版社，1972：56.

才能够说“劳动本身”“表现为生产劳动”①。并且，即使在物质生产的层面谈“劳动”，劳动也只是生产过程的要素之一，是人的主观方面的因素，因此生产当中除了人的劳动，还需要有人之外的客观因素即物质资料。马克思说“劳动首先……是人以自身的活动来引起、调整和控制人和自然之间的物质变换的过程”②，我们从中可以看出，劳动的起点是人的“自身的活动”，是人的主观方面。劳动所以能发挥生产的职能，主要靠劳动参与物质变换过程的方式，在其中进行“引起”“调整”和“控制”。物质生产是主观见之于客观的现实过程，这个过程的现实的规律性，通过物质生产资料的制约，通过人的需要特性的制约，通过人本身作为“自然力”而活动的制约，规定着人的活动的方式，把人的活动（劳动）纳入人和自然之间的“物质变换”的完整过程之中，达成物质生产。在这里，既有外部自然对人的规定，也有着人对外部自然的规定，当我们历史地考察这双向的规定的发展历程，就可以看出“工艺学（Technologie——引者注）会揭示出人对自然的能动关系”③，人的劳动能力和技术水平的发展史，展现着人对自然的受动和能动、必然和自由、约束和解放的辩证法。

2. 劳动的组织分工方式构成了人类存在的社会形态

人们的劳动又是一种带有社会性的活动，如果说我们要从劳动发展史出发去理解全部社会史，那就要将社会理解为劳动的社会形态，从劳动的发展理解社会形态的发展史。劳动积极地建构了人类存在的一系列的社会形态，正如人的生活的生产不只是生存压力下的被动适应、进而会成为对自身主体能力的积极建构一样。现实的个人们在为生产而劳动的过程中，要有分工和协作，要互相交换其活动，要“发生一定的、必然的、不以他们的意志为转移的关系”④，这些社会关系也会在劳动的发展历程中，形成一系列社会形态的演进历程，成为“社会史”。而在人类的诸种社会组织

---

① 马克思恩格斯全集：第23卷．北京：人民出版社，1972：205.

② 同①201-202.

③ 同①410.

④ 马克思恩格斯选集：第2卷．北京：人民出版社，2012：2.

中，除了原始阶段，之后的文明史阶段总是表现为一定的对抗性形式，表现为阶级的划分和阶级对阶级的压迫，而劳动的某种外在形式上的“分工”，实际上就成了这种社会对抗和阶级压迫的焦点所在。

当然粗看起来，分工固然也有其物质的、技术的原因和必要性，但仔细分析就可以看到，分工同时又深刻地带有社会性质和社会内容，是作为社会性的存在。马克思指出：“一般剩余劳动，作为超过一定的需要量的劳动，必须始终存在。只不过它在资本主义制度下，象在奴隶制度等等下一样，具有对抗的形式，并且是以社会上的一部分人完全游手好闲作为补充。”① 当然，马克思主义除了指出这种对抗的共性、指出资本主义和例如奴隶制度的相同之处，也还要指出社会作为“社会史”的“不一样”的阶段性，从而总结出人类在其文明时代的社会史，也就是劳动的社会压迫和解放的辩证发展的历史，是劳动在一定社会关系下受压迫并不断突破这些压迫的历程。相应地我们可以说，劳动的解放程度，以及劳动者的解放程度，是社会形态演进当中确证和衡量历史进步的重要体现和现实尺度。

并且，马克思主义并不是无所侧重地关注“一般的”社会对抗和压迫，而是特别关注了资本主义社会，认为这是“社会生产过程的最后一个对抗形式”②，马克思主义也正是要从资本主义的对抗中、从资本的压迫方式当中，把劳动最终和彻底地解放出来。资本主义使得社会内部的对抗和压迫格局简单化了，甚至使得人与自然之间的关系也从属于它、受它的中介，马克思主义的特别关注就是为了揭示出这一社会的二元划分和对抗形态。恩格斯高度评价了马克思的揭示，马克思既然认识到“资本和劳动的关系，是我们全部现代社会体系所围绕旋转的轴心”，他也就能够经由“资本和劳动”的关系理论而“攀登最高点”，“把现代社会关系的全部领域看得明白而清楚，就像一个观察者站在高山之巅俯视下面的山景一样”③。从资本主义这个直接的现状、直接的前提出发，马克思主义得出了劳动解放的现实根据。

---

① 马克思恩格斯全集：第25卷．北京：人民出版社，1974：925.

② 马克思恩格斯选集：第2卷．北京：人民出版社，2012：3.

③ 同②70.

二、劳动得以从资本主义形态中获得解放的现实出路

1. 资本主义蕴含着内在矛盾和自我否定的辩证法

马克思早年在还带有人本主义影响的叙事中，初步描绘了资本主义条件下以“异化劳动”为枢纽的对抗和压迫状态，这种叙事尚未达到唯物史观和政治经济学批判的科学高度，但其中对扬弃异化的解放路径的思考毕竟从根本上蕴含着革命的辩证法。《1844 年经济学哲学手稿》对“异化”的阐述，比较集中地概括了劳动种种不自由、待解放的症状：劳动作为纯粹谋生手段而被贬低为动物性存在方式，劳动与享受相分裂而被贬低为痛苦和强迫，劳动者被贬低为附庸而失去自主性。这种异化史观，还没有对异化现象的现实基础、对其生成和扬弃的途径做出科学阐明，它会诉诸抽象设定的“人”和“人的本质”，陷入德国古典哲学关于某种绝对者的自我设定和扬弃的抽象思辨，又或者，它会陷入“异化劳动”和“私有制(私有财产)”的非历史的循环论证之中。不过，尽管马克思在具体细节上有种种疏漏，他仍然坚持了从资本主义体系的内在矛盾运动当中寻找其自我否定的机制和出路，坚持了辩证法的合理内核。

并且，马克思在当时也提出了导向日后两大科学发现的诸多生长点。例如，马克思在对资本主义经济运动的最初考察中，对于“有产—无产”对立的外在现象和结果，就试图给出经济动因的解释，更进一步深挖到了“资本—劳动”的对立。又比如，马克思对资本主义“异化”状态下劳动成为“抽象”的论述，尽管有着对前资本主义阶段素朴的丰富性的非历史推崇，但当我们从马克思主义政治经济学的成熟形态回望，当我们看到马克思日后阐明了劳动作为具体劳动和抽象劳动的两重性，就会明白之前对劳动的“抽象”状态的揭示正是重要的先导——而正是劳动的两重性的分化，构成了从商品两因素的基点开始的资本主义的全部深刻内在矛盾，从由生产和分配环节价值份额不平衡导致的贫富两极分化，到由交换流通环节商品形态和价值形态在供求对应上的不平衡导致的经济危机，这才是劳

动之所以会“异化”又必然会扬弃“异化”的具体的辩证路径。

2. 人类在资本主义时代具备了劳动解放的生产力前提

在初步摸索到劳动陷入资本主义式的压迫又终将从中解放出来的基本路径之后，马克思主义又要运用唯物史观和政治经济学呈现出其中的实际内容，这其中首先就是要基于劳动的生产力的发展程度。迄今为止的剥削和压迫关系，“都可以从人的劳动的这种相对不发展的生产率中得到说明。……实际从事劳动的居民必须占用很多时间来从事自己的必要劳动，因而没有多余的时间来从事社会的公共事务”①。相应地，解放也有赖于生产力的进一步发展，“只有通过大工业所达到的生产力的极大提高，才有可能把劳动无例外地分配给一切社会成员，从而把每个人的劳动时间大大缩短，使一切人都有足够的自由时间来参加社会的公共事务——理论的和实际的公共事务”②。

当然，生产力的高度发达，并不是自动就会带来劳动的解放、人的解放。资本主义尽管在其历史阶段获得了机器大工业的生产力，但资本在其还存续和发挥着职能的阶段，是按着资本原则来运用和驱使现代生产力的，也就让生产力只是为了资本的增殖而服务。所以，通过现当代生产力的发达而给人带来的便利，并不会按人的尺度转换为“一切人”都能享受到的闲暇，而是一方面制造了大规模失业，另一方面却又加剧了劳动者的紧张程度。甚至我们单从人与自然的关系角度来看，大工业生产力的资本主义式运用也不会直接给人带来自由，反而会带来消极后果，促使一些人无止境地盘剥自然，造成人与自然之间的对抗，造成自然对人的报复和无法克服的生态危机。

3. 资本主义时代生产关系与生产力的矛盾具有特定方式

而对生产关系的矛盾分析，则要到政治经济学中去寻找。马克思的政治经济学理论的发现，又进一步把资本和劳动的对立还原为死劳动和活劳

---

① 马克思恩格斯选集：第 3 卷. 北京：人民出版社，2012：562.

② 同①.

动的对立。马克思特别告诫读者说，“从简单劳动过程的观点得出的生产劳动的定义”① ——作为“人类生存条件”“作为使用价值的创造者，作为有用劳动”② 的劳动——“对于资本主义生产过程是绝对不够的”③。在社会关系方面加以考察，从政治经济学视角加以考察，劳动又历史地被当作价值，资本在外观上又表现为一定的机器、货币等等，但它们在更深层次上充当了价值的载体，是作为社会关系的存在而非物的存在的，而资本主义条件下资本对劳动的压迫，实际上也就是凝结起来的劳动对活劳动的压迫。

这种资本主义的特定生产关系样式，以及同大工业的特定生产力状况的特定矛盾，具体化地呈现了唯物史观对“生产关系—生产力”的一般矛盾运动规律的揭示。如前文所说，劳动的解放虽然不会由于生产力的发达本身而自动实现，但马克思主义特别注意到“现代工业的技术基础是革命的，而所有以往的生产方式的技术基础本质上是保守的”④，这种生产力状况，改变了以往一切前工业时代生产关系束缚生产力的方式，即不再是劳动和劳动者所受的压迫导致生产力和产品的绝对不足。本来劳动者已经完全有可能享有财富的富源，形成劳动生产的良性扩展，但正是资本主义的生产关系却导致了贫富两极分化，导致了生产力和产品呈现相对的过剩，而这种相对过剩的市场不平衡状态，是资本主义的价值实现和资本增殖遭遇深刻危机，面临自我否定的结果。

4. 劳动者阶级在资本主义时代得以锻造成革命的现实主体

马克思主义对资本主义自我否定的揭示，还在于科学地论证了劳动者（现代无产阶级）作为其中内在的革命者和掘墓人的地位。自古以来，劳动者总是生产过程的主要承担者，因而在文明成果积累和历史进步的宏观尺度上，他们无疑是主要推动者，但是，在具体的历史事变中，特别是社会形

---

① 马克思恩格斯全集：第23卷. 北京：人民出版社，1972：555.

② 同①56.

③ 同①.

④ 同①533.

态变革的转折时刻，他们并不就径直地成为当中的积极主动的、自觉的力量。事实上，在以往的时代，劳动者阶级往往只是不自觉地充当了中介手段，是服务于较新和较进步的压迫性力量的工具，即使是现代工人阶级，当其早先尚处于较不发达的资本主义时代，处于自身的分散、自发状态时，也仍然没有摆脱这种局限。现代无产阶级的革命性不是基于意识形态的想象，不是某种道德式的同情或歌颂，而是和其劳动的世界历史地位紧密相关的。

正是在现代大工业生产力的发达、在资本主义社会关系的矛盾充分暴露的过程中，现代无产阶级才不再处于漠然或单纯受苦的地位，而是在上述两个过程中，使本身成为其中内在的必要环节，从而，也使本身不仅收获了革命的道义诉求和道义正当性，而且具有了更深层次的革命主体地位，成为历史行程和历史规律的执行者。一方面，“大工业的本性决定了劳动的变换、职能的更动和工人的全面流动性”①，使得劳动者在资本主义阶段首先经历了存在方式的现代化转型，具备了对历史发展规律的科学认知基础、革命过程所必需的组织性纪律性等等素质，他们的历史任务也不再是回到前资本主义的原始丰富性和原始共同体，而是导向新的共产主义。另一方面，现代无产阶级和资产阶级的对立，本身是劳动和资本对立、活劳动和死劳动对立的人格化，因而也就是资本主义经济矛盾和危机的人格化和最终结果，是资本主义内在否定的一个环节。

三、自由的劳动是共产主义社会中人的基本存在方式

1. 劳动的解放不是劳动本身的免除

马克思主义的劳动解放理论所谈的是给劳动以自由，是将劳动从资本主义的压迫状态中解放出来，但未来的共产主义社会并不免除劳动本身。劳动的必然性首先仍然在于劳动的物质生产职能，因为这既然是人们“为了满足自己的需要，为了维持和再生产自己的生命”，那么很显然，“在一

① 马克思恩格斯全集：第23卷. 北京：人民出版社，1972：534.

切社会形态中，在一切可能的生产方式中，他都必须这样做。……这个领域始终是一个必然王国”[①]，具有历史的普遍性和必然性，共产主义也不例外。并且，人们要将劳动作为其活动的重要样态，在谋取生活资料的同时得到享受和愉悦，使主观能力被耗费的同时，又在实践过程中获得不断的丰富和发展，从而使劳动与人的存在相统一，劳动成为手段和目的的统一，而人的发展要极大地呈现为劳动的发展。此外，未来的“自由人”仍然要求一定的“联合体”的社会形式，这也正是与劳动的解放相联系，是劳动者联合起来控制生产力的必要形式。总而言之，劳动的解放意味着人类在劳动中获得自由，意味着人类社会的不断发展的新形态。

马克思对《哥达纲领》所谓“劳动的解放”（Die Befreiung der Arbeit）的批判也正源于此，他并不是批判“劳动解放”，而实际上是批判了《纲领》的措辞 Befreiung 表意不清，会混淆两种不同要求：（1）“解放”劳动，即免除劳动所受的外部束缚；（2）“免除”劳动本身。马克思自己在德语和英语作品中正面地主张“劳动解放”时，所用的提法总是“die Emanzipation der Arbeit”和“the emancipation of labour”，是“使劳动获得无束缚的存在”，从而避免了歧义。例如马克思用英语[②]所写并亲自译成德语[③]的《国际工人协会成立宣言》当中对“解放”的一些提法：

解放群众：to free the masses
die Massen zu befreien

要**拯救（解放）**劳动群众：To *save* the industrious masses
Um die arbeitenden Massen zu *befreien*

劳动解放：the emancipation of labour
die Emanzipation der Arbeit

马克思在谈到对“人”（劳动者）的解放时，并不避讳用 befreien，乃

① 马克思恩格斯全集：第25卷．北京：人民出版社，1974：926-927.

② Karl Marx-Friedrich Engels-Collected Works，Vol. 20，Moscow：Progress Publishers，1985：12.

③ Karl Marx-Friedrich Engels-Werke，Bd. 16，Berlin：Dietz Verlag，1962：12.

至原先的动词并非“解放”而是“拯救”（save），也可改而用 befreien 来译，因为这样的动宾搭配不会使读者误会成“灭除劳动者”，劳动者当然要被保存下来，是他们所受的外在压迫（资本主义）被灭除了。

但是，对于“劳动”的解放，对于这种非人的事物的解放，则需要避免径直使用“befreien＋名词”的表达，以免让人误解为事物本身被免除。马克思的替代做法有两种：（1）改用人做宾语；（2）补全“名词＋von etw. Befreien”（英语用 free…from sth.）的完整结构。

第（1）种做法如《国际工人协会总委员会关于普法战争的第二篇宣言》中的英德文表述：

> **劳动（无产者）**的解放：the *emancipation* of *labour*①
> die *Befreiung* des *Proletariats*②

马克思在德译文中换用了说法，改变了“解放”的对象（当然无产者和劳动的解放必然是统一的历史过程），相应地也就可以换用 Befreiung 来表示“解放”，搭配非常严谨。

第（2）种做法则如《给工人议会的信》③ 中的表述：

> 劳动解放：the emancipation of Labour
> 把这些生产财富的力量**从**独占者的丑恶枷锁中**解放出来**：
> *free* those wealth-producing powers *from* the infamous shackles of monopoly

对生产力的解放，也和对劳动的解放一样，不应是对生产力本身的免除（例如像早期工人运动那样捣毁机器），而是免除其所受的压迫，所以在这里必须用 free…from sth. 的完整形式，如果单用动词 free，没有了“from…”的状语，就会像《哥达纲领》一样易被误解。

---

① Karl Marx-Friedrich Engels-Collected Works，Vol. 22，Moscow：Progress Publishers，1986：269.

② Karl Marx-Friedrich Engels-Werke，Bd. 17，Berlin：Dietz Verlag，1962：278.

③ Karl Marx-Friedrich Engels-Collected Works，Vol. 13，Moscow：Progress Publishers，1980：58.

2. 劳动的解放使劳动者在自主活动中得到全面发展

因此，劳动在被解放之后，仍然要以新的自由的状态存在着。这种自由首先在于劳动者在实现物质生产的必然性前提下，达成自主的状态，使劳动具有了自觉性和享受性。早在马克思还以“异化劳动”及其“复归”来看待人类社会的历史时，就已经在一种抽象的尺度上设想了人类自由的图景，实现某种“真正的生产”，以此作为人的意义和价值，作为某种类的“本质”的真正实现：既然消灭了异化劳动，那么劳动不再是被强迫的，而是完全自觉的；不再是痛苦的，而是真正的享受。当然，这种构想还只是一个初步的轮廓，在术语表述和总体思路上都带有人本主义（实际上也就是一种唯心主义）的痕迹，还主张只有“不受肉体需要的支配”“才进行真正的生产”①，但这毕竟是马克思新世界观和政治经济学探究的重要起点。马克思主义关于“自由的劳动”的科学阐述，是对“真正的生产”观点的扬弃，抛弃了观点中的唯心主义因素，重新将其置于物质需要和物质生产发展的基础之上，但又积极地弘扬目标当中对劳动的自觉和享受特性的追求，指出了由以实现的科学路径，其中既包括对社会形态进行根本革命的手段，又包括组织未来新社会的若干基本建制原则。

劳动的自由特性还在于使劳动者自由地发挥其才能，是人的全面的发展。马克思主义界定了未来社会是作为自由人的联合体，那么这里的“自由”所包含的自觉和享受性不在于庸俗的随心所欲，也不是资产阶级社会视野中的贸易自由、政治自由之类，而是内在的自我规定，是自我规定作为历史性存在的不断“扩而充之”的过程。人在历史的长期趋势当中，应当是不断发展出无限丰富性的人，是全面的人，而全面性对于人的“本质”的要求，是一个保持开放与扩展的领域，可以而且应该不断地有新的内涵、内容加入人的规定性之中。这种人的全面发展，又是同物质生产的必然前提和人的活动的自主特性相统一的。共产主义要求“各尽所能”，人们总得有一定的劳动岗位以提供物质生活手段，但这种手段的提供首先

① 马克思恩格斯全集：第 42 卷. 北京：人民出版社，1979：97.

就是人同自然辩证统一的不断扩充，是人与自然关系的真正和解，与此同时，共产主义又主张不断地减少人们的这部分劳动时间，还始终不忘在从事物质生产活动之余“从事自由活动”①，即具有精神生活和社会生活。在物质生产领域这个“必然王国”的彼岸，还有“人类能力的发展”，这一领域是“真正的自由王国”，它要建立在物质生产发达的基础上，但它是“作为目的本身”而规定着物质生产②，从而构成完整的“自由的劳动”。

3. 劳动的解放要求劳动者联合起来控制生产力

劳动的解放是建立在对资本主义社会形态的扬弃基础之上的，相应地在未来共产主义新阶段，也仍然要求有新的社会组织形式，这就是以对生产力的联合占有为核心的全面联合。马克思精辟地总结了劳动的解放的“两个条件”，这种解放既“决定于生产力的发展，而且还决定于生产力是否归人民所有”③，而他又说，未来社会是“在保证社会劳动生产力极高度发展的同时又保证每个生产者个人最全面的发展的这样一种经济形态”④。所以从这两处论断的对应关系来看，共同占有，实际上就是共产主义的基本社会形式和社会维度，它实际上是全面发展的同义语，是在自由劳动当中起保障作用的因素，这种联合起来的共同占有使得自由劳动的活动样态得以永续发展。

在马克思主义看来，只有资本主义时代的“市民社会”和未来共产主义的“人类社会”，才真正超越了人的诸个体的单纯合类性，才具有了密切的现实联系，具有了联合。资本主义的“市民社会”也有“联合”，但是是经由商品交换的普遍中介达成的私有者的联合，最终被归结为资本的联合，共产主义对资本主义的否定，不是回归到原始共同体，正如同“自由的劳动”对“异化”状态的扬弃不是回到原始的丰富性一样。相应地，对于马克思的“人类社会”或“社会的（gesellschaftlich）人类”，恩格斯

---

① 马克思恩格斯全集：第23卷. 北京：人民出版社，1972：579.

② 马克思恩格斯全集：第25卷. 北京：人民出版社，1974：926-927.

③ 马克思恩格斯选集：第1卷. 北京：人民出版社，2012：861.

④ 马克思恩格斯选集：第3卷. 北京：人民出版社，2012：730.

在整理中进一步改为“社会化了的（vergesellschaftet）人类”，这种“化”的变革过程，就是要求“社会化的人，联合起来的生产者”① 这样的社会或联合体占有财产。这是“直接的社会财产”②，他们“用公共的生产资料进行劳动”③，这种联合体也就是对资本主义社会根本性的、积极的扬弃，是自由人所必须建诸其上的深刻现实基础。

四、劳动解放在社会主义初级阶段的实现程度和前进方向

中国共产党人在马克思主义的普遍真理的指导下，结合中国的具体实际，开辟了中国特色社会主义道路，而中国特色社会主义的理论和实践的一大基点，就是明确了中国处于“社会主义初级阶段”。所谓社会主义初级阶段，即：我们一方面有着阶段上的初级性，这是受中国的经济社会发展水平所制约的，就如马克思所预言的，这种“自然的发展阶段”，“既不能跳过也不能用法令取消”④；同时，我们又有了社会主义的科学理论指导和自觉能动实践，因而也能像马克思所启示的那样，“能缩短和减轻分娩的痛苦”⑤。因此，在社会主义初级阶段的当今中国，劳动的解放这一维度，和马克思主义经典理论对未来社会形态的其他方面设想一样，都还要受到现实条件阶段的制约，还只能是部分地实现，还要带有资本因素和资本原则的留存。但与此同时，我们运用社会主义的制度因素，驾驭和引导经济社会发展方向，服务于劳动者的根本利益，不断为共产主义远大理想的实现积累条件，不断趋向于包括劳动彻底解放在内的共产主义的诸项规定性。我们认为，在当今中国所处的社会主义初级阶段，劳动的解放可以从如下五个紧密相关的方面加以实现：

第一，初级阶段实行社会主义市场经济，合理地利用资本因素和原

① 马克思恩格斯全集：第 25 卷. 北京：人民出版社，1974：926.

② 同①494.

③ 马克思恩格斯全集：第 23 卷. 北京：人民出版社，1972：95.

④ 同③11.

⑤ 同③11.

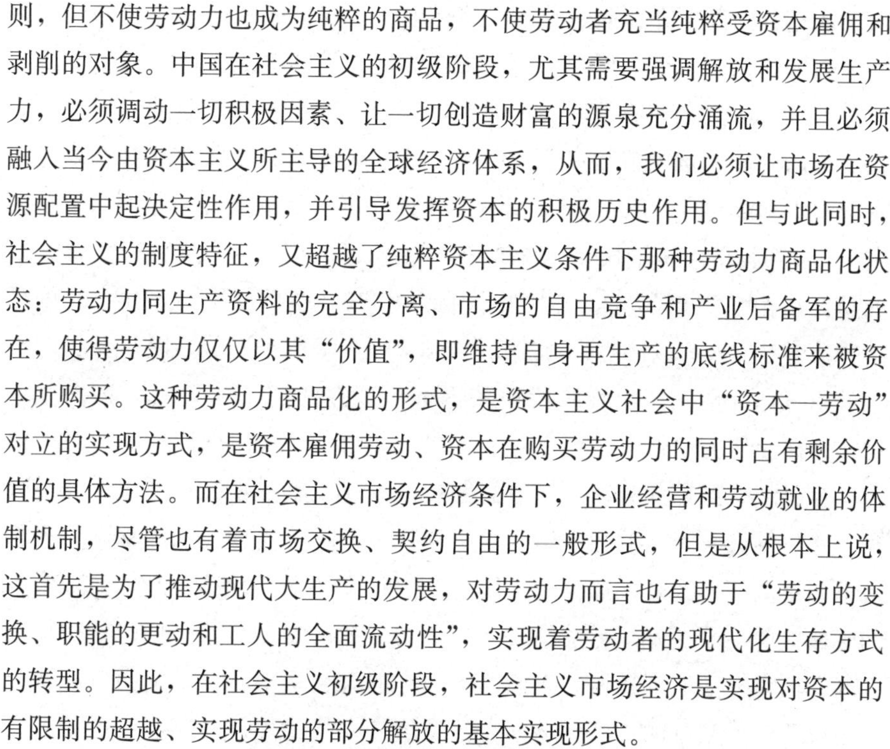

则，但不使劳动力也成为纯粹的商品，不使劳动者充当纯粹受资本雇佣和剥削的对象。中国在社会主义的初级阶段，尤其需要强调解放和发展生产力，必须调动一切积极因素、让一切创造财富的源泉充分涌流，并且必须融入当今由资本主义所主导的全球经济体系，从而，我们必须让市场在资源配置中起决定性作用，并引导发挥资本的积极历史作用。但与此同时，社会主义的制度特征，又超越了纯粹资本主义条件下那种劳动力商品化状态：劳动力同生产资料的完全分离、市场的自由竞争和产业后备军的存在，使得劳动力仅仅以其“价值”，即维持自身再生产的底线标准来被资本所购买。这种劳动力商品化的形式，是资本主义社会中“资本—劳动”对立的实现方式，是资本雇佣劳动、资本在购买劳动力的同时占有剩余价值的具体方法。而在社会主义市场经济条件下，企业经营和劳动就业的体制机制，尽管也有着市场交换、契约自由的一般形式，但是从根本上说，这首先是为了推动现代大生产的发展，对劳动力而言也有助于“劳动的变换、职能的更动和工人的全面流动性”，实现着劳动者的现代化生存方式的转型。因此，在社会主义初级阶段，社会主义市场经济是实现对资本的有限制的超越、实现劳动的部分解放的基本实现形式。

第二，社会主义初级阶段在劳动力和劳动岗位的动态平衡中，在劳动生产过程的扩大中，实现经济的良性增长同劳动者物质利益的满足与发展的有机统一。只有依托于劳动岗位，人们才能获取谋生的必要手段，才能进而得以向更高层次发展，包括要在底线上达成第一点所说的防止使劳动力成为商品、防止劳动沦为资本的附属物，而要使得市场经济的社会主义规定性落到实处，也需要从劳动岗位和劳动者的平衡态势入手，改变资本主义条件下“资本—劳动”对立的局面。也就是说，社会主义需要改变资本主义为达成“自由”的劳动力“市场”所配备的基本前提：劳动人口的制度性过剩。即使在资本主义的改良者们看来，经济体的充分就业也是其缓解矛盾和危机的基本手段；即使在实证的经济学者和社会学者们的分析框架中，劳动者“谈判地位”“议价能力”的提高也是其改善自身处境的必要前提。那么，对社会主义而言，就更应当从制度的内在目标和本质的高度，不断促进劳动力与劳动资料的充分结合，促进劳动者与适当的劳动岗位的充分匹配。在原有的计划经济体制下，我们采取劳动岗位的低水平广覆盖形式，并将社会保障同岗位直接绑定。而社会主义市场经济改变了这种形式，虽然在经济发展的具体局部场合，出于经济效益的考量也需要淘汰落后产能、减少劳动岗位，但是，社会主义的制度属性就要求以劳动者的根本利益为本，切实保障劳动者在局部转换中的利益诉求。并且从社会主义初级阶段的经济增长和生产力发展来说，不仅其根本任务在于满足人们的需要，就是其过程本身，也意味着劳动生产过程的不断扩大，需要不断吸纳劳动者的加入，包括使劳动者随着产业的升级，转换岗位、提升能力。

第三，社会主义初级阶段要使得劳动者在匹配了相应的劳动岗位之后，进而促使劳动任务、劳动过程与其自身生命活动的积极展开相结合。在马克思主义看来，劳动生产力的发展，不仅仅服务于经济产出、经济效益，不仅仅着眼于劳动者个体的物质利益、着眼于劳动报酬和福利待遇的提升，更全面地说来，社会主义使得人的整个的生命活动不断丰富，使人的主体能力不断提升。劳动是人的首要的生命活动，劳动岗位也就相应是人的生命活动的展现舞台，人们匹配一定的舞台从事劳动，就是依托其上开展以劳动为基础的各项活动。在计划经济时代的单位体制下，劳动者所在的劳动组织，是与社会的组织结构直接同一的，在直接生产过程之外直接附设了劳动者个人的全部生活各个方面的职能，使得劳动过程与劳动者生命活动的积极展开直接同一。在社会主义市场经济体制下，我们重构了社会的组织结构，但这并不意味着将企业作为单纯的经济经营实体、单纯的“此岸”，并不意味着它只是支付给劳动者货币报酬，让劳动者在其他场合、在“彼岸”自行发展其生命活动。社会主义即使在其初级阶段，仍然要注重在劳动的过程本身之中与劳动者的生命活动展现相结合。这种结合，包括劳动者的社会人格的养成和发展，例如其对劳动本身的幸福感和成就感的培养、其科学知识技能的提升、其社会交往线索和“文明社交方式”[①] 的塑造等等。

第四，社会主义初级阶段要以适当的公有制形式和社会治理体系，促

① 马克思恩格斯选集：第3卷. 北京：人民出版社，2012：200.

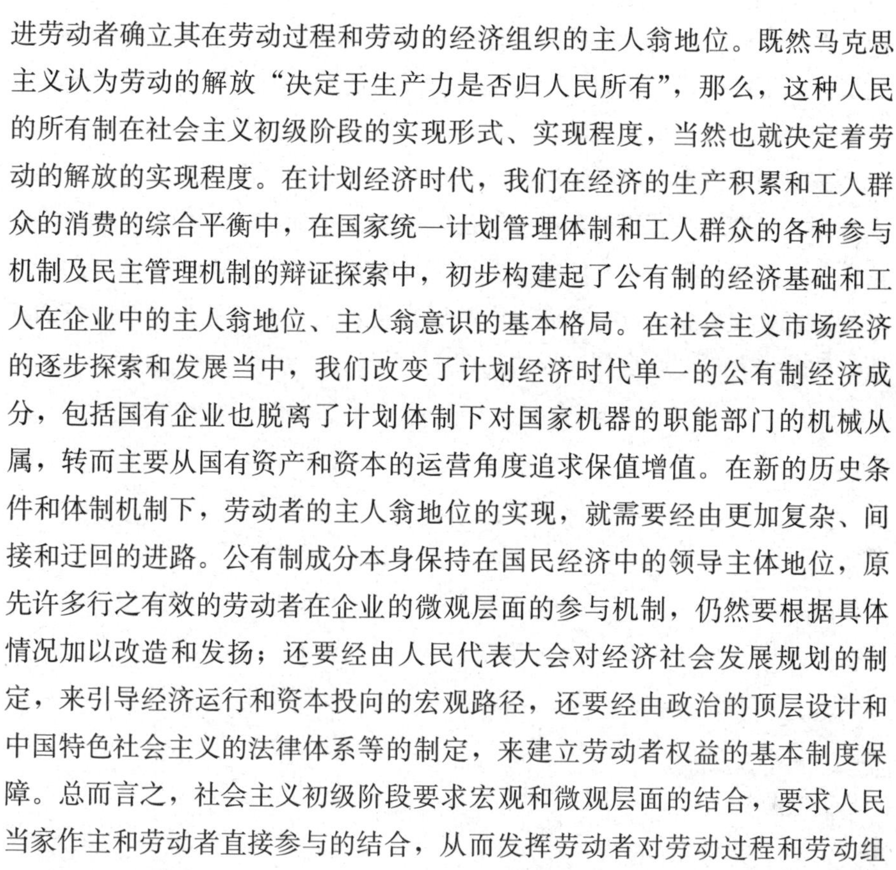

进劳动者确立其在劳动过程和劳动的经济组织的主人翁地位。既然马克思主义认为劳动的解放“决定于生产力是否归人民所有”，那么，这种人民的所有制在社会主义初级阶段的实现形式、实现程度，当然也就决定着劳动的解放的实现程度。在计划经济时代，我们在经济的生产积累和工人群众的消费的综合平衡中，在国家统一计划管理体制和工人群众的各种参与机制及民主管理机制的辩证探索中，初步构建起了公有制的经济基础和工人在企业中的主人翁地位、主人翁意识的基本格局。在社会主义市场经济的逐步探索和发展当中，我们改变了计划经济时代单一的公有制经济成分，包括国有企业也脱离了计划体制下对国家机器的职能部门的机械从属，转而主要从国有资产和资本的运营角度追求保值增值。在新的历史条件和体制机制下，劳动者的主人翁地位的实现，就需要经由更加复杂、间接和迂回的进路。公有制成分本身保持在国民经济中的领导主体地位，原先许多行之有效的劳动者在企业的微观层面的参与机制，仍然要根据具体情况加以改造和发扬；还要经由人民代表大会对经济社会发展规划的制定，来引导经济运行和资本投向的宏观路径，还要经由政治的顶层设计和中国特色社会主义的法律体系等的制定，来建立劳动者权益的基本制度保障。总而言之，社会主义初级阶段要求宏观和微观层面的结合，要求人民当家作主和劳动者直接参与的结合，从而发挥劳动者对劳动过程和劳动组织的主人翁地位。

第五，社会主义初级阶段要求不断促进劳动者之间的联合关系的形成。中国除了整体国情上经济社会发展水平的落后，还由于本身的地域和人口规模大，在国家内部各个组成成分之间，在经济资源、产业构成、发展水平上都有着极大的差异，这也相应带来了劳动者的相互区隔，形成了复杂的利益本位和主体。在计划经济时代，我们已经注意到了并初步探索了人民内部矛盾的处理、“十大关系”的统筹兼顾等等，在市场经济条件下，资本本身的逐利特性、规模效益和追求自由流动的内在冲动，无疑更会相应地造成劳动者诸个体追随资本投向，具有无序竞争、盲目流动的自发冲动。因此，社会主义市场经济就要求宏观调控和统筹协调，这种调控，除了国家运用法律和政策手段、运用财政和公有资本的投资导向对企业运营进行调控、使得发展成果普遍性惠及，也需要相应地采取在劳动者的层面的组织手段。例如，社会主义市场经济仍然要求无产阶级政党在全局政治方向上集中统一领导，要求党的基层组织发挥战斗堡垒作用，而党在经济组织之中和跨经济组织的凝聚作用，还要求在党领导下的工会等群众性团体发挥组织、协调和服务功能，等等。总而言之，社会主义初级阶段既担负着替代资本主义完成历史使命，完成使“无产者组织成为阶级”①的任务，又向着新的社会形态不断趋近，是对人类的“社会化”进程的探索、对劳动者的“联合体”形式的探索。

① 马克思恩格斯选集：第1卷. 北京：人民出版社，2012：409.

下　篇
马克思主义哲学与中国道路

中国道路，即中国特色社会主义道路，是中国共产党领导人民经历了长期探索奋斗，把马克思主义基本原理同中国实际和时代特征相结合所走出来的路。这条道路是党领导人民在改革开放新的历史时期当中开辟的，是中国革命史、社会主义建设史和改革史的辩证统一，也是近代以来无数志士仁人争取民族独立和人民自由幸福的斗争史的延续。这条道路，它的伟大成就和远大前景，它在前进途中的问题和任务，就是当代中国最深刻的现实，也是马克思主义哲学研究在当代中国发展自身和实现自身价值的基础所在。中国道路支持着、推动着当代中国的马克思主义哲学，马克思主义哲学也以一种哲学的方式关照着、影响着中国道路的现实。

第八章　改革开放以来我国学界理解马克思主义哲学的三种路向

一、当代中国语境与对马克思主义哲学的三种不同理解

1. 当代中国的历史语境是对马克思主义哲学产生不同理解的基本前提

十月革命一声炮响，给中国决定性地输入了马克思列宁主义。中国人在这一革命理论的指引下，建立了中国共产党，取得了革命与建设的伟大成就，普及了马克思主义基本理论，形成了中国化的马克思主义，这其中，马克思主义哲学更是形成了系统严密、长期稳定的理论表述。当然，马克思主义的科学真理本身和我们对它的认识，都需要与时俱进，需要不断深化和发展，特别是自改革开放新时期以来，伴随着中国道路、伴随着中国特色社会主义事业的全面推进过程，当代中国的理论界对马克思主义哲学的理解和阐发，也空前地繁荣起来并富有成果。现实的历史进程是哲学学术得以发展的基础，前者是后者发展的基本语境，为后者提供了基本动力和可能的发展方向。反过来，哲学的学术发展也具有现实意义和影

响，它对历史的前进具有导向性的作用。哲学思想和现实历史之间是一个双向的互动过程，按照马克思的说法就是，思想趋向现实的同时，现实也要趋向思想。中国改革开放事业的开启本身，就充分地体现了这种理论与实践之间的互动效应，著名的关于“真理标准”的讨论，就是这样一个重大的理论和历史事件。一方面，这一重要的事件是当代中国历史语境所催生的第一个马克思主义的重要认识成果，第一个发展里程碑，它使我们在世界观和方法论的层面上实现了拨乱反正，回到了马克思主义的思想路线；另一方面，这一重大的事件为改革开放打下了坚实的思想基础，吹响了改革开放的思想号角，为推动我国社会历史的发展做出了巨大的贡献。

不仅如此，在“反正”基础上，我们更勇于“开新”，进一步地对原有的、传统的“正”的进行扬弃。我国学界改革开放以来对马克思主义哲学的理解和阐释不断开出新路，已经实现了广泛和深刻的突破，已经发掘和发展了诸多热点，也已经分化形成了多种解读的范式。这种种的“新”，归根结底仍然要被置于当代中国的历史语境中看待。这种历史语境就是当代中国的国情，是中国所处的历史发展阶段和社会基本建制，也包括既往一切“传统”的遗产和负担。从宏观的历史进程来说，中国在近代被西方资本主义列强的侵略强行打开了国门，被打断了原有社会发展进程，被纳入了资本主义的全球体系，沦为了半殖民地半封建社会。中国共产党领导人民进行的新民主主义革命和社会主义革命与建设，使中华民族获得了民族独立，并跨越资本主义社会形态，走上了社会主义现代化建设的道路，在这条道路上取得了巨大的成就。不过我们毕竟还要看到，与此同时，特别是在 20 世纪 70 年代末 80 年代初——这是新时期中国特色社会主义道路开辟的历史起点，同时也是新时期马克思主义哲学阐释流派诞生的起点——在这个时间节点上，国人和学界所感受到并因而对之怀有高度忧患意识的是消极的一面：中国旧有的社会状况和思想观念固然已经受到了空前猛烈的改造，但落后的社会生产的土壤仍然存在，传统因素的残余和历史惯性仍然存在；再加上中国在独立自主建设社会主义的探索过程中受到外部环境制约和缺乏主观经验，以致中国在社会主义道路早期开辟和探索的过程中遭受了很大困难和挫折，有许多缺点和不足。

在这样的历史语境下，国人深感中国的不发展、深感传统社会主义建设模式的不完备、深感人的切实利益和发展诉求遭到压抑、深感传统对马克思主义解读的教条化和片面化，内心凝聚着真诚而热切的反思和变革诉求。这些时代诉求催生了改革开放事业，提出了新的时代任务，也呼唤着哲学的学术创新。在现实的呼唤下，在改革开放和现代化建设事业的感召下，由于改革开放所造成的深刻社会变革的冲击作用，特别是由于全新开放条件下的思想活跃和各种思想资源的输入和传播，对马克思主义哲学提出新理解具备了现实基础，具备了直接思想条件和氛围。既然是出于对过去和现存的种种不满、反思和变革要求，改革开放新时期提供了开放多元的社会和学术环境，那么在哲学领域首先造成的就是“西学”再次“东渐”的浪潮。从而，希望从过去未被考察（至少是未被重视）过的资源当中寻求出路，援“西学”入“马”，以“西学”解“马”，作为资“马”之鉴，寻求出“新”，就成了这一时期马克思主义哲学阐释的重要路径。概而言之，这种以“西学”解“马”可以分两种：一种是以西方近代哲学为资源，对马克思主义哲学做一种启蒙主义式的解读；一种是以西方现当代哲学为资源，对马克思主义哲学做一种后现代主义式的解读。

2. 对马克思主义哲学的启蒙主义式理解

对马克思主义哲学做一种启蒙主义式的理解，这一理解路向是同启蒙运动以来西方近代哲学的基本立场一样，主张一种人本主义的理念，推崇“人性”和“人”的地位、意义、权利、尊严、价值等等。在理论论证方式上，这一路向往往表现为对“青年马克思”的格外倚重，或者虽然关注和援引马克思成熟时期以及恩格斯列宁等其他经典作家的学说论断，但实质上以马克思青年时代的一些思想和表述为核心，作为基本的统摄性的理论资源。同时，这种解读方式往往又引入如康德等西方近代思想资源，解读、补充、融合马克思主义哲学，用以反对其所认为的旧哲学和旧政治意识形态教条，乃至使马克思主义哲学“回到××去”。用启蒙主义范式来理解马克思主义哲学，其现实基础可以被归结为对西方业已实存的那种“人的自由”的表现形式即实存的现代化道路的推崇，而在哲学上的具体表现，则是回到了西方近代哲学的某种形态，不同程度采纳了其具体的观点内容或其根本的思维方式，马克思主义哲学也就被看作西方近代哲学大潮中的普通一支脉。

具体来说，启蒙主义式的理解路向可以表现为：（1）主张在思想文化、法权观念领域实现关于“人性”“自由”等的启蒙，以及在政治的上层建筑领域对近代西方式的要素进行模仿乃至移植，从马克思主义“人类解放”的理论高度，退回到资产阶级革命时代的“政治解放”；（2）作为对“人”这种抽象的主体力量的推崇，成为抽象的“实践哲学”，去掉了马克思主义哲学“唯物主义”的本质规定，也失去了其共产主义的实践向度；（3）虽然关注经济基础，关注社会经济形态，但却不加区分地拥抱西方实存的那种现代性，主张在中国的现代化当中再现西方社会的现代性整体表现，包括再现西方式的自由市场经济和市民社会，再现资本的原则和逻辑，再现经济理性和资本理性；（4）虽然也主张对资本原则加以限制乃至批判，但启蒙主义式理解的历史观基础和哲学思维方式，也只是从人本主义出发，设定了某种抽象的、非历史的、非唯物主义理解的“人”“人的本质”之类概念，将之作为本原性的存在，试图以此来解释历史，批判资本的“非人性”，事实上却成为某种道德伦理批判和纯粹概念演绎。

3. 对马克思主义哲学的后现代主义式理解

另一种倾向，是对马克思主义哲学做后现代主义式的理解。在很大程度上，后现代主义正是以启蒙主义为理论代表的西方现代性的反题，它反对近代（乃至整个）西方哲学史上的理性主义传统，并主张消解主体性，消解关于普遍性、历史进步等在西方哲学史上或至少近代启蒙以来的主导性理念。在一定意义上，后现代主义的一些目标和做法的确与马克思主义有某种相似性，马克思主义也真切感受到并反思和批判现代文明社会的消极后果，并在哲学领域表现为反思和批判西方全部哲学特别是近代哲学的抽象性、思辨性，主张新的世界观，主张回到人的现实生活，重新认识人的本质、意义和价值，等等。由于这种相似性，当今一些论者即采纳

了后现代主义很多思想资源，例如西方马克思主义的某些后现代成分，又如海德格尔哲学，以此来“确证”马克思主义哲学的价值，反思和批判西方现代性的各种负面效应，包括批判作为现代性之表现的西方近代哲学理念。这是另一种以“西学”解“马”，是将某些西方现当代哲学“接续”到马克思主义传统之下，将马克思主义哲学融入到西方现代哲学的一般立场之中。

这种后现代主义的理解路向具体地可以表现为：（1）在批判启蒙和近代理性世界观的过程中，对人类理性、对基础主义和本质主义的理论范式也加以否定，表现出某种虚无主义、相对主义和主观主义的倾向，表现为拒斥对历史的理性认识，特别是对其规律性的认识。（2）批判乃至拒斥整个“现代性”，特别是消极地看待现代性当中工业文明维度的积极成果特别是其物质成果，认为其起到了消极的压迫作用，否定工业文明的历史进步效应，否定其发展观和价值观，主张反经济增长、反科学技术、反物质生产，然而与此同时，也就往往忽略了现代性的另一个维度即资本主义，远离了资本批判这一现代性批判的关键。（3）持后现代主义式见解的论者想从现代性的牢笼中寻求人的解放，但由于前述两种理论观点的制约，其逻辑上可能导致的思想结果是：1）要么导致某种末世沉沦的悲观主义，要么转向寻求某种空想的个人“诗意栖居”；2）即使试图从社会改造乃至社会革命的角度来看待和批判现代资本主义社会，也会由于缺乏对革命的主体、动力、机制的科学洞见，从而或者停留于某种改良主义，包括资本主义建制之内的各种新兴社会运动和市民运动，或者以相对主义和多元主义作为抗衡资本主义的武器乃至与前现代主义合流，又或者最终诉诸群众的非理性热情或乌托邦式的理念设定，诉诸革命的唯心主义。

4. 坚持对马克思主义哲学的正确理解与创新发展

上述两种理解路向，都是从当代中国的历史语境中生发出来的，其产生和发展具有客观必然性和内在理路。我们可以将这两种马克思主义哲学解释路向看成我国学界学习西方、借鉴西方思想的必经阶段。经过这一学习吸收的过程，才能进一步地真正扬弃西方思想成果，坚持马克思主义的

“原本”、最终实现以“马”解“马”，形成第三种理解，即具有独创性和时代性的中国化马克思主义哲学解释路向，真正回答好当代中国现实所提出的问题。我们这里所说的从“原本”出发、以“马”解“马”，当然并不是简单地从学说成分的外部特征上认定，看是否沿用了马克思主义经典作家的“正统”词句，看是否在“马克思主义”这一旗帜下进行理论阐发，更不是单方面开列出一些观点清单作为必须承认的信条，作为包罗一切的判词。相反，我们评判马克思主义哲学的“原本”：一方面要看，是否坚持了马克思主义全局性的、根本性的独到观点，特别是是否坚持了马克思主义唯物史观所揭示的人类社会发展的一般规律，是否坚持了马克思主义政治经济学所揭示的现代资本主义社会的经济运行规律，以及相应地是否坚持了用这两大科学发现支撑的对社会主义的科学理解；另一方面，我们还要具有马克思主义理论的现实关怀，解“马”的最终目的是用“马”来解现实，要结合国际共产主义实践的成败得失，从其中的对比得到教训，还要分析中国道路和中国特色社会主义的时代特点、任务，从其中的对比得到启迪。通过这些对比考量，明确什么样的理论才真正有利于反思和批判社会现实，有利于树立对未来社会的科学设想和信念，有利于人类的根本性解放事业。实际上，我们在前文论述西方世界对马克思主义哲学的不同解释和研究路向时，也是秉持这样的评判立场和方法的。现在我们考察当代中国，也必须从上述角度进行观察，才能真正了解什么是马克思主义的“真精神”，彰显其哲学的独特地位和价值。我们要明确上述三种马克思主义哲学理解路向的现实基础和内在逻辑究竟是什么，如何划清它们之间的合理界限，如何贯彻好马克思主义的解读者们共有的良好初衷，并进而以哲学理论来关切中国道路的现实与未来。

我们所意谓的第三种解释路向正是这样，它在中国学界始终与前两种解释路向同时存在，并致力既吸收前两种解释路向的成果，又不断与它们相抗衡，从而在中国道路的实践当中不断发展。这种对马克思主义哲学的理解，并没有因为坚持“马”的名义而陷入教条主义和本本主义，而是在解“马”过程中对马克思主义哲学的理解有了创造性的发展，例如：(1) 突破了长期以来以经典教科书为代表的理论框架，形成了对马克思主

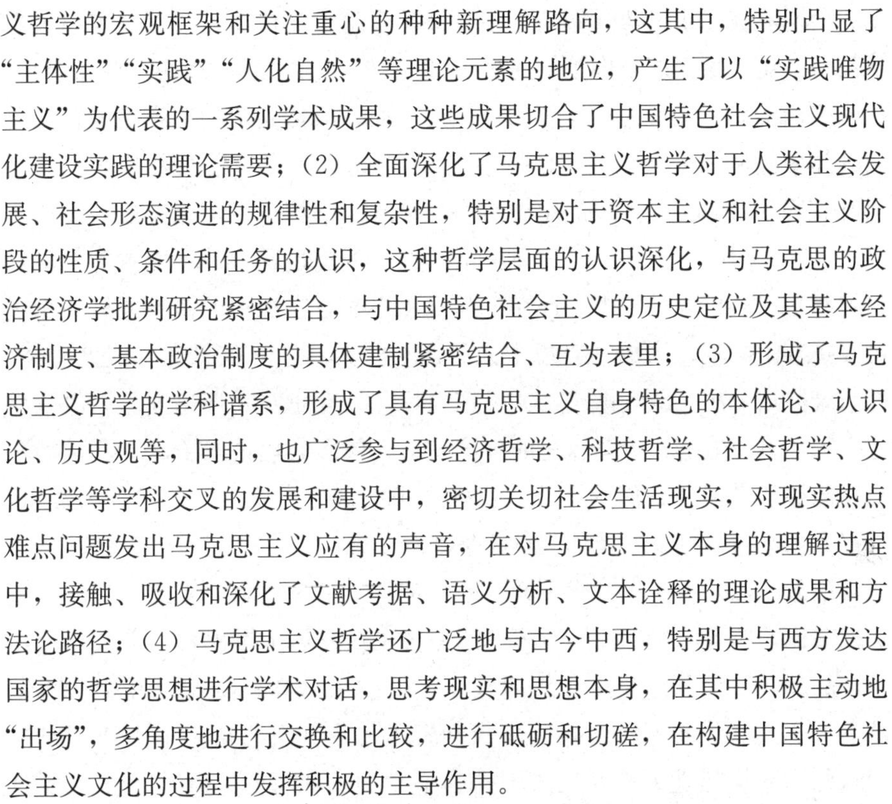

义哲学的宏观框架和关注重心的种种新理解路向，这其中，特别凸显了“主体性”“实践”“人化自然”等理论元素的地位，产生了以“实践唯物主义”为代表的一系列学术成果，这些成果切合了中国特色社会主义现代化建设实践的理论需要；（2）全面深化了马克思主义哲学对于人类社会发展、社会形态演进的规律性和复杂性，特别是对于资本主义和社会主义阶段的性质、条件和任务的认识，这种哲学层面的认识深化，与马克思的政治经济学批判研究紧密结合，与中国特色社会主义的历史定位及其基本经济制度、基本政治制度的具体建制紧密结合、互为表里；（3）形成了马克思主义哲学的学科谱系，形成了具有马克思主义自身特色的本体论、认识论、历史观等，同时，也广泛参与到经济哲学、科技哲学、社会哲学、文化哲学等学科交叉的发展和建设中，密切关切社会生活现实，对现实热点难点问题发出马克思主义应有的声音，在对马克思主义本身的理解过程中，接触、吸收和深化了文献考据、语义分析、文本诠释的理论成果和方法论路径；（4）马克思主义哲学还广泛地与古今中西，特别是与西方发达国家的哲学思想进行学术对话，思考现实和思想本身，在其中积极主动地“出场”，多角度地进行交换和比较，进行砥砺和切磋，在构建中国特色社会主义文化的过程中发挥积极的主导作用。

当我们判断和评价当代中国对马克思主义哲学的上述三种不同理解时，我们还特别要提请读者注意马克思本身就曾经具有过的不同立场观点，要注意他本人在思想探索过程中对不同观点之间，曾经发生过怎样的转变和取舍，从其中的对比得到鉴别。前文当中我们已经系统论述了马克思本人思想经历了三次重大的飞跃，实际上马克思这三次飞跃的进程，也有助于我们辨明启蒙主义和后现代主义理解路向与马克思的最终成果、与马克思主义“真精神”的关系。把马克思主义哲学启蒙主义化和后现代主义化之所以是错误的，不仅在于这些思潮的理论本身具有缺陷、本身不符合马克思主义经典的结论内容，还由于其立脚点在马克思本身思想的发展历程中，实际上都已经被马克思经历过，却又被一一超越了。对马克思主义哲学做启蒙主义的理解，其实就是只停留在了马克思思想还没有实现第一次飞跃的阶段，即停留在马克思 19 世纪 40 年代初以前的思想上；而对马克思主义哲学做后现代主义的理解，则根本无视了马克思思想的第二、第三次飞跃，即把马克思 19 世纪 60 年代之前的思想，甚至 40 年代末之前的思想就视为马克思的理论。因而，虽然这两种理解路向在马克思著作中貌似都可以找到“依据”，实际上它们都是基于某种片面的立场对马克思的误解。马克思的思想中确实不乏貌似切合启蒙主义或后现代主义的词句，但把它们放到马克思主义的整体演进过程中就可以看到，它们最终都是以被扬弃了的形态存在于马克思主义哲学之中的，不能把马克思已经扬弃了的观点当成马克思本人的观点。只有当马克思在其成熟时期，即系统完成三次飞跃和做出两大发现之后，马克思及其理论才显露出完整意义，才真正能够代表马克思的理论创造，体现其理论本质和“真精神”，真正能够切实指导我们的实践。我们要根据这一“原本”来理解马克思，并以此构成我们创新发展的起点和基础。

如果我们把马克思三次飞跃的内容和本节中对启蒙主义式理解的要点加以对比，就可以看出：马克思的第一次飞跃开启了对启蒙主义要点（1）（2）的超越，即开始超越传统启蒙主义的抽象理性原则，也开始从哲学的共产主义立场和实践观点出发批判资本；第二次飞跃基本完成了对前两点的超越，超越了启蒙范式下的整个西方近代哲学，并开启了对要点（3）（4）的超越，即开启了对资本主义经济运行规律的考察，看到了建立在资本与劳动对立之上的资本主义经济基本矛盾，开始从这种内在经济矛盾出发批判资本主义，开始积极地建构自己的政治经济学理论；第三次飞跃则是以完整科学成果对启蒙范式超越的最终完成。在三次飞跃完成对启蒙主义超越的同时，马克思主义哲学在其形成、发展和深化进程中，也始终和后世的后现代主义思想有着本质的区别，它没有混同于后者的批判方式，没有对现代性的思想遗产采取历史虚无主义的极端立场，而是依据辩证的理性立场，对现代性启蒙主义进行了内在的客观批判。而且，尽管真正意义上的后现代主义只是在 20 世纪 60—70 年代以后才形成的，但后现代主义的一些基本观点早在此之前就出现了，有人甚至把 19 世纪中叶以来的整个西方的以反传统哲学为特征的思潮都归属于后现代主义范围。马克思的思想在经历三次飞跃，特别是在经历第二、第三次飞跃的

时候，实际上一些后现代主义的观点已经在西方世界开始出现并在特定范围内得以流传。因此我们可以说，马克思的思想的这三次飞跃所选定的方向，特别是第二、第三次飞跃，是有充分比较和鉴别的选择，确实包含了对后现代主义方向的否定和超越。

二、启蒙主义理解路向的要点与缺陷

1. “新启蒙”的意识形态想象

对马克思主义哲学做启蒙主义式的理解，是有别于传统马克思主义叙述的最早一种理解路向，其发端是20世纪80年代我国社会思想界普遍兴起的所谓“新启蒙”思潮。我们在刚才业已指出，做出“启蒙”式的理解，提出人本主义（“人道主义”）的口号并进行理论阐发，首先出现在思想文化、法权观念领域，进而指向政治的上层建筑领域。这一思想路向，倚重于对“青年马克思”的再发现，将马克思塑造成“人道主义的马克思”。这些做法是有其时代根据和内在理路的，它是在中国历史语境下的必然产物，特别是20世纪70年代末80年代初新的历史起点的产物。我们甚至可以说，不经历这样一个否定的阶段，也就不会有对马克思主义真正加以坚持和发展的否定之否定成果。其实，马克思本人在其思想早期，在普鲁士落后的但处于变革前夜的社会形态中，也正是立足于近代西欧启蒙主义的思想基础，从最初对康德和费希特法哲学体系的信仰出发，进而成为青年黑格尔派和激进的民主主义者，其后又吸收当时某些尚属粗陋的共产主义者的学说以及受到费尔巴哈人本主义的重要影响，对顽固的封建势力、对宗教和政治进行理论批判，并在理论上提出对未来新社会的演绎和构想。以此来看，启蒙主义的理解路向，在历史和逻辑上都是必然的一个环节。

在80年代“新启蒙”的时代思想合唱之中，主要的理论工作方式还不是自主建构，而是对西方思想文化著作进行大规模译介，攀缘其上进行自己的阐发。我们可以看到，当时广为传播的如“文化：中国与世界”“新知”“走向未来”等著名的丛书册子，本身题目就有着打开国门、打开视野的“启蒙”之寓意。就像有学者评论“新启蒙”时代的学者们：

> 不是从官方意识形态的需要出发……而是从当时整个社会的思想和文化变革的需要出发，从他们对于自身作为知识分子的社会和历史使命的理解出发，投身到大规模的翻译活动的组织工作中去。对他们而言，这绝非技术性的工作，也不只是学术性的工作，而更是一项思想性的工作，一项精神启蒙的工作。①

而在此西学再次东渐的热潮期间，马克思主义、马克思主义的研究者，都不是置身事外的，而是参与到其中的双向互动过程中。马克思的《1844年经济学哲学手稿》以及许多国外马克思主义流派的理论著作的中译本的出版和传播，是当时这种思想性工作的重要组成部分。同时，即使一些原先已经为国人熟知的马克思著作特别是早期著作，也在新的历史条件下被重新“发现”和审视，激发起了国人对青年马克思的时代境遇、对青年马克思理论创作的共鸣和有侧重的解读。

反思和批判人的“被侮辱、被奴役、被遗弃和被蔑视”② 的境遇及其原因，这是“新启蒙”大潮中的时代议题，而让马克思主义哲学参与其中，进而对马克思主义哲学进行启蒙主义式的解读，把启蒙的问题当作马克思主义哲学的基本问题，这种解读在更深层面上是“借用”，即借用马克思充当合法性资源和理论武器。正因为存在这样一种借用，所以即使是西学领域的研究者们，也会乐于引马克思为资源，如前述“走向未来”丛书的前言，就是在剥离了“无产阶级”和“武器”的话语之后，套用马克思关于“思想的闪电”击中“素朴的人民园地”③ 的不完整格言——其实，例如上述丛书的这些标题，在字面上看似扣合了邓小平“面向现代化，面向世界，面向未来”④ 的论断，但实际上其着眼点并不完全符合上引所谓“官方意识形态”，即社会主义本身的基本规定性和改革开放进程的原初路

① 王晓明．翻译的政治：从一个侧面看80年代的翻译运动//酒井直树．印迹：多语种文化与翻译理论论集（1）．南京：江苏教育出版社，2002：278-279.

② 马克思恩格斯选集：第1卷．北京：人民出版社，2012：10.

③ 同②16.

④ 邓小平文选：第3卷．北京：人民出版社，1993：35.

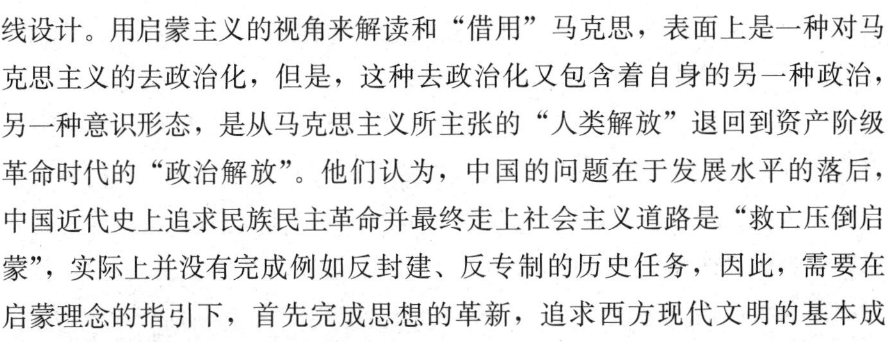

线设计。用启蒙主义的视角来解读和“借用”马克思，表面上是一种对马克思主义的去政治化，但是，这种去政治化又包含着自身的另一种政治，另一种意识形态，是从马克思主义所主张的“人类解放”退回到资产阶级革命时代的“政治解放”。他们认为，中国的问题在于发展水平的落后，中国近代史上追求民族民主革命并最终走上社会主义道路是“救亡压倒启蒙”，实际上并没有完成例如反封建、反专制的历史任务，因此，需要在启蒙理念的指引下，首先完成思想的革新，追求西方现代文明的基本成果，尤其是现代西方政治文明的基本成果。

归结起来，就如同马克思评价黑格尔哲学中对自然、精神和现实的人的形而上学改装一样①，“新启蒙”也是一种意识形态的想象，是意识形态化了的“现代”、“传统”和“马克思主义”。这一“新启蒙”语境下的“现代”，等同于“现代西方”，包括对“现代西方”所呈现之结果和所由达成之道路，都只是一种笼统的把握。这种笼统把握的“西方”图景，缺乏分析，也缺乏批判，更加入了很大的想象建构成分，其中特别突出的一点是无意或有意地回避了对笼统的“现代”和“西方”进行明确定性，即加以资本主义的定性。同样，它也意识形态化地笼统对待“传统”，其中也包括了既往社会主义实践的传统，把传统社会主义看作是封建的、东方专制社会的因素与产生于西方先进文明的马克思主义和社会主义的混合与杂糅。以上两点在逻辑上的必然结论是，被启蒙主义化了的马克思主义，即参与到80年代“新启蒙”的时代合唱中的马克思主义，要么被作为过去的迷误残余，受到径直的批判攻讦，要么只是作为被意识形态地改装了的马克思主义，被边缘化，失去自身独立存在的必要。事实上，从启蒙主义路向的后续发展来看，其主流的确是同马克思主义哲学明确地分道扬镳了，它不能不被扬弃，它已经被扬弃了。

2. 实践哲学的去唯物主义化、非共产主义化阐发

与上述思想和政治启蒙合唱中的从旁“参与”和被“借用”相比，新

---

① 马克思恩格斯全集：第2卷．北京：人民出版社，1957：177.

时期马克思主义哲学学界真正具有独立地位的见解，是“实践唯物主义”思潮的兴起和繁荣。这一思潮的重大理论意义已经由几十年来众多作者进行过许多阐述，我们也对其基本前进方向表示赞同。在此我们要关注的是，在这种理论创新的过程中，又或多或少地存在着一些倾向，向着近代启蒙以来抽象的“主体性”、抽象的人类中心主义哲学偏移，乃至有论者主张要去掉“唯物主义”的“后缀”（实际上是其内在的本质规定），自觉地要成为非唯物主义的“实践哲学”。因为直接来看，新时期对“实践”的哲学阐发，也是出于对传统社会主义现代化模式下对个人的主体性的压抑的反思，出于对传统宣教性的马克思主义哲学叙述框架的刻板僵化和观点缺陷的反感。其文本上的首要依据，是《关于费尔巴哈的提纲》和《德意志意识形态》。这些著作既是唯物史观的诞生地，又不能不带有新世界观初创时的幼稚痕迹。尤其应该指出的是，此时马克思还只完成了其第一大发现，“这种阐述只是表明当时我们在经济史方面的知识还多么不够”①。新时期对“实践”的哲学探索尤其受到了卢卡奇、柯尔施、葛兰西等西方马克思主义早期代表人物的思想影响。卢氏等人正是在20世纪二三十年代西欧革命的环境中，对苏联和第三国际一些理论表述进行了反拨。这其中既有基于自身实践经验和理论创新对教条主义错误的纠正，又有因囿于自身条件限制而对后者的误解。这些复杂的状况，直接或间接地影响了国内学者对马克思主义实践哲学的阐释。

从诞生的历史语境条件来看，注重“实践”的新时期哲学思潮蕴含着两个方向上的生长点。一方面，它可能成为实践唯物主义等合理形态，依照马克思自身的理论逻辑，与其政治经济学的第二大发现相结合；另一方面也存在另一种可能性，即仍然停留在“启蒙”的框架之下，固守文本本身某些不甚严谨的措辞表达和后世一些解读者的片面倾向，成为去唯物主义化的抽象实践哲学。这样抽象的“实践哲学”“主体性哲学”等等，实际上并不能超越近代哲学的主客二元设定，例如只是回到了康德式的“哥白尼革命”的层次，是在二元设定之下尊崇主体方面。真正说来，实践唯

① 马克思恩格斯选集：第4卷. 北京：人民出版社，2012：218.

物主义应当建立在唯物主义的一般理论立场上，即以尊重物质的客观性、规律性等基本判断为前提，进而突出人的实践特别是人们改造自然界的生产实践在世界的重大地位，并使得客观性、规律性等经典范畴本身得到更充实全面的理解，达成主观和客观的真正统一。这才是真正符合马克思主义的理论旨趣的，也的确是在旧有的理论表达中没有受到充分重视和彰显的地方。放弃了唯物主义基础的实践阐释，并不是对旧唯物主义的真正扬弃，而是存在着滑向唯心主义的危险。这是不得不认真加以辨析的。

其实，西方马克思主义的主创者之一卢卡奇，就在晚年进行了积极的反思。《关于社会存在的本体论》要求采取本体论上的唯物主义基本立场，不混同于西方哲学的发展趋向，要求承认外部自然界的优先地位，强调“人化”这一中介即实践活动本身也有其自然性、客观性，在此基础上，使世界的物质统一性、物质世界的规律性等被更深刻地理解。他的这些反思可以为实践唯物主义保持正确的理论立场、为不蜕化为非唯物主义的抽象“实践哲学”提供借鉴。就马克思本身的思想来说，我们还可以考察马克思初创其第一大发现时的历史背景。马克思当时对实践的强调，是有着论证共产主义运动、直接服务于1848年对社会的革命实践的问题意识。例如马克思批判费尔巴哈，指出可感之物、可感世界是以生产它们的活动为前提，“是工业和社会状况的产物，是历史的产物，是世世代代活动的结果”①。这并不仅仅是为了论证人对自然的能动改造作用本身，不是仅仅为了凸显人在这一方面的主体性和力量，更是包含着一种论证目的，是要论证人对一切人造存在物——包括人的社会关系、社会形态——都居于创造主体的地位，从而论证出人对社会状况本身有能力加以改造，即“改造工业和社会结构的必要性和条件”② 已经具备，可以从生产转进到革命。马克思恩格斯作为无产阶级的革命家，是把哲学上的主客关系这一理论问题，与无产阶级的生产斗争和革命斗争实践结合在一起的。这就为更加深刻地解决主客关系问题开辟了道路，通过对社会实践的革命性作用的强调，使相互分立的主客体获得了真正统一，这是仅仅如康德式“为自然立法”所无法达到的。

---

① 马克思恩格斯选集：第1卷. 北京：人民出版社，2012：155.

② 同①158.

在这一时期，马克思尽管尚没有从政治经济学批判的角度，从剩余价值的生产和分配所导致的资本主义体系内部的不平衡性、从这种内在矛盾和危机的不可克服角度论证资本主义的灭亡和社会主义的胜利——一句话，他还没有做出其一生的第二大发现——但是，马克思的唯物史观也已经包含了社会存在、社会结构和经济基础等观念，后来的政治经济学批判是在此基础上进行了科学化的阐释和证明。非唯物主义的实践哲学对马克思主义的阐释，恰好忽视了马克思早年思想的这些基本倾向，它表现为对近代启蒙主义式的、抽象的“人”或“人类”的力量和主体地位的推崇。马克思当然也谈论人，但马克思在创立唯物史观后所主张的是“现实的个人”“联合起来的个人”，是复数的“个人（们）”（Individu*en*）。他根本不不赞成费尔巴哈式的“人”或“人类”（Mensch），以及把个体作为内在无声地属于某集合名词的类、表现这个类的个体样本①。当然，人本主义的阐释也是切合 80 年代本身的社会现实的。当时还缺乏认识到这一点的社会基础。改革初启的时代，中国人民正处于所谓“帕累托改进”式的普遍受益期，处于未分化的单一主体状态——一种直接但素朴的未分化状态，相应地人们也就有着直接而素朴的改革共识。正是当中国道路真正得以展开之后，一系列改革措施的推进，特别是社会主义市场经济体制的建立，才使得我们在实践中形成了社会利益主体的多元分化格局，在经历了差异、矛盾、斗争的基础上，经过了融合和扬弃，我们才能真正体会到人本主义的抽象，才能在更高的层次上达成理论上的共识，由此真正形成对马克思的主体观和实践观的全面而正确的理解。

3. 对现代性之资本维度的崇拜

在更进一步的马克思主义哲学研究中，学界的关注点是马克思对经济基础的关切，更注重研究马克思的社会经济形态的学说，即突破原先五大社会形态的教条划分和严格依次演变模式。特别是学界运用当时新出版的《马克思恩格斯全集》第 46 卷（第一版）所收录的马克思 1857—1858 年经

① 马克思恩格斯选集：第 1 卷. 北京：人民出版社，2012：135.

济学手稿文本作为武器，根据其中的三大社会形态理论，用其中对第二大形态商品经济形态的表述，即以物的依赖性为基础的人的独立性，来解释当代中国的历史发展现状和基本历史任务，要求发展社会主义的商品经济。除此之外，马克思关于两个“不可避免”和两个“决不会”的思想、马克思晚年关于东方古代社会历史发展的笔记、马克思恩格斯在同俄国民粹派的交流中对俄国社会历史发展路径的探讨等等，也都是这一研究潮流的重要组成部分。从这一研究的本意来看，是要处理中国在落后的生产力条件下建设社会主义的问题，是要回答中国现代化的根本任务，是要回答中国是否能够、何以能够跨越资本主义形态，是要回答中国应当如何建设社会主义、中国特色社会主义的远景目标是什么。对长期处于“社会主义初级阶段”的基本国情的认识，对商品经济因素的认可乃至“社会主义市场经济”体制的建立，以及中国加入西方发达资本主义主导的经济全球化进程，这些首先当然是党和人民在改革开放的实践中的探索成果和经验总结，但马克思主义哲学的相应理论探讨亦有与荣焉。

在确立了中国采取社会主义市场经济、登上社会主义初级阶段的阶梯并积极融入全球化进程以完成现代化、完成民族复兴的历史任务的大前提下，也会存在着一些倾向。这就是以市场经济和全球化等因素来淡化乃至否定中国的社会主义规定性，把中国所进行的现代化道路，混同于西方所走过的资本主义发展道路，甚而直接忽略道路过程，以西方业已实存的现代性为模板来裁剪中国现实，要求进行社会制度的直接仿照和移植，包括西欧社会从中世纪晚期以来渐次萌生并发展成熟的诸种因素和特质，如城市工商业、机器大工业、科学技术、市民社会、民族国家、世界市场，以及理性化的道德、艺术和宗教等等的文明元素。上面这些具体因素，一方面都随着先发的西方列强的全球扩张，辐射、传播到整个世界，另一方面它们似乎是成了一个平面化的整体，是没有历史发展和逻辑次序的“现代性”（modernity）的诸种规定。这种对西方现代性的拥抱，确实比前述第一种关于思想和政治领域的启蒙诉求，要深入得多，它不是从处于派生地位的文化意识、价值观念、政治制度等等出发的，要更接近马克思主义唯物史观的分析框架。上述现代性的诸种元素，并不是平铺罗列的关系，正像贝克指出的那样，在一个最概括、最本质的层面上说，“资本主义和工业化是现代性的两个基本维度，所谓现代化，即是资本主义与工业化相结合的产物”①。对现代性的这两个基本维度的分析，实际上也就是马克思的唯物史观所要求的生产力—生产关系的分析。

但更深入地看，这种诉求仍然没有摆脱启蒙主义的笼统性。用启蒙主义式的笼统眼光看待现代性，将之和西方资本主义社会进行整体绑定，这也就会导致对西方式的自由市场经济和市民社会，其资本的原则和逻辑，其经济理性和资本理性等等都缺乏辨别、反思和批判，似乎它们可以像一件产品和一台机器一样简单地被移入。然而，马克思的唯物史观更深刻地要求从生产力—生产关系、经济基础—上层建筑的辩证法来分析问题。市场经济和全球化等因素，遵循着商品交换和价值规律的基本规定，而商品交换和价值规律更有着导向资本原则、资本逻辑的基本倾向，是与资本主义生产关系有着不可忽视的关联的。而初级阶段的基本国情，决定着中国特色社会主义建设确实需要容纳资本增殖的方式过程，需要对资本原则、资本逻辑加以利用，但是，我们因而也就需要对其进行节制、引导、驾驭，不能将主导权拱手让出，不能拜倒在西方现代性的笼统偶像之下。归根结底，引入资本的生产关系要素和理念原则，在目的层面是与引入资本主义世界的资金、技术等生产力要素一样，是服务于工业化、现代化建设的，最终是服务于最广大中国人民的。正是基于这种目的，所以在手段层面，也就不能不对其做出规定和制约。西方固然在世界史中由此赢得了历史的普遍性地位，规定了世界其他部分的历史前进方向，但并非只有让中国完全彻底经历一次西方式现代性的“洗礼”、并非只有等到中国全盘按照西方式的过程基本完成了现代化，我们才有可能解决西方现代化历史上和现状中的负面问题。相反，我们是要对发端于西方的现代性进行分析和剥离，其中的工业化维度是真正具有普遍的世界历史意义的，而我们要坚持在社会主义条件下完成这样的现代化历史任务，这也就是像马克思所说的“缩短和减轻分娩的痛苦”②。

---

① 乌尔里希·贝克．风险社会：走向另一种现代性．南京：译林出版社，2004：39.

② 马克思恩格斯全集：第23卷．北京：人民出版社，1972：11.

4. 对资本主义的人本主义式批判

一切共产主义、社会主义的思潮派别，都秉持着对私有制特别是资本主义私有制的批判，就算《共产党宣言》所归纳的所谓封建的、反动的社会主义亦是如此。马克思主义当然也不例外。马克思从早年开始就对资本主义开展了不懈的多层次多角度的批判，其一生中的两大发现形成了共产主义和社会主义的科学派别，其哲学上的唯物主义历史观正是一种“共产主义的唯物主义”。在马克思主义之前，长期以来具有重大影响的空想社会主义，就像恩格斯所评价的，“固然批判了现存的资本主义生产方式及其后果，但是，它不能说明这个生产方式，因而也就不能对付这个生产方式；它只能简单地把它当做坏东西抛弃掉。它越是激烈地反对同这种生产方式密不可分的对工人阶级的剥削，就越是不能明白指出，这种剥削是怎么回事，它是怎样产生的”①。关于空想社会主义者的思想根源之一，恩格斯非常正确地指出了是“和启蒙学者一样，想建立理性和永恒正义的王国”，尽管它在对理性和正义的具体内容上和启蒙学者的看法有很大差异②。与历史上启蒙学者和空想社会主义者的英法历史背景和思想传承有所不同，青年马克思在《1844 年经济学哲学手稿》等作品中，采用了德国古典哲学关于“人的本质的异化”的分析。由于前面谈到的《手稿》在我国从 20 世纪 80 年代开始的重大影响，也由于西方马克思主义者如早年卢卡奇和二战后法兰克福学派大力发扬了这种分析，导致我国学界不少论者追随了这一理论武器，认为这才是马克思的真正哲学。

但是，在我们看来，异化这一理论框架仍然没有摆脱启蒙主义的理解路向，即启蒙式的思维设定方式，因而仍然具有重大的缺陷。它虽然是以启蒙主义的方式理解马克思主义哲学所能达到的最高层次，却仍然存在无法突破的限制，不能达到马克思主义应有的科学和深刻。有许多著述和介绍性作品往往将这种分析径直称为“异化理论”，这并没有抓住该种思想的实质性问题，真正的关键在于是什么东西的异化。《1844 年经济学哲学

---

① 马克思恩格斯选集：第 3 卷. 北京：人民出版社，2012：796-797.

② 同①393.

手稿》谈了“异化”的四种形式，也有论者指出马克思在其后期的作品，例如1857—1858年经济学手稿和《资本论》第一卷等著作之中，仍然采用了“异化”的表述，以此来论证“异化理论”是贯穿马克思一生的，并不存在青年和老年“两个马克思”的对立或断裂，从而以“异化理论”来统摄马克思思想的总体性阐释。但在我们看来，例如“异化”的四种形式中，称劳动产品发生“异化”，亦即产品离开、疏远了劳动者，这种对于资本主义经济体系运行中产品分配现象的描述，当然是可以成立的，也完全可以在之后的政治经济学研究中沿用。然而，构成马克思早期历史观的真正要义，不是单纯的异化，而是对人的“类本质”的抽象设定，是这种“人的本质的异化”。这种基于人本主义设定的历史观，与成熟时期的唯物主义历史观有着深刻的对立。

所以，正是在这个意义上，这种抽象出“人”、“人性”或“人的本质”的设定，使得由此出发对资本主义做出的批判，也就陷入了和启蒙学者及空想社会主义同样的困境。从人的本质、人性等抽象的理念设定出发，首先就没有也不可能说明历史事变，指出其中转化和实现的具体路径和过程，尤其是对恶的消极现象的产生进行说明，会陷入思想史上基督教“神正论”的困扰。其次，这种抽象的理念，归根结底是“哲学家本人所喜爱的那些观念”①。当然，这种哲学家的“喜爱”可以是非常个人化的主观想象，例如康德式地主观设定（即使是在进行了严格的自我理性思辨之后给出的）“人可以希望什么”“人的任务”；也可以相对更为现实，如在黑格尔那里，至少是注重在每一个具体历史进程的“旁边”去寻找到毕竟现实存在着的（尽管在唯物史观看来只是派生性地存在着的）文化因素，将其设定为那种理念。再次，从上一个对比我们也可以看到，只有更加接近现实、更加接近历史过程的具体展开，就像即使普鲁士王国被黑格尔视作历史的终结，在通达这一终点的每一步，也仍然是在全部历史的复杂发展历程之中的——才能在理论上实现合理与现实的自洽。黑格尔为近代哲学的总结做了最后努力，而马克思主义哲学则终于将其

① 马克思恩格斯选集：第4卷. 北京：人民出版社，2012：253.

终结和超越了。

所以，当马克思完成了历史观的颠倒，开始从唯物主义出发看问题时，就会得出一切关于权利、正当的叙事，“决不能超出社会的经济结构以及由经济结构制约的社会的文化发展”①，“人类始终只提出自己能够解决的任务”，甚至“任务本身，只有在解决它的物质条件已经存在或者至少是在生成过程中的时候，才会产生”②，而不是从历史进程的外面强行设定和输入的。停留在前黑格尔层次的启蒙主义式理解，其抽象的理念设定，只能变成一种康德式的“绝对命令”，是直接性、绝对性的欲求，是纯粹的目的悬设。这种理解在逻辑上可能会有三种发展趋向：第一，停留于康德式的软弱性，无所作为，只是进行“批判的武器”和“解释世界”，无法转化为“武器的批判”和“改造世界”的力量；第二，在实践中表现为依附性，要求照搬外部乃至由外部的某种力量直接促成，正如空想社会主义者傅立叶幻想依靠资产者的帮助而实现其理想社会的幼稚观点；第三，转变为主观急于求成的冒进性、盲动性，类似于卢卡奇所经历以及后来自我批判的“唯心主义高调”。正是在这个意义上，我们才能体会到《德意志意识形态》告诫读者共产主义“不是现实应当与之相适应的**理想**……这个运动的条件是由现有的前提产生的”③ 的重要现实意义。

三、后现代主义理解路向的要点与缺陷

1. 后现代主义的现代性批判消解了理性主义的合理遗产

后现代主义思潮的引入，与引发启蒙主义式理解的思想资源大致同时，是 20 世纪 80 年代的“西学热”的共同组成部分，比如与前述“走向

① 马克思恩格斯选集：第 3 卷. 北京：人民出版社，2012：364.
② 马克思恩格斯选集：第 2 卷. 北京：人民出版社，2012：3.
③ 马克思恩格斯选集：第 1 卷. 北京：人民出版社，2012：166.

未来”等丛书同时的“现代西方学术文库”，丛书编者在事后回顾中即坦言，其中收入的著作大多是“对现代性诗意的批判”①。后现代主义本身，作为西方现当代哲学的人本主义分支中的派别，在整个现代哲学批判近代形而上学世界观的大旗之下，尤其表现了对人类理性和对基础主义、本质主义理论范式的全盘否定，表现为虚无主义、相对主义和主观主义，表现为拒斥历史的规律性、进步性等等，所以它本身在理论观点上是同启蒙以来形成的现代性思想建制尖锐对立的。不过在20世纪80年代，它和国人的启蒙主义式的理解，以及和现代哲学的科学主义式理解等等，都在一种未自觉、未分化的和谐共处之中，具体到某个论者身上，他也完全可能兼采本质上不同的潮流派别的各种思想片段，融入到自己的理论解读中。所以，后现代主义和启蒙主义，以及用这两种路向对马克思主义哲学进行的诠释，都是形成于特定的时代语境，反映了国人对自身生存境遇思考的时代特点，是力求服务于对“人”的尊重和理解的。

因此实际上我们也就可以说，中国式的后现代主义和用后现代主义理解的马克思主义哲学，具有同原生于西方的后现代主义大为不同的现实基础和内在理路，是一种抽象的继承。西方后现代主义的历史语境，在于人们深切感受到“第一次世界大战后，不仅欧洲到了日薄西山之时，而且地球上的一切文化均已处在暮霭沉沉之中。人类的末日，任何一个民族和任何一个人均不能逃脱的一次重新铸造——不论是毁灭也罢，新生也罢——都已经被人们预感到了”②。后现代本身的理论逻辑在于，处于西方现当代哲学的生存论转向潮流之中，它密切关注人的生存，但却一反启蒙以来的常态，试图改变后者尽管推崇“人”却把人的存在抽象化的做法，力主恢复人的某种本真性，认为抽象的、片面的主体性原则和理性主义原则实际上会成为对人的这种本真性的遮蔽和压迫。而在当代中国，在改革开放初期的乐观主义共识的阶段，后现代主义反理性主义的一面被重点选取，与

① 邹凯. 守望家园：生活·读书·新知三联书店. 北京：生活·读书·新知三联书店，2008：102.

② 雅斯贝尔斯. 论历史的意义//张文杰. 历史的话语：现代西方历史哲学译文集. 桂林：广西师范大学出版社，2002：52.

启蒙主义一道被援引作为张扬人的主体性的思想资源，并未细分其中对主体的具体分歧，例如社会思潮中流行的对尼采式“超人”的观点、对萨特式“他人即地狱”观点的推崇，又如在严肃的学术作品中这样以海德格尔解康德说：

> 人为什么活着？人生的价值和意义？存在的内容、深度和丰富性？生存、死亡、烦闷、孤独、恐惧等等，……它们更直接地接触了人的现实存在。人在这些问题面前更深刻地感受到自己的存在及其意义和价值。①

所谓黑格尔式的理性主义——这一说法暗含着对马克思主义的传统解读——被置于后现代主义的对立面。同样地，当时对西方马克思主义作品的引入和解读，也是这样一种有侧重、有选择的过程，例如法兰克福学派尤其被与反理性主义联系在一起：霍克海默尔和阿多诺的《启蒙辩证法》，是揭示以理性和技术为核心的启蒙最终走向了反面，走向了理性启蒙的自我毁灭的悲剧的；马尔库塞的《爱欲与文明》，通过改造弗洛伊德的心理结构理论，提出存在的本质是非理性的爱欲。然而，西方马克思主义作为在马克思主义的旗帜下进行的积极理论探索，在当时却成为传统马克思主义哲学叙述的简单对立面和取代者，传统马克思主义哲学的叙述被视作了全面落伍的代名词。

所以，后现代主义在这第一个层次上其实是对马克思主义哲学缺乏正面建构的，把马克思主义哲学简单打入了近代旧哲学行列，它的理解是解构式的、消解式的。这与上一部分谈到启蒙主义式理解具有的意识形态式想象也有不同，因为那毕竟是某种认同和建构。马克思主义的事业、科学社会主义的事业，当然是理性主义的事业，正如我们一开头即提到“真理标准”大讨论与改革开放事业的双向促进作用那样，要坚持从实践中不断提炼出和检验人的理性认识，用以指导实践改造客观世界。马克思主义哲学当然也反对抽象的、绝对化的基础主义和本质主义理论范式，更反对用唯心主义的内容去填充这一基础或本质，但终究，马克思也得谈论基础和

---

① 李泽厚．批判哲学的批判：康德述评（修订版）．北京：人民出版社，1984：430．

本质，即我们熟知的“经济基础”和“人的本质”，只是不是诉诸某种抽象的理念或实体，而是把它们归结为现实的生产关系和社会关系。这种谈论不是绝对化的、机械的、僵死的决定论，而是具有辩证的视角，认识到了总体和相互作用的应有地位，马克思主义哲学批判地继承了近代哲学，因而同时超越了某些西方现当代哲学简单否定近代思维的层次。

2. 后现代主义的现代性批判失去了资本批判的关键视角

在中国的改革开放事业积累到一定程度，在中国参与资本主义主导的经济全球化、实行市场经济原则的条件下，生产力得到空前解放，对外交往空前繁荣。在达成了物质生活的初步丰裕之后，我们才遭受了由现代性所造成的种种磨难，对现代性产生了困惑，进而对现代性产生抵触乃至拒斥，而不再是仅仅苦于其不发展。这时，后现代主义对中国的思想反思有了真正独特的意义和影响力，不再混同于泛泛的“西方先进思想”的想象。这样，后现代主义要求否定现代性的实践方面的积极成果，并否定其发展观和价值观，主张反经济增长、反科学技术、反物质生产，在中国激起越来越多呼应。上面我们已经谈到，对现代性可以做两大要素的区分，区分其为资本主义和工业文明，启蒙主义是对包含有这两大要素的现代性的整体拥抱，后现代主义则是对其的整体否定。在资本主义条件下发展着的工业文明，总是伴随着对工人的剥削和压迫，从 20 世纪中后期开始更是伴随着社会有机联系的紧密化、复杂化和社会意识形式的高度发达，并将这种剥夺感和压制感传导到越来越广泛的社会阶层。因而，马克思主义对西方式现代性进行激烈批判，对其中的剥削和压迫进行揭露，似乎也与后现代主义有了共同语言。

但在直接的外观上，现代性弊病的根源地似乎就是工业生产本身，而不是资本主义性质、资本主义社会条件下的工业生产，至于近几十年以来能源和生态环境问题的日益突出，更是显得似乎是生产性、生产逻辑造成了其恶果并走到其极限，而资本性、资本逻辑倒似乎是置身事外的，后现代主义正是抓住了这样的表观形态，而没有进一步深入。并且我们还要看到，正是这样的反思现代性的思潮，当我们失去了诸多旧时的美好东西的

时候，当人们也憧憬起前现代性的生活来，就激活了中国长久以来存在的崇古和复古的文化传统，在当代流行起了抛弃现代性追求、使中国成为具有特殊性的“非现代化”境地的意念。后现代主义的思潮，并不简单是时间上后于现代性，而是一种对现代性的否定，从而它在逻辑上也可以包含着对前现代的崇拜。这样的思想和意念，广泛地渗透和表现于社会大众心理的片段、神话和宗教式的神秘主义文化、文学和艺术等的浪漫主义想象、人文社会科学的理论建构之中。

马克思对“物化”的提法，后世西方马克思主义由此出发的重要发挥，在此阶段也充当了现代性批判的重要理论资源，由此构成了马克思的后现代主义立场。这实际即是透过后现代主义的眼镜所折射出来的马克思。卢卡奇本人曾检讨过，他早年没有像马克思那样把异化与对象化区别开来，因此忽视了对异化现象社会根源的分析。究其前半句而言，这不仅是在检讨中区分了消极与中性，更是抽掉了后现代主义式的解读为“物化”附着上的某种形而上学玄妙。早年卢卡奇是在黑格尔主义影响下解读马克思。对设定绝对精神为主体的黑格尔而言，精神在其运动过程的一定点上异化或物化出自然界，而马克思唯物主义地把劳动者作为主体，认为物化即劳动力凝结在产品中，资本主义关系下的异化即产品离开劳动者。当然我们也要注意到，以“物化”作为批判对象，要比启蒙主义式的“异化”理论的演绎更加远离马克思的主旨，因为物质层面的生产过程，本身不仅不是马克思理论的批判对象，甚至不是其考察对象。政治经济学的关注焦点是价值形成和增殖过程，“政治经济学不是工艺学”①。这正如同对于生产结果，政治经济学也只关注其价值的内容，而其使用价值维度只在做出商品两因素的形式区分时被涉及，其内容本身则不在考察范围，要由“商品学”来承担。

在剥离了对“物化”本身的误解之后，对“社会根源”的体认是卢卡奇本来就有的，即早年他已经认识到了商品成为普遍现象、商品结构渗透到了社会的所有方面。这种商品作为普遍结构原则发挥作用的时代，正是

① 马克思恩格斯选集：第2卷. 北京：人民出版社，2012：686.

资本主义。把资本主义从现代性的集合中剥离出来，把资本主义和现代工业区别开来，这是符合马克思的理论主旨的，马克思在临近走向唯物史观之时，即正面地摘录了西斯蒙第的观点，“我反对的不是机器，不是发明，不是文明，而是**现代社会组织**。这个社会组织夺走了劳动者双臂以外的一切财产……”① 并断然抨击了李斯特对西氏观点的歪曲攻击。而正是在此时，马克思接触到并批判地接受了“生产力”的科学范畴，其对现代工业和资本主义的区分，实际上也正是对应于唯物史观中关键的生产力—生产关系的矛盾，只有辨明这组矛盾的对立统一关系，才能达成科学的社会主义认识，“一些党派可能为了要摆脱现代冲突而希望抛开现代技术……可是我们不会认错那个经常在这一切矛盾中出现的狡狯的精灵”②。马克思的观点，卢卡奇的认识，同时也是后世西方马克思主义的主流，是包括前面谈及的有很大反理性主义成分的法兰克福学派所共同遵循的。法兰克福学派绝不是后现代主义者，至于真正基于马克思主义的科学理论的生态社会主义思潮，也都不能屈从于后现代主义的对现代文明的单纯否定性，而是要着眼于马克思主义批判现代性的资本主义维度，并且这一批判正是建立在接受和依托现代性的工业化生产力财产基础上的。

3. 后现代主义对待社会的碎片化态度

如果说启蒙主义式的理解带有极大的笼统化特征，那么，后现代主义的特征就是碎片化。这可以追溯到它自产生的初期，就处在西方近现代历史场景的急剧变化中，是处在西方的没落感、自身的渺小感和对人类未来的茫然无措状态下的，其最初一种表现是仿佛末世的悲观主义。而与后现代思潮的先驱人物时代略有交集的晚年恩格斯，也曾发出过对世界大战这样的人类浩劫的忧虑，但其主流则是革命的乐观，是工人阶级的最后胜利。那么，后现代主义在日后对人之生存的哲学追问，以及当代中国一些论者试图将马克思主义做后现代路向的理解，又能否得出新的结论、从现代性的牢笼中寻找到人的出路呢？我们认为从根本上来说是不能的，上述

① 马克思恩格斯全集：第42卷．北京：人民出版社，1979：247.

② 马克思恩格斯选集：第1卷．北京：人民出版社，2012：776.

做法仍然只能以某种碎片化的理论和实践对抗其所反对的现代性。因为前述两种理论立场的限制，后现代主义也就阻断了在现实的历史运动中寻找答案的线索，甚至也不能如康德式对主体的认知理性和道德实践理性功能加以逻辑的考察，而只能以更加抽象的方式对“存在”或“生存”加以冥想，将存在或生存本身的困境归结于它本身，最后往往要从艺术、美学、宗教之类非理论理性的，甚至是神秘主义的领域寻求解脱，寻求人的价值和归属。例如，海德格尔思索人之生存的基本困境，或者是援引日耳曼的传统，畅想荷尔德林诗句中的“诗意地栖居于大地之上”，又或者在与东方神秘主义的神交之后，构想“天地神人”的境界。当然，在去掉了哲学家身上的形而上学光环之后，现实生活中与此相对应的是田园牧歌式的美好意象，山川形色洗涤心灵的自我慰藉，或者穷乡僻壤的苦修和禁欲主义等等。

当然，严肃而深沉的哲学思想总是保留有对世界和历史的现实关怀的，以后现代主义解马克思的论者本身也试图借用这一方面，来丰富或者彰显马克思。我们前文在讨论马克思主义哲学对现代西方哲学的超越时，曾提及海德格尔的一段评价：“因为马克思在体会到异化的时候深入到历史的本质性的一度中去了，所以马克思主义关于历史的观点比其余的历史学优越。但因为胡塞尔没有，据我看来萨特也没有在存在中认识到历史事物的本质性，所以现象学没有、存在主义也没有达到这样一度中，在此一度中才有可能有资格和马克思主义交谈。”① 海德格尔在这里很抽象地承认了马克思主义哲学在某“一度”中对现当代诸家的超越地位，但我们并不能简单地满足于称赞，海德格尔其实在很大程度上就是在一种后现代主义的立场上来理解马克思的代表，我们即使抽象地采纳海氏这一称赞，更重要的工作也是将这“一度”加以具体的展开，明白究竟其高明的思想内容是什么。以海德格尔所考察的人之“生存”问题来看，马克思真正的独创性也是在于注重人的社会实践，特别是作为一切实践之基础的生产劳动，正是由于生产劳动才使人得以成为人，才使社会得以发展，从而在“此一

① 海德格尔选集：上卷. 上海：上海三联书店，1996：383.

度”的问题上，只有生产劳动才是人真正的存在。从这一度出发，马克思也就找到了从理论通达实践、通达对世界改造、通达现实的共产主义运动的道路了。

还有一些后现代论者是将后现代作为革命的哲学，乃至确实深入到了实际的社会行动层面，但他们缺乏对革命的对象、主体、动力、机制的科学分析。有的派别在对“现代性”的认识上不同程度地区分出了资本主义，明确了何为需要变革的对象，但对另外几项问题的答案仍然是模糊的，所以最终也只能在事实上停留于某种改良层次，或者又有派别虽然坚持不懈地进行过程上激进和浩大的行为，但在手段上只能以相对主义和多元主义作为抗衡资本主义的武器，从而失去了超越资本主义的远景目标，再度与前现代主义式的单纯否定合流；另外还有派别只能诉诸群众的非理性热情或乌托邦式的理念设定，成为革命的唯心主义。这里我们将其评价为唯心主义，可以表现在多个方面：例如由于缺乏马克思寻找到的工人阶级那样的阶级性的革命主体，而转而依靠学生、市民群众等主要基于文化传播和空泛理念认同而聚集起的不稳定主体，或者依靠绿党、民权组织等缺乏资本批判的、去政治化的狭隘政治组织，缺乏现实的革命力量；又如以相对主义、多元主义和前现代思潮为思想武器。在资本主义的经济生产关系占全球统治地位的今天，它们更多的是基于文化惯性和记忆而发出诉求，其经济基础已然不再，所以它们也就是只以抽象的观念性因素而不是现实的利益性因素作为目标，缺乏基于现实利益的动力推动，至多只能表现为对现代社会的绝望式袭击；可以说这些运动的过程、步骤缺乏科学目标和前景的路线规划，类似于卢卡奇所经历以及反思的“唯心主义高调”。

而除了以上三点彻底的和逻辑融贯的后现代主义主张被马克思主义的现代性批判超越之外，我们还可以看到，由于后现代主义反对的是理性本身和总体性本身，后现代主义试图把整个世界非理性化、碎片化，因此这一思潮的许多元素，还可以表现为迎合了近代启蒙主义传统的某些片段，而不是清晰的对立，例如上文中我们看到的将海德格尔与康德哲学的杂糅式理解那样。与马克思主义的现代性批判尤其相关的一点，是它们之中所包含的原子化个人主义因素，脱离了资产阶级的市民社会来谈论个人的境遇。而对近代资产阶级个人主义的批判，已经是我们非常熟悉的了。在《〈政治经济学批判〉导言》中，马克思指出，无论是单个的个人，还是由这样的个人通过社会契约组成的社会，都不是现实的个人，而只是存在于人们的想象中的抽象个人和由抽象个人组成的抽象社会。马克思明确指出："被斯密和李嘉图当做出发点的单个的孤立的猎人和渔夫，属于18世纪的缺乏想象力的虚构。这是鲁滨逊一类的故事，这类故事决不像文化史家想象的那样，仅仅表示对过度文明的反动和要回到被误解了的自然生活中去。同样，卢梭的通过契约来建立天生独立的主体之间的关系和联系的'社会契约'，也不是以这种自然主义为基础的。这是假象，只是大大小小的鲁滨逊一类故事所造成的美学上的假象。其实，这是对于16世纪以来就作了准备、而在18世纪大踏步走向成熟的'市民社会'的预感。"① 近代市民社会中的个人摆脱了前现代社会中的自然联系，获得了形式上的独立性。实际上，这种独立是以物的依赖性为基础的。这里的物是指客观化的商品资本关系，而商品资本不过是特定社会关系的抽象表现而已。后现代主义者不了解，抽象地强调个体性和差异性并没有超脱于现代资本主义本身。马克思主义指出的自由个性和建立在自由个性基础上的自由人联合体，才既超越了理性主义神秘论和唯心主义的总体性，又超越了非理性主义和碎片化。

① 马克思恩格斯选集：第2卷．北京：人民出版社，2012：683.

第九章　马克思主义哲学与中国道路的双向促进

一、对马克思主义哲学的正确理解事关中国道路的现实及未来

现在，我们的话题再次转到当代中国的语境。虽然正是这一历史语境催生了对马克思主义的启蒙主义式理解和后现代主义式理解，但也正是这一历史语境按照事物发展的辩证历程，会最终扬弃前两种理解，使得我们最终达成第三种理解，还原了马克思主义哲学本来的理论面目，即唯物史观的基本理论框架及其在政治经济学批判中的全面深化，并在社会主义的历史实践当中不断发展和开拓马克思主义。只有这样正确地理解了马克思主义哲学，我们才能将实践、唯物主义、共产主义和中国特色这些理论要素有机结合起来，正确地认识中国的当下，正确地展望中国的未来前景，指导中国道路即中国特色社会主义道路的开拓前进。或者反过来我们也可以说，不理解中国特色社会主义也就无法理解马克思主义哲学，无法把握马克思主义哲学在当代中国的现实意义。

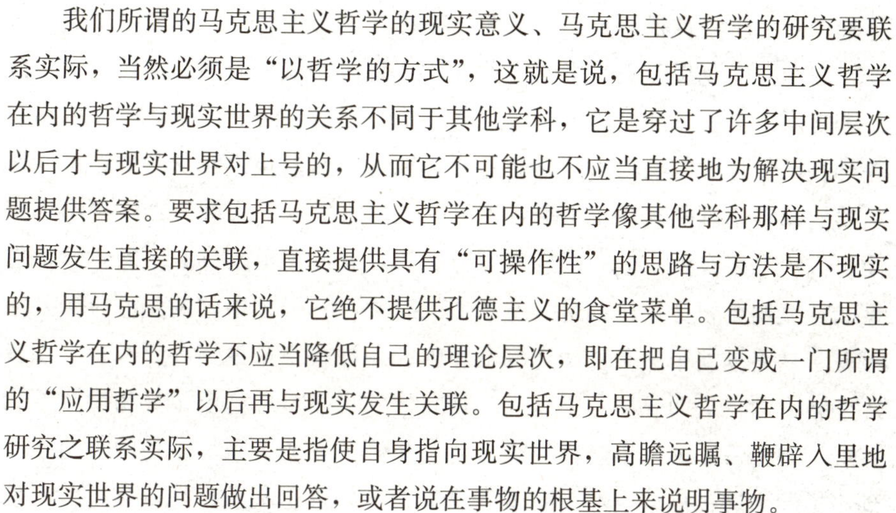

我们所谓的马克思主义哲学的现实意义、马克思主义哲学的研究要联系实际，当然必须是“以哲学的方式”，这就是说，包括马克思主义哲学在内的哲学与现实世界的关系不同于其他学科，它是穿过了许多中间层次以后才与现实世界对上号的，从而它不可能也不应当直接地为解决现实问题提供答案。要求包括马克思主义哲学在内的哲学像其他学科那样与现实问题发生直接的关联，直接提供具有“可操作性”的思路与方法是不现实的，用马克思的话来说，它绝不提供孔德主义的食堂菜单。包括马克思主义哲学在内的哲学不应当降低自己的理论层次，即在把自己变成一门所谓的“应用哲学”以后再与现实发生关联。包括马克思主义哲学在内的哲学研究之联系实际，主要是指使自身指向现实世界，高瞻远瞩、鞭辟入里地对现实世界的问题做出回答，或者说在事物的根基上来说明事物。

1. 只有正确理解马克思主义哲学，才能证明中国道路的历史定位的正确性与合法性

首先正如我们已经看到的，我们所谈的对马克思主义的三种理解，即使前两种试图以“西学”解“马”，它们也终究要与“马”保持比较紧密的关联，在当时的历史语境中，对马克思主义哲学对于当代中国的意义这个抽象命题本身，可以说几乎没有人怀疑过。争论的问题不在于中国是否需要马克思主义哲学，而在于中国需要什么样的马克思主义哲学。这种对于马克思主义的认同，就是所谓的合法性问题。而马克思主义所获得的这种合法性，是历史地形成的，是靠其本身的普遍真理同中国革命和建设的具体实践相结合、实现马克思主义中国化、开辟出中国特色社会主义道路的一系列辉煌成就而获得的。马克思主义理论的合法性，归根结底要依存于社会主义运动的实践过程和成果，尤其是当前中国特色社会主义道路的兴衰成败。所以，马克思主义的哲学就要发挥其对世界和中国历史宏观发展规律的正确叙述的理论力量，并通过这种叙述对实践的重大指导意义，来明晰中国道路的历史定位，确证其合法性。而如果把马克思主义哲学启蒙主义化，抑或把马克思主义哲学后现代主义化，就会瓦解建立在马克思主义唯物史观和政治经济学理论基础上的社会主义理论叙事，直接抵触或无形消解中国特色社会主义道路的合法性。

按照对马克思主义哲学的启蒙主义化理解，就只有西方道路——实际上即资本主义道路才是历史必由之路，是历史的终结之点，是唯一具有合法性的，最终人们会得出的只能是“必须走全盘西化道路”的结论。中国需要启蒙，中国的启蒙主义论者提出的“救亡”和“启蒙”两个历史因素也可以说是存在的，但中国近现代历史的发展进程不是什么“救亡压倒启蒙”。“五四”新文化运动是一场成功的启蒙，它引领中国的先进分子开始接受了马克思列宁主义，认定以俄为师、走社会主义道路、只有社会主义才能救中国，进而开启了中国共产党的建立、马克思列宁主义与中国革命实践结合的一系列历史进程，既为启蒙找到了物质力量，也为救亡启示了理论指导。这种启蒙当然不同于启蒙主义，启蒙主义本身是西方近代语境下特有的一种反封建思潮，它是随着资产阶级的兴起而出现、为资本主义的经济发展和政治革命进行的一场思想和舆论准备。中国古代本身的发展固然有了非常丰富的财富积累，相对而言，也可以说有着比较发达的商品市场，但还不是以资本增殖为目标的资本主义市场经济，还没有形成西方意义上的作为资本的人格化的资产阶级，从而也就缺乏资产阶级的政治力量，更缺乏相应的资本主义意识形态表达。

从表面上看西方启蒙主义思潮似乎可以构成中国专制传统的解毒剂，但由于本身缺乏资产阶级这一历史主体，中国的资产阶级民主革命终究只能在中国共产党的领导下，由无产阶级领导广大农民来“另辟蹊径”，团结近代以来形成的具有极大动摇性和依附性的民族资产阶级，才能获得成功，由此形成了新民主主义革命的局面。新民主主义不同于旧民主主义，就政治革命的成果而言，它已经不是狭隘的资产阶级民主，而只能是广泛和深刻的人民民主。在更加基础性的社会经济领域，由于发达资本主义国家已经进入国际垄断阶段，中国只能通过社会主义才能建立独立自主和比较完善的国民经济体系，同国际垄断资本相抗衡，进而在“缩短和减轻分娩的痛苦”的条件下实现赶超式的工业化和现代化建设任务。所以，西方资本主义社会历史上由启蒙主义作为先导所提出的重大历史任务，在现当代中国只能是由马克思主义指导的中国特色社会主义道路，有所扬弃地承担下来。再回过头去试图从启蒙主义的思想资源中寻求当今中国的出路，去解读已经扬弃了启蒙的马克思，就是历史的错位和倒退。

按照对马克思主义哲学的后现代主义化理解，则会取消掉历史的进步、人的自由发展、中华民族的伟大复兴这些“宏大叙事”的命题本身，从而中国特色社会主义道路也就失去了合法性，或者说，我们今天所谈的历史和合法性话语本身都被消解掉了。后现代主义既然反对理性、反对主体、反对本质主义和基础主义，它也就消解了近代以来一切对中国前途和命运的思考求索；它既然反对历史进步、反对经济增长、反对科学技术、反对物质生产，也就消解了经济的基础地位，无法承认中国现代化发展的前进方向，无法理解中国特色社会主义道路中富强、民主、文明、和谐目标和经济、政治、文化、社会、生态建设的内在次序。相反，后现代主义关照社会的碎片化方式，实际上却往往迎合了例如现代性的、启蒙主义的个人主义以及自由市场等理念和建制，与其共同起到消解中国特色社会主义事业的劳动者、建设者、拥护者之共同体的效果。又例如，它会迎合文化、宗法、宗教等领域中的前现代遗存，损害中国特色社会主义道路作为社会主义现代化道路的建制、秩序和价值。按照对马克思主义哲学的后现代主义化理解，我们在实现现代化的过程中所经历的各种磨难是现代性本身造成的，是与现代性联系在一起的理性、知识等造成的，而不是由社会制度、资本逻辑带来的，这样我们面对现代性的各种弊端实际上是无能为力的，如此一来，中国人民要走一条既能享受现代文明的成果又能把现代化过程中的负面效应降到最低限度的中国特色的现代化道路也是不可能的。

而与之相反，正是由于马克思主义，特别是其哲学世界观，给予了中国人民一个观察世界和思考问题的制高点。中国特色社会主义道路是中国新民主主义革命、社会主义革命和建设道路的延续和发展，而中国原先革命和建设本身是对近代“天下”之“中国”如何融入现代之“世界”这一问题的回答。中华民族本来是一个历史民族，但鸦片战争以来西方资本主义列强的侵入彻底打碎了原来的“天下”史观念，打碎了中华民族的自我意识建构。马克思主义哲学的关于世界历史的理论，是唯一能帮助近代中国重新找回自己的历史坐标的理论，它使得中国从根本上摆脱了偏见和盲目的束缚，确定了正确的前进方向。在确立了这一根本的历史前进道路方向之后，在实践中，社会主义需要做到积极吸收人类文明的一切优秀成果，也包括利用资本主义来发展社会主义，包括以积极主动的姿态“面向世界”，进入受资本主义主导的全球市场体系，从而获得后发优势。马克思主义哲学的“真精神”首先能使我们辩证地对待现代性，即一方面正视现代化过程中所出现的各种弊端，另一方面又明确人类走向现代文明是必然的；马克思主义哲学的“真精神”其次能够使我们正确认识造成现代化过程中所出现的弊端的根源何在，不把这些弊端与现代性理念“捆绑”在一起。这样，只有以马克思主义哲学的“真精神”，即我们所说的对马克思主义哲学的第三种理解为思想资源，才能使我们认识中国特色社会主义道路，即中国走一条独特的现代化道路既是必要的又是可能的，并在此基础上，使我们进一步认识习近平的新时代中国特色社会主义的历史方位和重大意义。

2. 只有正确理解马克思主义哲学，才能坚定科学共产主义理想

当然，在共产主义的“人类社会”的视野下，“世界”其实并不是一个现成的概念，而是一个历史的概念。马克思所说的“历史”是以当下的实践活动为中心的，本着“从后追溯”的思路，它包括现在完成时和将来完成时两个环节。其中，现有的前提属于现在完成时，而共产主义和“人类社会”则属于将来完成时，需要“面向未来”。上面我们说到要明确历史定位，则不仅在于历史的由来、现状与短期前途，更要有远大的历史方向感，并且这也是一项社会制度、一条历史道路赢得合法性的重要组成部分。在资本主义时代现有的事实层面上，包括马克思视之为过渡时期的共产主义第一阶段（即今天通常所说的社会主义），更包括我们今天所处的社会主义的初级阶段，人与自然、人与人是充满着矛盾和对立的。如果说，资本主义制度的捍卫者们只是抓住了这一事实层面的现存状态，而空想的社会主义者们把人与自然、人与人的同一看作似乎仅仅是一个“应当”，那么在马克思看来，人与自然、人与人既不是单纯同一的，也不是

单纯对立的，而是既对立又同一的。这里的对立和同一，并不是像诡辩论者认为的那样，似乎对立就是同一，同一就是对立，而是经历了一个从差异同一到对立同一再到矛盾扬弃的过程。

对于黑格尔来说，康德式的二律背反表现的只不过是一种否定的理性逻辑，还应当扬弃它，创立思辨的理性逻辑。马克思批判了黑格尔“扬弃”概念的保守性，把它改造为“否定的辩证法”。并且，黑格尔的辩证法只是为这种扬弃过程找到了逻辑表达，而马克思主义则试图为它找到历史表达。在马克思和恩格斯看来，历史并不是绝对精神自我实现的过程，而是人的现实的、活生生的过程，“‘历史’并不是把人当做达到**自己**目的的工具来利用的某种特殊的人格。历史**不过是**追求着自己目的的人的活动而已”①。马克思早年通过关于异化劳动及其扬弃的经济哲学观点论证共产主义和人类社会，应当说也是试图对这种逻辑加以实际运用，但直到他通过对历史的研究创立了唯物史观，才表明他已经找到了历史的现实动力，而等到他的哲学批判进一步深化为政治经济学批判，马克思的理论才由哲学世界观层面真正上升到历史科学层面，所以在《资本论》的跋中，马克思能够明确地宣布区分了他的辩证法与黑格尔的辩证法的区别。

对马克思主义哲学的启蒙主义化理解，背离了科学共产主义的科学基础，只能导出乌托邦的空想共产主义的理论结论。而在《共产党宣言》所谓批判的空想共产主义的那个时代过去之后，在国际共运史上，这种理解路向就只能表现在例如伯恩施坦式的改良主义中。它试图回到康德式的伦理社会主义，否定共产主义的必然性，也就排除掉了共产主义的理想目标，“运动就是一切”，从而把马克思主义引向了修正主义。对马克思主义哲学的后现代主义理解，则会消解共产主义的历史目标本身。这一种理解路向表现在当代西方的新社会运动中，它偏离现实的无产阶级革命运动，试图从个人主义或边缘群体中寻找历史主体，从而用书斋冥想、杯中风暴或某些自发的分散的迷惘的抗争，取代了科学的国际无产阶级革命运动。正因如此，只有对马克思主义哲学的第三种理解路向才是正确的，才能重

① 马克思恩格斯全集：第2卷．北京：人民出版社，1957：118-119.

新把马克思主义导向科学共产主义。在此意义上，中国道路则是中国共产党人在马克思主义指导下，领导中国人民向着共产主义的理想目标走出来的道路，中国道路的一切实干，都是受着理想的照耀和规定的。

当我们使用“共产主义理想”这个提法，需要注意中西语境的差异，在西文当中“理想”与作为价值判断和追求的“应当”有密切联系。对于超越了休谟二歧、从康德走向黑格尔并最终超越黑格尔的马克思来说，他表述为“共产主义对我们来说不是应当确立的**状况**，不是现实应当与之相适应的**理想**。我们所称为共产主义的是那种消灭现存状况的**现实**的运动。这个运动的条件是由现有的前提产生的”①。不过，这并不表示他要排除掉符合现实条件的、由“现有的前提产生”出来的理论上的性质表述、目标预见、途径规划，这正是现实的运动所内在需要的组成部分，也是马克思恩格斯这里的论述本身所做的工作。这正如同马克思在《资本论》中谈及劳动生产过程，认为最蹩脚的建筑师也要比最灵巧的蜜蜂高明，“他在用蜂蜡建筑蜂房以前，已经在自己的头脑中把它建成了。劳动过程结束时得到的结果，在这个过程开始时就已经在劳动者的表象中存在着，即已经观念地存在着”②。在此意义上，中国道路的一切实干，都是需要科学的、从现实生发出的理想的，是受着这种理想的照耀和规定的。

这样的科学的理想，在对实践的具体指导过程中就形成了党的最低纲领和最高纲领的辩证统一。毛泽东在抗战即将胜利、中国的新民主主义革命进入一个重要节点之时这样告诫全党：“我们共产党人从来不隐瞒自己的政治主张。我们的将来纲领或最高纲领，是要将中国推进到社会主义社会和共产主义社会去的，这是确定的和毫无疑义的。我们的党的名称和我们的马克思主义的宇宙观，明确地指明了这个将来的、无限光明的、无限美妙的最高理想。每个共产党员入党的时候，心目中就悬着为现在的新民主主义革命而奋斗和为将来的社会主义和共产主义而奋斗这样两个明确的目标”③。他对此还曾专门做了附加说明：“报告中讲共产主义的地方，我

① 马克思恩格斯选集：第1卷. 北京：人民出版社，2012：166.

② 马克思恩格斯选集：第2卷. 北京：人民出版社，2012：170.

③ 毛泽东选集：第3卷. 北京：人民出版社，1991：1059.

删去过一次又恢复了，不说不好。关于党名，党外许多人主张我们改，但改了一定不好，把自己的形象搞坏了，所以报告中索性强调一下共产主义的无限美妙。”① 到了新民主主义革命胜利在即、新中国即将建立之际，毛泽东又说：“康有为写了《大同书》，他没有也不可能找到一条到达大同的路”，而我们“造成了一种可能性：经过人民共和国到达社会主义和共产主义，到达阶级的消灭和世界的大同”②。

中国在1956年进入了社会主义社会，但当时中国的生产力水平还很低，连温饱等问题都还没有解决，更不用说达到马克思和恩格斯意义上的、已经超越发达资本主义生产力水平的、作为共产主义第一阶段的社会主义社会了。并且，由列宁主义所指出的社会主义在一国独自取得胜利的道路，也就使得社会主义不是作为资本主义世界同时爆发革命后的整体取代形式存在的，社会主义在部分国家取得突破，这些社会主义国家同资本主义国家长期处于并存和竞争关系之中。所以，中国的“社会主义”，也就不是马克思和恩格斯所说的那种共产主义状态（包括《哥达纲领批判》对第一阶段的具体预计描绘），而是通往那种状态的一条道路。邓小平关于社会主义初级阶段理论的提出，包括其借用中国古代思想中与“大同”相对而言的“小康”来对此加以表述，正是中国道路的一大创见，是在没有放弃大同理想的前提下，明确了必须先经历“小康”，然后才能到达“大同”。正如习近平总书记《在纪念邓小平同志诞辰110周年座谈会上的讲话》中谈到的，纪念邓小平同志首先的一点，“就要学习他对共产主义远大理想和中国特色社会主义信念无比坚定的崇高品格”，并将其称为“中国共产党人应该挺起的精神脊梁”③，主张“革命理想高于天”。在这一意义上，既然中国道路是一条通过“小康”走向“大同”的路，那么“小康”和“大同”构成了当下的最低和最高纲领，中国道路在这种现实与理想的对立统一的历史叙事当中得到阐明，收获认同。习近平总书记在中共十九大的报告中强调必须“牢固树立共产主义远大理想和中国特色社会主

① 毛泽东文集：第3卷. 北京：人民出版社，1996：275.

② 毛泽东选集：第4卷. 北京：人民出版社，1991：1471.

③ 习近平. 在纪念邓小平同志诞辰110周年座谈会上的讲话. 北京：人民出版社，2014：9.

义共同理想”①，把“远大理想”和“共同理想”结合在一起，是意味深长的。

3. 只有正确理解马克思主义哲学，才能排除当代中国非马克思主义思潮的干扰

改革开放四十年以来，既然中国的面貌发生了如此巨大的变化，既然当代中国的历史语境本身发生了重大变迁，由此生发出的意识形态领域必然也会出现各种新的派别。也就是说，发生着历史叙事争执和认同性争夺的绝不仅仅是在马克思主义阵营内或至少是其旗号下的三种路向，而且还存在着诸多非马克思主义乃至反马克思主义思潮，它们也在争夺话语权。中国特色社会主义道路的开辟是一项前无古人的事业，没有任何先例可循，唯一的办法就是大胆地试，大胆地闯，这是邓小平在改革初期提出“不争论”理念的大背景。在最初的阶段，“发展是硬道理”是所有人的共识，在这种最大的共识面前，任何分歧都可以暂时搁置。但是今天情况完全不同了。按照列宁的看法，利用资本主义发展社会主义，本质上是向社会主义的迂回过渡。如果失去制高点，缺乏大局观，这种暂时的迂回有可能被当作永恒的大道坦途，各种非马克思主义思潮就会起着模糊乃至误导人们认识的作用，通过其本身的理论攻讦和在实践中造成的后果影响，消解着中国道路的社会主义规定性，从而使中国道路走入误区。在此种情况下，马克思主义哲学的前两种“西学”化理解路向就无法抵挡。只有正确地坚持和发展第三种正确的理解路向，才能够指明其错误，确保中国道路的正确方向和光明前途。

当代中国的非马克思主义乃至反马克思主义思潮绝不罕见，其所“非”所“反”的领域和角度也有很多，我们认为其中最有代表性和影响力的，并且在具体的经济和政治主张背后还有着深刻的哲学思想基础从而与马克思主义形成全方位对立的，可以举出三种：以儒家思想为主要代表的复兴传统文化思潮，明确主张西方资本主义道路的所谓“普世价值”的

① 习近平. 决胜全面建成小康社会　夺取新时代中国特色社会主义伟大胜利. 北京：人民出版社，2017：23.

自由主义思潮，以及貌似批判资本主义但又要避免马克思主义式激进革命和彻底扬弃的所谓“民主社会主义”。在对各种社会思潮的分析方面，马克思恩格斯的《共产党宣言》本身是一个典范。尽管《宣言》第三章只限于列举当时各种各样的社会主义和共产主义的思潮，而这些派别在历史的发展中已经纷纷被淘汰，但是，按照历史的尺度对各种错误思潮进行批判，迄今为止仍然具有现实意义。从马克思主义自身的科学世界观出发，《宣言》把这些思潮分为三种：一种是面向过去的思潮，马克思和恩格斯称之为“反动的社会主义”；一种是面向现存世界的思潮，马克思和恩格斯称之为“保守的社会主义”；一种是面向未来的，但由于这种共产主义脱离现实，马克思和恩格斯称之为“批判的空想的社会主义和共产主义”。与此相应，马克思和恩格斯的共产主义可以被称为批判的、实践的、科学的共产主义。这是因为，马克思和恩格斯的共产主义虽然同样面向未来，但它从现实的个人、他们的活动和他们的物质生活条件的三位一体出发，立足于对现存状况的改变。按照面向过去的是反动派、面向现在的是保守派、面向未来的是进步派的划分方法，在当代中国，儒学思潮属于反动派，自由主义属于保守派，民主社会主义则属于空想派，只有马克思主义的主张才是历史的进步派。

儒家思想的社会基础是自给自足的自然经济和相应的宗法制度体系。在自然经济条件下，由于家庭和家族既是基本的生产单位，又是基本的生活单位，其余社会关系都是在此基础上派生出来的，因此儒家的“伦理纲常”“家国天下”的理念框架在当时具有现实的历史根据。随着商品交换、市场经济的发展，虽然原始儒家历经变革，其思想内容越来越庞杂，但已经逐步地开始不适应以交换为基础的经济社会形态了，终于在鸦片战争之后的数千年未有之大变局下，在中国被打破了宗法和“天下”的历史以后，儒家思想从根本上失效了。当然，儒家并未简单退出历史舞台，“一切已死的先辈们的传统，像梦魇一样纠缠着活人的头脑”①，并且此后儒家也试图在器用层面吸纳西学，也相对收敛和弱化了那些忠孝节义、等级尊

① 马克思恩格斯选集：第1卷．北京：人民出版社，2012：669.

卑等与现代性分歧冲突最鲜明激烈的部分，更注重对人性修为、和谐伦理、贤能政治等的鼓吹。当然，今天它之所以还有重大的影响，除了思想意识形态的传统本身所具有的历史传承惯性、除了它自身积极的调适和融入之外，也在于西方资本主义主导的现代性带来的种种片面性和消极后果。如同有人去向笼统否定和消解现代性的“后现代”乞援一样，也会有人们留恋起原先“前现代”田园牧歌的流风余韵，尽管它的世界观并不能真正成为观察世界的有效坐标系和改变世界的有效路线图。

所以首先来看，既然儒家思想的传统本身极大地倚仗资本主义现代性的弊病而延续，亦即是被幻想成对后者之弊病的解药而存在，那么我们首先就不能把马克思主义理解为西方启蒙以来现代性的单纯鼓吹者，不能理解为对资本主义现实的全面拥抱，马克思主义本身要对后者做出比儒家更加深刻而有效的批判。并且我们同样还可以看出，后现代主义的相对主义和多元化倾向，本身就是和此种传统文化派有着诸多互通款曲之处的，是相互同情和支援的。而如果对马克思主义做后现代主义化的理解，也就无法与儒家思潮对西方现代性的否定拒斥划清界限，一方面可能在诸多方面低于儒家社会主义的集体主义主张，另一方面则可能甚至会援儒入“马”，交融出所谓“儒家社会主义”来。而对于把马克思主义哲学启蒙主义化的理解路向——且不论西方现代性带来的消极影响确实使得儒家式复兴传统思潮有其固有基础——其理论方面抽象的人性设定，也只能对儒家做出外在的批判，既不能使后者信服，也不能把它驳倒，双方只会陷入各自的抽象设定的空洞争执。所以，只有用马克思主义的唯物史观和政治经济学批判，用它们来分析清楚现代性和资本主义的历史关系，才能把儒家的社会关系理论由“天下”观置于“世界”历史的背景中，从而显露出其意义和局限性。

自由主义是与资本主义市场经济联系在一起的。自由主义所讲的“自由”都是抽象的个人自由，直接表述为思想和政治领域的自由，它实际上是以个人财产作为基础的，却忽略了资本主义时代绝大多数人即无产者被剥夺了财产、只能依靠出卖自己的劳动力为生这一基本事实，从而成为一种虚幻的意识形态。只是由于当时还处于上升时期的资产阶级代表了整个社会所有被压迫阶层的利益，这种思潮才带上了一种普遍主义的光环。从启蒙主义的主要口号即自由、民主、平等、法治等来看，马克思主义深刻地指出：所谓自由，本质上是自由贸易；所谓民主，本质上是“金主”即金钱和资本做主；所谓平等，本质上是货币购买力的平等；所谓法治，本质上是统治阶级的意志体现。当代的新古典自由主义（Neo-liberalism）是在垄断资本主义时代强调经济自由，更是陷入了赤裸裸的弱肉强食社会达尔文主义，乃至成了可以抛弃近代自由主义本身对民主、平等、法治甚至人的基本生存权利的意识形态想象。把马克思主义哲学启蒙主义化的理解路向同样强调抽象自由，尽管其中有些学者对新古典自由主义的社会达尔文主义倾向展开了批判，但由于不能把握其经济基础，因而更像是一种软弱的抗议。把马克思主义后现代主义化的理解路向，其碎片化叙事则直接陷入了和自由主义同样的原子个人设定，更谈不上对自由主义的反驳，或者陷入空虚绝望的境地，或者求助于神秘主义的个人虚幻拯救超越，或者至多也只能实现资本主义建制之内的相对激进的改良式抗争。

在这里我们还要专门提一下所谓的“民主社会主义”。自19世纪末以来，伯恩施坦式的修正主义的产生和发展，使第二国际旗下西欧诸国社会民主党主流派别相继背离马克思主义革命立场，最终在二战后形成了所谓的“民主社会主义”，试图调和自由主义和马克思主义的若干因素，使野蛮的资本主义“文明化”。我们要看到这种思潮以及其相应的福利国家的实践，本质上还只是相对增加了社会总有效需求，相对缓解了资本主义经济运动的矛盾和危机，但并不改变矛盾和危机的根本内在机制，即资本与劳动的对立。并且，我们即使是承认这种相对的调和与缓解作用，也不能忽视其所以能够进行改良，很大程度上是源于外部压力即社会主义阵营的制度竞争，而其进行内部改良却不触及所有制的根本，也有赖于优越的外部资源，即西方发达国家在资本主义全球分工体系中的有利位置，这为其赢得了超额剩余价值流入。然而，既然中国特色社会主义早已通过实现社会主义完成了所有制的根本超越，也因经济社会发展水平低下而首先需要注重积累、注重发展、注重生产力现代化建设，更由于以上两方面的结合而必须自力更生艰苦创业，在发展的过程中坚持社会主义的制度优势，使发展成果惠及全中国人民，那么我们可以断言说，民主社会主义并不适合中国现实，它没有在中国实施的任何现实基础，试图用民主社会主义的纲领来替代科学的社会主义理论和实践，是一种历史的倒退。

4. 只有正确理解马克思主义哲学，才能彰显党的先进性

我们已然看到，把握准中国道路的历史定位、秉持住共产主义的远大理想，其主体不仅是经典作家个人，不仅是毛泽东、邓小平等领袖人物，更是共产党人的集体。中国特色社会主义之所以与儒家主张的贤能政治、与自由主义包括所谓“民主社会主义”的多党竞争形成鲜明对立，也在于中国坚持以中国共产党作为领导的核心力量，这些并不是偶然的。以《共产党宣言》为标志，马克思和恩格斯本人及其理论同无产阶级革命政党相结合了。在《宣言》中：马克思和恩格斯一方面明确指出，共产党人“没有任何同整个无产阶级的利益不同的利益”，“他们不提出任何特殊的原则，用以塑造无产阶级的运动”；另一方面他们又强调，“在实践方面，共产党人是各国工人政党中最坚决的、始终起推动作用的部分；在理论方面，他们胜过其余无产阶级群众的地方在于他们了解无产阶级运动的条件、进程和一般结果”①。在经过恩格斯校阅的1888年英文版中，“他们不提出任何特殊的原则”被表述为“他们不提出任何宗派的原则”，“各国工人政党中最坚决的、始终起推动作用的部分”被表述为“各国工人运动中最先进的和最坚决的部分，推动所有其他部分前进的部分”。这两处改动当中：既有适应于现实政治状况的变化——“当时所列举的那些党派大部分已被历史的发展彻底扫除了”，从而芜杂的“各国工人政党”并存的情况已经改变为由第二国际各党充当所在“各国工人运动”的唯一代表的做法；也有表意的明晰化——“不提出任何特殊的原则”是指党不外于无产阶级，不成为小宗派，而非不提出具有阶级特点、革命特点的鲜明主张。《宣言》本身正是为了要站在共产主义的独特立场上，发布出“自己的观

① 马克思恩格斯选集：第1卷．北京：人民出版社，2012：413.

点、自己的目的、自己的意图”。其中最重要的一点改动，则是做出了共产党人的“先进性”的概括性提法，以表达共产党对整个无产阶级的运动起到推动作用。正如我们熟知的，这一思想在后来列宁主义关于“先锋队”的理论当中，被大大地发展和深化了。

先进性不是纯粹的实践和组织方面的问题，而是要和所掌握的科学理论的正确性、深刻性结合在一起的。党的领导不同于单纯的管理、统治，而是具有依托先进理论教育和引导广大群众的职能：“我们要在人民群众中间，广泛地进行宣传教育工作，使人民认识到中国的真实情况和动向，对于自己的力量具备信心。人民靠我们去组织。中国的反动分子，靠我们组织起人民去把他打倒。”① 如果按照对马克思主义哲学的启蒙主义化理解，则共产党也就失去了先进理论的依托，会重走第二国际社会民主党的老路。第二国际诸党的普遍蜕化，当然是由各自国际和国内、现实和历史的诸多因素造成的，但在党的指导思想、在根本的世界观上出了问题，也不能不说是一大重要因素。恩格斯正是在为马克思《政治经济学批判》第一分册撰写的书评中，即在马克思第一次公开展示两大发现相结合的理论成果时，强调指出了“我们党”和“庸俗民主派”的重大差别，“就是有一个新的科学的世界观作为理论的基础”②。例如德国社会民主党：其中的伯恩施坦派从马克思主义哲学和政治经济学批判退回到康德式的伦理学，把德国资产阶级革命的任务与无产阶级社会主义革命的任务相混淆；而考茨基派则拘泥于对唯物史观的一般原理，拘泥于马克思恩格斯对他们那个时代资本主义经济矛盾样态的具体描述，无法理解资本主义在进入帝国主义、进入战争与革命时代的新问题、新变化，无法理解东方落后国家的社会主义革命的性质、条件和任务问题，才导致了其实践中的改良主义和沙文主义。另一方面，假如按照对马克思主义哲学的后现代主义理解，则根本不需要任何政党，则根本取消了党和阶级与群众、先进性和广泛性与群众性的区别。例如20世纪60—70年代以来，西方把马克思主义后现代主义化的思潮提倡无中心的政治、没有政党的政治，不仅把无产阶级运动置

① 毛泽东选集：第4卷. 北京：人民出版社，1991：1131.

② 马克思恩格斯选集：第2卷. 北京：人民出版社，2012：10.

于边缘地位，更是使新社会运动缺乏一个有力的核心，所以它实际上从另一条道路成了空想主义或改良主义的层次，无法真正抗衡资本主义。

中国共产党人真正坚持了马克思主义的科学世界观，这才能够永葆先进性，克服各种片面性错误，在复杂的局势中牢牢把握着历史前进的方向，始终坚持最高纲领和最低纲领的统一，使民主革命、社会主义建设和改革开放始终走在正确的道路上。中国今后的发展仍然需要这种对人类未来一览无余的世界历史眼光，需要这种基于自身先进性带来的领导地位，这只有借助于对马克思主义哲学的正本开新才能够达到，其主体不是纯粹的学术界，而是全体中国人民，并且关键在党，正如中国道路的开辟是以"真理标准"这场绝非单纯学术界的而是全党全国参与的思想解放运动为先导的一样。实践发展永无止境，认识真理永无止境，理论创新永无止境，借助于同时又不断推动发展着马克思主义哲学的这种眼光和胸怀，不仅将继续帮助中国共产党领导中国人民战胜各种困难，克服各种干扰，而且将帮助它得以面对人类以前从未面对的各种挑战。中国特色社会主义的最高纲领是坚定不移的，即实现共产主义，在人的全面发展的基础上实现每个人的自由发展。与之相对，我们在社会主义初级阶段的最低纲领，则是不断发展、不断推向前进的，邓小平的"三步走"战略部署，正是三项逐次递进不断超越的最低纲领。当前，邓小平"第二步"关于翻两番和基本达到小康水平的目标业已实现，而在其第三步目标指向 21 世纪中叶的情况下，中国共产党人实际上又进行了战略目标步骤的细分和拓展。通过提出"两个一百年"奋斗目标，全面建成小康社会被定位在建党一百周年即 2020 年左右实现，"第三步"走的目标则被置于新中国成立一百年的坐标上。细分是为了指出最切近的可望可及的目标，在这样的细分之后，我们对于新分划出的当前一个历史阶段，更进而提出诸如"四个全面"战略布局等更加丰富的任务内容。中共十九大强调必须"坚持党对一切工作的领导"，"党政军民学，东西南北中，党是领导一切的"①。只有以马克思主义哲学作为理论基础，才能深刻理解中共十九大如此强调党的领导的正当性与重要性。

---

① 习近平. 决胜全面建成小康社会 夺取新时代中国特色社会主义伟大胜利. 北京：人民出版社，2017：20.

二、中国道路推动对马克思主义哲学理解的创新发展

马克思主义之所以是真理，在于其不会永远停止在同一个认识水平上，而是不断向更高的认识水平发展，马克思主义是否有生命力就取决于能否随着时代的发展实现理论创新。当我们说中国道路对马克思主义是否有贡献，以及贡献有多大，实际上主要看其有没有以及在多大程度上推动了马克思主义的发展。我们平时总是说中国道路是在“发展着的马克思主义”的指引下开创的，这话没有错。问题在于，这种“发展着的马克思主义”来自哪里？它肯定不是由中国共产党人和中国人民“拍脑袋”想出来的，而是来自实践，来自中国共产党人领导中国人民从事中国特色社会主义事业的实践。所以，“用发展着的马克思主义”指引中国道路与中国道路推动马克思主义的发展，从而形成“发展着的马克思主义”是一个双向的过程。中国道路对马克思主义的意义主要体现在实现马克思主义的中国化的过程中向前推进了马克思主义。中共十九大后，构建21世纪马克思主义、构建当代中国马克思主义的历史使命，更迫切地呈现在中国人民面前。显然，完成这一历史使命的强大推动力和资源就是中国道路的不断前进。这里，我们根据中国道路已有的成就论述一下中国道路对马克思主义哲学的发展。中国道路对马克思主义哲学的发展是全方位的、整体的发展，我们在此只能列举若干方面加以探讨。

1. 中国道路主张“以人为本”，推动马克思主义哲学的“实践—物质本体论”

中共十六届三中全会把“以人为本”写进了《中共中央关于完善社会主义市场经济体制若干问题的决定》，这是“以人为本”这一概念第一次被写入中国共产党的正式文件，具有极大的政治意义。自此以后，“以人为本”作为科学发展观的核心概念被确定下来。也就是在这次会议上，中共中央提出了《关于修改宪法部分内容的建议》，其中重要的一条就是建议将“国家尊重和保障人权”写入宪法，这标志着中国道路将把“以人为本”作为政治理念来推动自己的人权事业和社会进步。中国道路确立“以人为本”作为核心立场，实际上是从根本上解决了发展依靠谁、发展为了谁的主体性问题。中国共产党的十七大、十八大不断地要求必须更加自觉地把“以人为本”作为深入贯彻科学发展观、作为推进中国道路前进的核心立场，是顺理成章的。中国共产党人和中国人民把“以人为本”作为自己前进的旗帜还具有深刻的理论意义，“以人为本”的极大的政治意义正是以其深刻的理论意义为前提的，或者说，“以人为本”的极大的政治意义是由其深刻的理论意义所释放出来的。显然，原先通行的对马克思主义哲学的理解阐释，特别是其“物质本体论”的框架体系，是无法与“以人为本”相融贯的，对“物质本体论”不论做怎样的解释和推导，在逻辑上都是得不出“以人为本”来的。只有用一种不是仅把“物”作为“本”，而且把人的因素也渗透进去的“本体论”，即不仅强调“物”的存在，而且也注重“人”的存在的“存在论”，才能说得通当今我们为什么要坚持“以人为本”的政治理念。

我们看到，与中国共产党的领导层提出“以人为本”的政治理念同时，在中国的学术界，其实已经持续展开过关于实践唯物主义的研讨。这场研讨的实质是要突破传统马克思主义从物质第一性的本体论理解方式出发，以抽象的物质为本、重客体而轻主体的做法。这一探讨实际上从20世纪70年代末80年代初，即中国刚开始走上改革开放道路时就已开始，该讨论的不断深入开展，伴随着迄今中国道路推进的全过程。从表面上看，这一讨论是受了西方马克思主义等思潮的影响而开启的，而同时马克思主义学界的探索是与新时期“西学”再次“东渐”下的新理解路向相互交织影响的，二者在当时的国情下具有某些共性；但更加深刻地说来，它并非单纯的学术事件和思想事件，因为马克思主义哲学的发展有其自身特点，它是由中国共产党领导中国人民在历史转型时期所实施的一系列新的战略所产生的理论需求所决定的。问题在于，为什么在中国共产党正式提出“以人为本”之前，这一研讨一直处在激烈的争论之中，一直不能产生公认的理论成果？这说明，对马克思主义哲学而言，一个新的理论成果的形成，一个有影响力的重大发展，仅仅依靠理论界本身的“学术研讨”是不能够实现的，它必须由强大的实际的社会运动所推动，必须以实践成果作为依托。确实，如果没有中国共产党在十六届三中全会首次正式提出“以人为本”的政治理念，并在以后持之以恒地贯彻这一理念，那么在理论上就不可能真正突破传统马克思主义的“物质本体论”范式，也不可能把学术界长期以来所展开的关于实践唯物主义的研讨正式凝练成一个理论成果，当今中国学术界在本体论问题上也不可能获得相对的共识。

由此说来，马克思主义哲学的本体论问题在当今中国所实现的重大发展，离不开理论界的深入而持久的研讨，但更需要得益于“以人为本”的政治理念的提出并被付诸实践。我们在上篇当中曾经谈到，马克思的本体论思想，其对“物质”和“实践”的本体论把握，就是同他的实践旨向密切相关的，是适应于、服务于对资本主义的存在方式做出真正深刻和彻底批判的。那么相应地，正是由于中国道路的“以人为本”的理念及其实践适应于、服务于当代中国人民的存在境遇，并推动其不断向着自由而全面发展的生存方式迈进，我们才能够而且需要更新谈论“本体论”问题的方式，真正把人的能动的实践纳入到“本体论”之中，确立实践在其中首要的地位。并且，同样如我们前文所认为的那样，对于马克思主义哲学本体论在当今中国所获得的这一重大发展成果，我们究竟用什么概念来加以概括，用什么样的术语来表达发展了的马克思主义“本体论”，尚可加以进一步的探讨。由于“实践本体论”这一概念显然排斥了马克思主义哲学“本体论”的唯物主义的前提，所以用这一术语来指称是不妥当的，就无法划清与西方马克思主义者在“本体论”问题上陷入的唯心主义解释路向的界限，很可能造成误解，以为我们与西方马克思主义者走到一起去了。更何况，如用这一术语来表述，中国学界可能会被认为在“本体论”问题上没有做出什么发展，而只是重复了他人的观点。所以，我们在此姑且仍然把马克思主义哲学在“本体论”问题上在当今中国所获得的新的发展成果，表述为“实践—物质本体论”。

2. 中国道路主张“和谐社会”和“和平发展”，推动马克思主义哲学注重矛盾同一性

2004年9月，中共十六届四中全会做出了《中共中央关于加强党的执政能力建设的决定》，引人注目地提出要构建“社会主义和谐社会”，并指出这是“从全面建设小康社会全局出发而确定的一项重大战略任务”。从此，一个崭新的理念——“和谐社会”——进入了人们的视野和马克思主义的论域。差不多两年以后，中共十六届六中全会正式通过《中共中央关于构建社会主义和谐社会若干重大问题的决定》，这是构建社会主义和谐社会的行动纲领，它构筑了中国道路和谐社会建设的基本框架。该《决定》开宗明义地指出：“社会和谐是中国特色社会主义的本质属性。”这是该《决定》的点睛之笔。《决定》还把中国道路所要构建的“和谐社会”的具体内容解释为“民主法治、公平正义、诚信友爱、充满活力、安定有序、人与自然和谐相处的社会”。与对内追求构建“和谐社会”相对称的一个概念是“和平发展”。与“和谐社会”这一经历较长时期探索的新成果有所不同的是，“和平发展”的理念更是在中国道路刚开启之初，就已经出现在中国特色社会主义的旗帜上。改革开放的总设计师、中国道路的全面开创者邓小平在把握时代特征的基础上，明确地把和平与社会主义统一起来，努力“寻求一个和平的环境”进行社会主义现代化建设，他正式提出了“主张和平的社会主义”的科学论断。新时期中国共产党的历任领导集体坚定地奉行着和平的理念和政策，一如既往地为维护地区和世界和平做出不懈的努力，通过争取和平国际环境发展自己，又以自身发展维护和促进世界和平，并归纳总结出中国“和平崛起”的战略。

“和谐社会”与“和平发展”理念的产生和发展，是当今中国实践的内在要求和体现：对内，中国道路坚持协调不同社会群体的具体利益、有效整合社会关系、促进各种社会力量良性互动；对外，中国道路努力实现与他国的“共有”“共享”“共赢”，特别是要在中国不断融入当今以资本主义为主导的全球体系过程中，重塑社会主义与资本主义的关系，用开放和包容的心态看待资本主义。“和谐社会”“和平发展”是过去没有讲过的

“新话”，把它们公开写在自己的旗帜上，这在马克思主义发展史上确实是具有开创性的，这种根源于实践的执政理念创新，也就会相应地表现于马克思主义哲学的学术表述上，在马克思主义哲学关于矛盾的同一性与斗争性的关系的理解上实现了突破。矛盾是同一性和斗争性的相互联结，传统的马克思主义哲学强调同一性是相对的，斗争性是绝对的，同一性寓于斗争性之中；当谈及发展是对立面的同一和斗争，传统的马克思主义哲学则强调事物的发展主要取决于矛盾双方的斗争方面。中国道路的“和谐社会”与“和平发展”理念的成功，展现了矛盾的同一性方面的内在要求和巨大空间。中国道路推出“和谐社会”与“和平发展”的理念，并成功地付诸实施，取得了举世瞩目的成就，使同一性在矛盾中的“相对”地位改变了，马克思主义哲学从崇尚矛盾的斗争性发展为注重矛盾的同一性。当然，这种表现为和谐与和平的同一性，绝不是像谢林哲学被黑格尔所讽刺的那种抹杀了差异的“黑夜看牛”，它同时也要求着对于矛盾的复杂性的理解。

3. 中国道路“一元指导，多元并存”，推动马克思主义哲学凸显矛盾复杂性

中国道路的一个重要结构特征就是“一元指导，多元并存”①。这种“一元指导，多元并存”的格局是中国道路推动和谐与和平建设的基本国情条件，它体现在中国的各个方面：中国是个社会主义国家，社会主义国家构成“单一的国家主体”，但是实际上中国又在实施“一国两制”，而且在国家体制上还包含着一些复合制的因素；中国共产党是执政党，中国维护的是中国共产党的一元领导地位，但中国同时又强调多党合作，在中国存在着政治协商制度；中国的国家性质决定了必须坚持以公有制为主体，但与此同时又允许和鼓励多种所有制形式的共同发展，甚至提出要建立“混合所有制”；中国的分配制度是以按劳分配为主体，但其他的多种分配形式在中国又与按劳分配共存；中国把马克思主义作为指导思想，竭力维

① 欧阳康，杜志章．试析中国特色社会主义道路的结构特征．中国特色社会主义研究，2009（2）．

护马克思主义的指导地位，可中国领域中有诸种思想文化，包括来自西方的和中国传统的，实际上在中国大地上交汇激荡。这种“一元指导，多元并存”的格局带来的一个直接后果就是在当下的中国“价值多元化”成了一种“常态”。中国道路正是在认识和处理好这个复杂的多元复合社会结构中前进的。这种复杂性，对于中国道路的主体——中国共产党和中国人民来说，确实是个严峻的考验，其是否有足够的智慧和能力正确面对和善于处理这种复杂性，在一定意义上决定了中国道路的成败。

中国道路认真吸取了苏联和中国改革开放前的一段时期的历史教训，没有试图抹杀客观现实的多元和复杂性、片面追求“单纯”和“一元”，而是深刻认识到了人类文明从一元走向多元，从简单走向复杂是个必然的趋势，社会主义正是要建立在人类文明的这一成果基础之上。并且，对于处于社会主义初级阶段的当今中国来说，呈现多元与复杂状态，既是一种挑战，更是一种机遇，使其得以蕴含和激发社会的活力和创造性、弥补中国经济社会发展水平的不足。正因为有了这样一种认识，中国道路满腔热情地欢迎这种多元与复杂，在这种多元与复杂中产生出一种崭新的发展模式。中国道路正确面对和善于处理这种多元、复杂的状态的过程也就是形成“复杂性思维”的过程。原先的那种简单的、线性的、单向度的思维方式被复杂的、非线性的、多向度的思维方式取代。正是有了这种复杂性的思维方式：中国人民能自觉地面向多因素构成的复杂巨系统，综合地考虑问题；自觉地面向变化万端的动态不可逆过程，历时地考虑问题；自觉地面向多元价值之间充满着冲突的格局，选择性考虑问题；自觉地面向零碎的、散乱的事物，整体性地考虑问题①。复杂性的思维既然是由中国道路的现实当中矛盾的复杂性所决定的，那么，这种复杂性的思维方式也就逐步突破了传统的马克思主义哲学的矛盾观。

在原先的马克思主义哲学体系中，对于矛盾的构成及其性质，实际上往往是机械化、简单化地图解“对立统一”“一分为二”，矛盾的复杂性则没有独立地位，即使有所论及，一般也只是随附在矛盾的主要和次要、作

① 欧阳康. 复杂性与人文社会科学创新. 哲学研究，2003（7）.

为矛盾的特殊性的某种表现等其他方面的观点之下。中国道路一下子把矛盾的复杂性提高到了重要地位，要求对矛盾的研究更进一步达到研究矛盾复杂性的层面。马克思主义辩证法理论的发展，延续了黑格尔矛盾分析方法的内在理路。黑格尔在对事物的分析当中采用的矛盾分析的方法，归结为正题和反题的双方面对立形式，并在双反的合题当中达到和解，这是思维对事物本身的复杂性的一种抽象，是辩证法的合理形式，但如果只是停留在这种划分形式本身之中，忘记了辩证法联系和发展的根本特征，忽视了对事物的复杂性的探讨，那么这种矛盾分析方法实际上也就会成为辩证法的对立面。现在中国道路推动我们把原先被视为“枝节”“干扰”（乃至要被排除掉）的复杂性纳入视野，并把它划归为矛盾中的合理因素，保留事物的不同结构和层级。这实际上是将矛盾的复杂性凸显出来，不仅是对原先的矛盾分析方法的一种延续，而且也是一种提升。随着中国道路真正得以展开，随着一系列改革措施的推进，特别是社会主义市场经济体制的建立，随着我们在实践中形成了社会利益主体的多元分化格局，随着我们在经历了差异、矛盾、斗争的基础上，经过了融合和扬弃，在更高的层次上达成统一和和谐的状态，矛盾复杂性的理论和社会实践真正紧密地结合了起来。

4. 中国道路坚持渐进式改革，推动马克思主义哲学重估改良在社会发展中的地位

在当代中国，如果为了凸显改革的时代特征，我们或许可以把中国道路的渐进式改革称作一种“改良”，即用渐进式的改革取代“不断的革命”，适应于中国道路的改革实践和改革观，马克思主义哲学的历史观就需要重估“改良”，注重渐进改革与有序发展。中国道路的“改良”，它既可以与历史上激烈的社会革命相对比，也可以与历史上资本主义社会中的改良相对比，它同后两者都是既有区别又有联系的。当然我们这里提“改良”，无疑要区别于在资本主义社会中所谓的改良，对于后者我们要非常谨慎地看待，并尤其要对将改良手段理论化系统化的“改良主义”进行批判。不过，如果我们着眼于改革是作为社会主义制度的自我完善，就其是

坚持而绝非改变社会主义的根本性质而言，那么它的确也可以被称作一种社会主义的“改良”。另外，社会主义的改革作为一种“改良”，还要凸显的是过程的渐进性与平稳有序性，而非一种跃进式的激烈变革。所以中国道路与例如苏联改革的道路不同，不仅在于不改旗易帜走向资本主义、坚持社会主义根本性质，也同样在于不搞“休克”式的方案、坚持处理好改革和稳定的关系。反过来说，中国道路在这两项坚持之外。从长期的总的效果来看，我们的改革的力度和幅度并非不显著，也可以说它效果的显著性堪比革命，也可以称改革是中国的“第二次革命”。还有，资本主义下的改良除了不触动根本社会性质之外，就这种改良本身的运行规律而言，其实际主旨也是有利于改善资本主义经济过程和经济秩序，增强其顺畅性、有效性，而不在于改善人民的权益，它的“改良”甚至可以是加强剥削和压迫的手段。而社会主义的改革作为“改良”，则是把经济增长和社会发展、和人的全面发展紧密联系起来的，在这一点上，社会主义的“改良”和革命，是具有同样的历史目标的，是同样具有历史进步性的。

坚持渐进式的改革，是中国道路的主要标志，也是中国道路取得成功的真正关键之所在。而中国道路正是在坚持渐进式改革的过程中，向前推进了马克思主义哲学的社会革命理论。马克思主义的经典理论在分析阶级社会发展的一般进程时，把阶级斗争视作发展的直接动力和社会变革的杠杆，把革命视作历史的火车头。马克思主义哲学的社会革命理论认为，社会革命是历史发展中的必然现象，是整个社会经济政治制度的根本变革，从旧的社会形态向新的社会形态的转变总是通过社会革命来实现的。传统的马克思主义哲学甚至还提出，革命不仅在社会急剧变动的时期，对社会进步具有巨大的推动作用，而且即使在社会相对稳定时期，如在无产阶级夺取政权以后，也具有不可忽视的主体作用。基于此，就形成了“无产阶级专政下继续革命”理论。传统马克思主义的社会革命理论尽管也不否定改良对变革社会的作用，也不排斥改良在一定历史阶段上和在一定历史条件下的必要性，但是，传统的马克思主义社会革命理论与此同时又强调改良只是革命的“副产品”，是革命的“辅助手段”，必须“服从于革命根本任务的解决”，在革命胜利之前改良只能是通往革命的“一个步骤”这一点不消说，就是在革命胜利之后，改良也充其量只是革命的“一种必要的、合理的喘息时机”①。中国道路坚持渐进式的改革并取得了成功，坚持“摸着石头过河”，走一步看一看，实际上充分体现了改良的历史作用，充分证明了改良对历史进步的推动，绝不仅仅限于只是在“辅助”革命而已，绝不仅仅是充当革命的“准备”和“补充”而已，改良在独立地、为主地推动着社会的发展和历史的进步。中国道路确立了改良在马克思主义哲学社会革命理论中的不可替代的独立地位。

这种关于改良和渐进的历史观创新，也是适应于马克思主义哲学在中国道路推动下的其他创新成果的，是适应于注重实践和以人为本的本体论，适应于凸显复杂与统筹的辩证法的。这种历史观，首先适应于当今中国的时代性实践主题，服务于以人为本的理念，用渐进的改革和发展的方法，解放和发展生产力，全面完成中国现代化任务，促进中国人民自由而全面的发展。既然是为了迈向人的自由全面发展而奋斗，就要求发展本身要服从于和服务于人在政治、经济、精神文化等方面的全面需要，而不是把人看成仅仅具有物质需求的动物，为经济发展而发展，以牺牲人的生存发展和精神追求为代价换来冰冷的物的增长。人的发展的自由和全面程度，是衡量中国道路成败得失的一杆标尺，中国道路也以自身不断取得的实际成效，达成着马克思主义对人的自由而全面发展的高尚追求，向“良”而“改”。这种渐进改革与有序发展的历史观，也是适应于中国基本国情和历史发展阶段的矛盾复杂性状况的。“中国”既然是一个体量特别巨大、内部的结构层次及其之间相互关系特别复杂的共同体，那么一方面，办一切大事要从“中国”和“中国人民”这样一个大的本位出发思考问题，需要代表好中国这个共同体的最广大人民的根本利益，共同体内部需要互相扶持，对外也需要团结一致。而另一方面，我们也要客观面对内部所具有的极大的差异和不平衡性，承认人民内部矛盾和利益分化局面，兼顾各方的利益考量，不能像在传统计划经济模式下由全能型的国家政权包办一切、渗透到社会运行的每个微观层面，甚至在国家政权体系内也由

① 列宁选集：第4卷. 北京：人民出版社，2012：617.

中央政府高度集中，而是应放活社会各个方面和层面。不同个人与组织，各种所有制主体包括公有制经济本身的丰富形式和层级性，市场配置资源和国家宏观调控包括中央和地方政府本身的丰富发展职能和积极性发挥等等，都需要全面协调，从中创生出发展的动力和活力，在这种和谐当中实现既“渐”且“进”。

三、正确理解和发展马克思主义哲学，尝试回答中国道路的远期前景

在四十年来的丰富成就和经验积累之后，在改革进入到需要全面深化的深水区以及全面建成小康社会的实现背景下，在朝着 2050 年完成社会主义现代化建设和中华民族伟大复兴的“中国梦”的中期目标迈进的时候，当今中国对理论需求的迫切性越来越鲜明地呈现在人们面前。无疑，在我们所能够利用的一系列理论资源中，马克思主义仍然是最重要的。但是，环顾改革开放以来中国学界对马克思主义，特别是对马克思主义哲学的各种研究以及通过这些研究所积累的各种理论成果，我们不无遗憾地意识到要让马克思主义哲学在当今中国真正展现自己的现实意义、履行自己的历史使命还是勉为其难的。显然，问题不是出在马克思主义哲学本身，亦即马克思主义哲学本身已被历史所超越从而根本已不具备这样的功能，而关键在于我们的研究在一定程度上、在某种意义上走入了一条歧途。一些在当今中国所流传的研究马克思主义哲学的成果并不属于马克思主义哲学的“真精神”，而这些所谓的成果是无法对当今中国社会发挥正效应的。本着探索马克思主义哲学的“真精神”的强烈愿望，更出于让马克思主义哲学为中华民族的伟大复兴提供强有力的理论支持的强烈渴求，我们在这里首先梳理一下改革以来我国学界理解马克思主义哲学的三种路向，然后剖析为什么前两种路向实际上主要是对马克思主义哲学的歪曲，唯有后一种路向才符合马克思主义哲学的“真精神”，最后论证为什么唯有后一种路向，而不是前两种路向才能为当今中国提供现实的指导意义，才是当今中国真

正所需要的。

同时，中国共产党人实际上还需要以战略的和世界历史的眼光来考虑拓展的问题。也就是说，当到2050年左右，我国建成社会主义现代化强国之后，无论邓小平的“三步走”战略，还是中共十九大提出的“两个阶段”安排都告成功之后，我们将走向一个什么样的阶段，我们将设立怎样的下一步目标？当然我们可以从细节上考虑在综合国力的总体提升之后仍然需要具体部门方面的平衡提升，在经济总量的全面领先之后仍然需要在人均数量和实际分配的公平正义上继续发展，但这本身已经只是某种余波和收尾的工作，不构成如“三步走”战略和“两个一百年”奋斗目标、中华民族伟大复兴的中国梦这样的具有宏观历史尺度和意义的目标。当我们面对这个“2050之后怎么办”的问题的时候，只能是从马克思主义哲学的高度尝试加以展望，沿着科学社会主义的方向进行设想，而例如对马克思主义做启蒙主义和后现代主义式理解的路向，则不仅不能回答这个问题，而且将自动失去其自身理论地位和意义。因为启蒙主义式的理解既然生发于对中国的落后与挫折的反思，乃至导向对西方现代性、对西方发达资本主义国家发展水平和道路的憧憬，那么，当着中国具有决定意义地超越于西方之后它也就失去了历史根据；而后现代主义式的理解既然是对历史发展和进步的进程本身和西方现代性的进路的消极否定，那么，当中国以其自身独特的道路，既坚持发展和进步的历史线索和价值观念，又实现和西方资本主义现代性确实不同的现实路径和现实成果，则它的那种否定也就不攻自破了。

我们必须从马克思主义自己的哲学世界观中探索答案。这当然不能要求马克思恩格斯成为算命先生，要求从故纸堆中寻章摘句来框定现实。马克思主义的科学社会主义对资本主义的扬弃，首先是从历史的宏观尺度上，看到资本主义是一定条件下人们进行现实生活的必要形式，是经济社会形态的一个必然阶段，从而断定社会主义必然是在更高的时代条件下，继承资本主义时代积极文明成果而形成的。其次，马克思恩格斯通过参与和领导了一系列革命组织的活动，密切关注无产阶级在现实运动中的经验教训，还积极观察分析资本主义的微观运行方式，从中构想出了新社会的若干基本组织原则，例如劳动者的自由全面发展是基本目的，而劳动者的联合特别是联合控制生产力是基本手段，从中可以再得出相应的分配制度、民主制度等。对于后一方面，我们就需要注意辨别马克思恩格斯具体提法当中的基本原则和他们依据当时形势不可避免地作为样本来加以叙述的某些实践具体形式。尽管可以想见届时中国特色社会主义的高度发达水平，但是，例如由于社会主义市场经济本身在历史中确证了其自身的合理性和有效性，例如由于资本主义全球体系的仍然存在等等，使得我们仍然不适于直接照搬马克思恩格斯所设想的第一阶段过渡时期的具体建制，比如直接采用产品经济形式的按劳分配、采用巴黎公社形式的无产阶级专政政体等等。在这个意义上社会主义初级阶段仍然存在——尽管其历史任务已经不是实施落后赶超式的经济发展了——也就仍然需要由中国共产党人根据马克思主义的一般原理，设计出其新的历史任务，从而相应地设定其基本的政治制度和经济制度。对此，或许需要又一场理论上的大讨论。由其困难程度和问题的性质决定了，这将是一场关系民族命运和人类未来的大讨论。这场讨论的规模和意义不会小于真理标准问题大讨论。党要透过与各种思想的交锋，集中全国人民的智慧，协调全国人民的利益，在马克思主义哲学的世界观和方法论指引下指明中国的前途。除了这样的历史性的外延式拓展需要之外，我们能够更加具体和清晰地把握的，则是另外两种拓展的路向：空间性的国际主义拓展和内涵性的非物质需求拓展。

第一，根据马克思的唯物史观和政治经济学批判的基本理论，科学共产主义可以包括两个维度：一个是历史上的、时间上的共产主义维度；一个是空间上的国际主义维度。就共产主义维度来说，中国共产党人和世界上其他许许多多共产党人一样是有着明确理论认知的，并且总体是把远大理想与自身的具体实践相结合的。但在国际主义的维度上，尽管从《共产党宣言》发表起算的国际共产主义运动具有一百几十年的实际历程，一开始就做出了他们公开提出的“工人没有祖国”和“全世界无产者，联合起来”的原则口号，但并没有很好地解决，或者至少没有形成长期可复制和沿用的普遍性建制，三个国际最终要么在阶段性的历史条件和任务改变之后主动解散，要么发生蜕化变质背离了共产主义和国际主义。列宁主义指引下的社会主义在一国胜利的道路，以及全世界无产者同被压迫民族共同联合奋斗的主旨，也没有持久地处理好自身民族利益本位、国家政策导向和无产阶级国际主义的张力问题。中国道路在经历了较长时期的埋头发展，在较长时期主要以韬光养晦、绝不当头方式处世之后，当中国在2050年完成社会主义现代化和中华民族伟大复兴之后，也就可以更加积极主动地转向有所作为。实际上，这并不是一个以时间和发展水平机械地坚持非此即彼的两分问题，而只是不同时期水平的侧重点问题。当中国还在现阶段发展自身之际，就需要并已经实施了“走出去”战略，做“负责任大国”，并逐步量力而行提供地区性和全球性的公共产品，例如“一带一路”倡议，这些理论认知和实际举措，正是一种新的国际主义在逐步形成的过程。当然在此一阶段，其中仍然还不能不带有相对中短期的自身发展利益考量，中国道路带给世界的也更多是在自身直接发展进程当中，客观伴随发生的辐射带动影响力。而当2050年中国自身发展战略目标达成后，得以复兴的中华民族将以充足得多的综合实力和战略空间，来实现积极主动的建构、传播和引导作用，在基本社会建制、基本价值理念等各方面为人类世界提供支持，推动人类正义与进步事业的发展。

第二，马克思的唯物史观和政治经济学批判的基本理论真正指出了人类实现“自由人的联合体”“每个人的自由发展”的合理目标和科学道路。这里的自由是什么呢？不是例如康德式的抽象目的，也不是例如海德格尔式的诗意栖居，而是像我们已经多次强调过的《资本论》当中的表述：是在从事物质生产活动之余“从事自由活动”，即具有精神生活和社会生活①，是在物质生产领域这个“必然王国”的彼岸，还有“人类能力的发展”，这一领域是“真正的自由王国”，它当然要建立在物质生产发达的基础上，但它是“作为目的本身”而规定着物质生产的方向②。所以，科学的共产主义首先并不是共有一切财产，尤其不是共有那种“构成个人的一切自由、活动和独立的基础的财产”③，而仅仅是指共有生产资料，即原先

① 马克思恩格斯全集：第23卷. 北京：人民出版社，1972：579.

② 马克思恩格斯全集：第25卷. 北京：人民出版社，1974：926-927.

③ 马克思恩格斯选集：第1卷. 北京：人民出版社，2012：414.

构成资本的那部分财产。之所以必须共有资本，恰恰是因为如果不这样，就没法保证每个人拥有那种“构成个人的一切自由、活动和独立的财产”，即个人消费品。继而，也就必须是在生产高度发达、财富充分涌流的时候，人们才能获得足够的构成自由基础的财产。这个自由的“彼岸”，仍然不是一个以时间和发展水平机械地坚持非此即彼的两分问题，仍然只是不同时期水平的侧重点问题。随着中国道路的发展，当代中国一个最显著的变化是摆脱了短缺经济，进入了过剩经济时代，而众所周知，我们对于社会主义初级阶段主要矛盾的把握，经历了从“人民群众日益增长的物质文化需要同落后的社会生产之间的矛盾”到“人民日益增长的美好生活需要和不平衡不充分的发展之间的矛盾”的发展。在短缺经济时代，由于人们的物质需要得不到满足，集中精力发展经济、发展生产力是第一要义。在市场经济的条件下，理论界关注的焦点似乎只是如何通过把人民群众的刚性需求变为有效需求，通过“内需拉动”实现经济发展，而真正要从马克思主义哲学关于人的自由发展的视野来看问题，其实是随着经济物质需要的满足，政治需要、文化需要、社会需要、生态需要等也自然而然地被提上日程。当然，今天我们还不能完全实现彼岸的“自由”，还仍然主要处于必然王国。在物质需求得到满足基础上的这种更高层次的发展，可以看成以经济发展为主要手段的现代化和民族复兴完成之后的未来方向，而其长远的目标是人的自由全面发展。随着我们强国建设的不断推进，人民群众对于美好生活的需要会不断获得更好、更充分的满足。

第十章　马克思主义哲学在改革开放新起点上的责任

经过新中国近七十年来、改革开放四十年来的建设探索，中国道路已经取得了举世瞩目的成就，马克思主义哲学伴随着这一历史成就而共同发展进步，而另一方面我们也要看到，我们在大力改变我国落后面貌、大力发展经济的同时，也正面临着一系列新矛盾、新问题，如果这些矛盾与问题得不到化解，那么改革开放的事业就不能推向前进，甚至还有可能将已取得的成就丧失掉。马克思主义哲学研究联系实际，不仅在于对中国道路的一般过程和远期前景进行哲学高度的分析指导，而且还需要思考当下直接面对的重大的新矛盾、新问题。对此，马克思主义哲学应当有所作为，甚至说是应当承担起历史责任，思考究竟能为正确认识和解决这些问题提供什么样的理论指南，只有这样，才能用哲学的方式同其他一切中国道路的建设者一道，把我国的改革开放事业推上新征程。中国特色社会主义进入新时代之后，中共领导人更强调必须坚持马克思主义的指导地位，建设具有强大凝聚力和引领力的社会主义意识形态，这是题中应有之义。

一、用马克思主义公平观审视当代社会不平等

1. “公平”的观念和原则适应于经济的实践基础

如果我们从不同的哲学立场和方法出发，甚至是从各自不同理解下的

“马克思”出发，那么我们看待现实世界、看待中国社会当今的不和谐现象，我们对其根源以及解决途径的理解分析，就会截然有别，马克思主义哲学对当代中国社会的现实意义，首先就在于这里。今天或许大多数人都承认，当今中国社会的不和谐，首要地在于人与人之间的经济不平等，主要表现为贫富两极分化越来越严重。在这里，我们且不去提种种无视、否认两极分化或者为其辩护的言辞，但即使是在广大的承认并力图解决这一严重问题的人们当中，现在也有一种比较流行的意见，就是把两极分化主要视为一个涉及“公平正义”与否的道德问题。从这样的观点出发，那么人们就会在道义的世界里，在伦理学范围内，抽象地谈论中国当前的不公平、不平等，从道德原则当中得出经济领域的两极分化的结果。相应地，他们对当今中国的两极分化现象的批判，也就会沦为一种纯粹的文化、伦理批判。并且，他们也就顺理成章地把解决不公平现象，寄希望于人们道德观念的变革，寄希望于人们“良心”的发现。又或者，他们致力于从“老祖宗”那里找平等文化、和谐文化等等的思想传统和根据，以为只要把这些传统的公平正义观念移植到今天，当今中国就能消除两极分化，和谐社会就建立起来了。

上述这种倾向在马克思主义哲学界也有反映，这种倾向就正好对应于把马克思单纯归结为一种文化批判、意识形态批判、哲学批判的那种思路，只满足于批判种种不平等、不和谐的思想观念。受大众习惯认识的影响，受这种文化批判路向理解当中的“马克思”影响，我们就会不知道或者不愿意正视真正的马克思的立场：一个社会能不能平等与和谐，主要不取决于这一社会中的人们是不是拥有平等、和谐的观念，而主要在于这一社会中是不是具有平等和和谐的客观条件，相应的观念则只能从这一条件当中导出。倘若这一社会根本不存在平等、和谐的客观的社会基础，那么即使再传播平等、和谐的理念，也是建不成平等、和谐的社会的，社会主义的“公平观”如果要获得意义，实际上就只能指引我们去首先在实践中建立相应的社会基础。所以，我们构建平等、和谐的社会，应当主要着力于批判和改变导致不平等、不和谐的社会生产关系，而不应当只是把构建和谐社会当成观念的文化建设。社会公众与一般理论界的思想倾向，比我

国马克思主义学界自身多年来的理论路向，即偏离唯物主义的社会历史分析，更远离对现实社会的政治经济批判，而只是热衷于某种“纯粹”的、“抽象”的文化和意识形态的分析批判，这两者是互为表里、相互促进的。

所以在我们看来，马克思主义学界必须首先在自己内部正本清源，充分认识到只有马克思主义科学的公平观，包括其经由政治经济学理论对经济基础运行的机制原则的分析批判，才是我们认识和解决当今中国两极分化现象的思想武器，并进而去廓清深厚思想传统的惯性和公众直观思维的非反思、非批判性。马克思的《哥达纲领批判》一书集中反映了马克思的公平观，这种公平观首先就是对“公平”之类观念本身的地位和作用的评估。当德国社会民主党的《哥达纲领》草案提出所谓“公平分配劳动所得”，马克思一看到这里的“公平分配”的字眼，马上发问道：“难道资产者不是断言今天的分配是‘公平的’吗？难道它事实上不是在现今的生产方式基础上唯一‘公平的’分配吗？难道经济关系是由法的概念来调节，而不是相反，从经济关系中产生出法的关系吗？难道各种社会主义宗派分子关于‘公平的’分配不是也有各种极不相同的观念吗？”① 马克思深刻地指出了，《哥达纲领》通过推崇未来社会某种“公平的”分配来批判当下是无效的：一方面，对于当今资产阶级所实施的那种分配，资产阶级同样强调这种分配是“公平的”，而把批判建立在某种“公平”观基础上的社会主义者们，他们本身就充满了宗派分歧；另一方面，资产阶级的这种分配原则，本身是在现今的生产方式基础上，唯一能推行的“公平的”分配原则，这一原则本身决不能触动其经济基础，决不能改变而只能适应于支配经济运动的资本原则。

2. 社会主义初级阶段的两极分化危险源于资本与劳动关系的不平衡

马克思对资本主义条件下两极分化的根本原因进行了揭示，这对于我们当前所处在的以资本为主导的世界经济体系而言，仍然是成立的。马克思主义认为，只要理解了资本与雇佣劳动的对立关系，就不难理解马克思

① 马克思恩格斯选集：第3卷. 北京：人民出版社，2012：361.

何以认为资本主义生产方式当中资本家对工人的剥削，会必然导致资本家与工人的两极分化，因为正是从这对关系或曰矛盾当中，资本家凭借其对资本的所有权，实现了对剩余价值的占有、实现了资本的自我增殖与积累，而留给作为价值创造者的工人的只是其贫困。当然，马克思所说的那种资本与劳动的关系具有历史性，是资本主义历史阶段的资本与劳动的关系，是指特定的以生产资料私人占有为主要特征的资本主义生产方式。按照马克思从西欧发达资本主义的经济社会条件出发所做出的理论设想，在社会主义条件下，生产资料直接为联合起来的劳动者所共同占有，从而不再成为资本，劳动也不再是雇佣劳动，这样，传统意义上的资本与劳动的关系，以及从中导出的两极分化的结局，也就失去了存在的前提和基础。

但中国的现实情况是我们处于社会主义初级阶段，所以当今中国的两极分化危险，主要仍然是由资本与劳动之间的不平衡（或者说某种程度上的对立）造成的。与初级阶段相适应，我们实行了社会主义市场经济，实行了多种所有制形式和多种分配形式共同发展的经济制度。只要我们实施这样的经济制度，就意味着一方面生产资料与货币又成了资本，另一方面劳动力又成了商品，市场要发挥在劳动力资源配置、工资形成和劳动成果分配当中的基础性调节作用。这样，对于资本和劳动力市场的形成，对于资本雇佣劳动的制度化，我们就要承认，马克思所分析的资本主义社会那种资本与劳动的关系似乎又再现了。并且从理论上讲，既然资本与劳动之间形成了雇佣关系，资本与劳动之间在价值生产和剩余价值分配方面的关系也就成立了，双方之间的剥削与被剥削的关系也就成立了。当然我们必须认识到，中国现阶段的资本与劳动的关系，在社会主义市场经济体制下的资本与劳动的关系，与马克思当年所研究的仍然有着重大的区别。马克思时代资本与劳动的关系，体现为资产阶级与无产阶级之间激烈对抗的阶级斗争关系，而我们今天面临的，更多地体现着一种劳资双方经济利益的诉求，是劳动所有权与资本所有权在实现过程中，也就是在对剩余的索取或分配当中所发生的对立统一的关系，既没有形成全面的阶级对抗，也是受到社会主义初级阶段总体矛盾的复杂性制约的。

但是，我们还得承认当下中国确实存在着资本与劳动的关系，一方面虽不能把它同资本主义社会中的关系形式混为一谈，但另一方面也不能回避现实，干脆不重视甚至不承认这种对立统一关系的存在。既然在当前中国还存在着资本与劳动的关系，那么马克思当年从资本与劳动的关系的角度，从价值的生产和分配机制的角度，从剩余价值分配完全导向资本自身增殖的角度来探索两极分化，这一基本思路对我们就有借鉴作用和启示意义。确实，当今中国存在着城乡差距、地区差距、行业差距等各种差距，但首要的还是劳动者与各种形式的生产资料占有者之间的差距。可以说，这种差距构成了我们今天的“轴心”，其他差距都是围绕着这一“轴心”旋转。当今中国的要害还在于所谓“强资本、弱劳动”的力量对比，资本在分配制度中处于强势，即在国民经济总的成果不断扩展时，分配上向资方倾斜十分明显，劳动者并没有分配到相应的利益份额。

这种力量对比和时代格局，一方面是导源于中国目前的历史阶段性任务，是由资本的高投资、高回报所刺激和推动的快速工业化，使资本的积累适应了这种扩大再生产。但同时，也还在于资方的经营管理者利用了其优势地位和多种分配形式，包括处于直接生产过程之外的纯粹资本经营者，其收入所得远远高于普通劳动者的工资性收入，而这就是当今中国两极分化现象的首要根源。不用马克思主义关于资本与劳动关系的理论来观察和分析，我们就不能认识当今中国的两极分化现象，不能客观地分析其中的因果和利弊，得出正确的解决途径，不能认清有哪些是现实条件的制约，是“既不能跳过也不能用法令取消”的“自然的发展阶段”，又有哪些是能够通过社会主义有所作为，是“能缩短和减轻”的“分娩的痛苦”①。对于广大迫切希望消除当今中国两极分化现象的人民大众来说，对于担负中国特色社会主义事业领导核心任务、扮演对社会主义市场经济的引导和驾驭角色的中国共产党人来说，对马克思的理论指导的需求，从来没有像当今这样急切。

3. 马克思对“形式上的公平”与“事实上的公平”的区分

那么，马克思主义如何指导我们确定“分娩的痛苦”并加以缩短和减

① 马克思恩格斯全集：第23卷. 北京：人民出版社，1972：11.

轻呢？我们认为这首先仍然需要借鉴马克思的科学的、适应经济实践发展要求的公平观。这一公平观对“公平”观念、原则本身的具体内容和实现方式进行了深刻分析，这主要是他关于“形式上的公平”与“事实上的公平”的论述。马克思对于作为“资产阶级权利”的“公平的”分配，即以所谓“平等”为基本原则的“公平”进行了分析。他强调，虽然这种平等的权利从历史发展的角度看是“进步的”，但“总还是被限制在一个资产阶级的框框里”①。这里的关键是劳动者的权利是同他们提供的劳动成比例的，就这种适用的尺度同一性（劳动）而言，就这种按劳计酬的对应关系而言，这里有所谓的平等，有资产阶级的经济框架和概念框架中的平等。但是马克思说道：“这种**平等的**权利，对不同等的劳动来说是不平等的权利。……它默认，劳动者的不同等的个人天赋，从而不同等的工作能力，是天然特权。**所以就它的内容来讲，它像一切权利一样是一种不平等的权利**。……不同等的个人（而如果他们不是不同等的，他们就不成其为不同的个人）要用同一尺度去计量……”② 马克思指出了不同劳动者在体力和智力上的差异，指出他们提供劳动的能力并不平等，当一部分人比另一部分人能够在同一时间内提供较多的劳动，或者能够劳动较长的时间，从而经由劳动的同一尺度的衡量转换，他们相应获得的结果就不平等。马克思还指出了劳动者需求情况的差异，如劳动者结婚与否、劳动者的子女多寡等等，这样即使在提供的劳动相同，从而由社会消费基金中分得的份额相同的条件下，某一个人事实上所得到的也会比另一个人多些，也就比另一个人富些。

马克思在这里强调，这种按照劳动者的劳动来相应地进行“平等”的分配，实际上只是一种形式上的“公平”，因为这种“公平”使用同一尺度来对待本来不同等的个人，这种形式上的“公平”实际上就是不公平。在马克思看来，即使是这种形式上的“公平”，在资本主义社会中也不可能真正做到，因为在资本主义社会中“原则与实践”是“互相矛盾”的。而在“经过长久阵痛刚刚从资本主义社会中产生出来的共产主义社会第一阶段”，则不可避免地要真正实施这种用同一尺度去对待天赋本来就有差

① 马克思恩格斯选集：第3卷. 北京：人民出版社，2012：364.

② 同①.

异的个人的分配原则，从而也不可避免地要承受由这一原则所带来的弊端。它与资本主义社会的区别之处只在于，“原则和实践在这里已不再互相矛盾”①，也就是说，在作为共产主义社会的第一阶段的社会主义社会，真正有可能完全实施按劳分配这一“公平分配”原则，完全贯彻“形式上的公平”了。但从马克思的整个论述来看，马克思其实并不把这种形式上的“公平的”分配视为人类最高的精神境界，他所期望的是“事实上的公平”，即把个人的种种差异，把例如体力与智力的差异以及个人家庭情况的差异等等也考虑在内的真正的公平。当然马克思深深地知道，即使在作为共产主义初级阶段的社会主义社会，也不可能完全做到这种事实上的公平，但是他提醒人们，在不可能完全做到事实上的平等而只能实施形式上的平等的情况下，人们一方面千万不能忘记这种形式上的公平的实质与弊端，另一方面又必须不断地创造条件，向事实上的公平方向前进。

归纳一下马克思在《哥达纲领批判》中所阐述的公平观，有四个要点：

第一，在资本主义社会中所实施的公平原则，比起封建社会的等级制度来说，即从历史发展的角度看是进步的；

第二，在肯定在资本主义社会中所实现的公平原则具有进步作用的同时，必须看到这种公平不是“事实上的公平”，而只是“形式上的公平”，即它只是崇尚用“同一尺度”来计量；

第三，“形式上的公平”其实在资本主义社会中还不可能完全做到，事实上资产阶级的“原则”与其“实践”有着尖锐的矛盾，而在共产主义第一阶段，实践当中真正贯彻了这一原则，真正做到了“形式上的公平”；

第四，共产主义的发展趋向，人类真正所追求的崇高境界是“事实上的平等”，即把个人的差异也考虑在内的真正的公平。

4. 马克思两种“公平”理论对市场经济条件下社会主义实践的启示

所以，按照马克思的公平观，主要由于我们在实施社会主义市场经济的过程中在以下两个方面做得不尽如人意，才使得根源于资本和劳动不平

---

① 马克思恩格斯选集：第3卷. 北京：人民出版社，2012：364.

衡的两极分化趋势没有得到“缩短和减轻”，达到了如此严重的程度：

第一，没有在实施社会主义市场经济过程当中，注意通过发挥社会主义制度的规定性，不断趋向消除平等的“原则”与“实践”之间的冲突。我们之所以要在“市场经济”前加上一个限制词，之所以强调我们是在社会主义的制度下实施市场经济，一个重要原因就是为了制约资本主义市场经济所导致的“平等”原则与市场“实践”之间发生的冲突，使原则无法完全被付于实现。当然我们要承认，我们当前的社会不仅是马克思所说的带有旧社会痕迹的社会主义社会，而且实际上还处于社会主义社会的初级阶段，其中的痕迹会更加深重。市场当中造成“原则”与“实践”发生冲突的因素不可能马上全部被消除掉，它们还会起作用。所以，社会主义市场经济的“社会主义”制度规定性，是要努力趋向于马克思对共产主义第一阶段的设想。问题在于，我们尽管有了社会主义的政治宣示和许多宏观层面的制度规定，但在具体实施社会主义市场经济的过程中，往往还是无法落实“社会主义”这个前提，还是听任市场机制发挥独占式的作用，而造成在资本主义社会中“原则”与“实践”发生尖锐冲突的因素在我们的社会主义社会里，非但继续存在没有“缩短”和“减轻”，而且还有了发展。具体地说，影响市场经济实践当中与平等原则的冲突的：首先是市场的无序性，其波动和风险造成无法在各个场合实现原则；其次是生产资料的私人占有，对生产资料的垄断本身会造成市场地位不平等，变成对机会的垄断；再次是政治特权，即通过政治权力的滥用来不公平地猎取机会。

第二，没有在实施社会主义市场经济过程当中，注意通过发展社会主义制度的规定性，不断地创造条件从“形式上的公平”向“事实上的公平”发展。事实上，马克思关于社会主义社会必须不能满足于“形式上的公平”而应向“事实上的公平”发展的思想还没有进入我们的视野。过去中国曾经在“左”的指导思想支配下，鉴于马克思把“按劳分配”称为“资产阶级权利”，而简单加以批判，其所造成的恶果至今还使人心有余悸。可是按照马克思的公平观，“按劳取酬”属于“资产阶级权利”这一点是毫无疑问的，所以，那个时候的错误并不在于对“按劳取酬”属于“资产阶级权利”的认定，而在于完全无视包括“按劳分配”在内的“资

产阶级权利”，它们的存在在一定历史条件下是有其合理性的，消灭它们必须有一个历史过程。但是，马克思的辩证法既然“在对现存事物的肯定的理解中同时包含对现存事物的否定的理解”，“对每一种既成的形式都是从不断的运动中，因而也是从它的暂时性方面去理解”①，那么，他对共产主义第一阶段的实现“形式上的公平”的设想，本身也要从运动和暂时性去理解。即使在今天我们还需要“形式上的平等”，它的存在的合理性还没有完全丧失掉，乃至在初级阶段还要把它作为社会主义的规定性来制约市场和资本。但与此同时，我们还须认识到它所体现的公平毕竟是“形式上的”，它毕竟仍然属于“资产阶级权利”的范畴，在社会主义本身的发展当中，已经有必要和有条件逐步限制它、超越它，使我们在现实社会主义社会中，就逐步向着事实上的公平发展，而不是等到共产主义高级阶段才让后一种公平一蹴而就。这种发展不仅对于我们还未达到的马克思预想水平上的社会主义，而且对于我们当下处于的初级阶段，也具有缩短和减轻痛苦的作用。

二、用马克思主义生态观审视当代生态危机

1. 生态危机及其出路同样具有经济的实践基础

当今中国的不平等与不和谐，也表现在人与自然之间的不平等与不和谐，主要表现为生态危机越来越严重。面对如此沉重的生态危机，人们也纷纷提出了各种解释的理论和企图从这种危机中走出来的方案。在我们看来，马克思主义的生态世界观同样是相比其他一切理论和方案都更加确切和有力的思想武器，是当今世界唯一能指引人们消除生态危机、建设生态文明的出路所在。马克思主义的生态世界观，首先是从唯物史观对于人类存在方式的基础和本质的揭示出发，在“应然”的层面上展开的，即从人与自然相互关系的角度论述了理想社会究竟应当是怎么样的；进而，又在“实

① 马克思恩格斯选集：第2卷．北京：人民出版社，2012：94.

然”的层面上展开，回到现实世界之中，从本体论的高度阐述了人与自然对立的实质，阐述了生态危机的本质，促使人们从根本上来认识生态危机的危害；最后，这种生态世界观又结合了马克思对于现代社会资本文明和资本原则主导的生产方式的分析，从实际经济运动层面着眼，揭露了现实世界中人与自然之间是如何对立的，并且给出了以资本批判为枢纽的解决方案。

与马克思主义的见解相对的，理论界和社会公众当中对于日益严重的生态危机同样也有两种常见的流于表面的意见。一种是实证地、非批判地看待人类的经济活动，或者至多以技术尺度来进行批判，而没有触及现代如此程度的生态危机的社会根源。经济生态危机虽然不便于直接否认，但有的人却是非批判地认为，生态退化是市场化不彻底所带来的，企图通过把自然市场化、资本化来解决所有环境问题，在市场中内化外部成本，因此他们主张通过赋予自然以经济价值并更加充分地把环境纳入市场体系之中，来解决所有的环境问题。另外有许多人，则仅仅从人们迄今为止高度发达的生产力上着眼，将之认为是对自然开战、造成生态问题的罪魁祸首，因而企图通过发展科学技术，通过将经济“非物质化”（dematerialization)、“低碳经济”等等方式来应对所有环境问题，具体包括采用更良性的生产工艺，提高生产效率特别是能源利用效率，减少向环境中排放并同时清除既有的污染物，这样所有的环境问题都可以迎刃而解。

另一种意见，则更是像对待社会不平等问题一样，在经济之外，试图在文化、伦理的范围内去认识和解决生态危机。随着人与自然矛盾的不断加剧，生态伦理学也逐步成为显学。这种意见认为，之所以出现生态危机，归根结底是因为人对自然缺乏道德观念，即人不把自然作为伙伴，而是作为奴役对象。于是，这种意见也就企图通过道德改革、建立生态伦理来解决所有环境问题，例如呼吁展开一场将生态价值与文化融为一体的“道德革命”，把拯救地球、消除生态危机寄托于人的思想观念的变革。但是我们要问，人们对自然的“不道德”，纯粹是由他们的某种道德观念决定的吗？改变对自然的“不道德”，只要建立起某种新的对自然的道德观就可以了吗？人对自然的新的道德观，纯粹依靠说教就可以建立起来吗？

我们不否认上述所有这些企图消除生态危机的设想有其一定的合理

性，但是，无论是着眼于人们按照他们的解释和方案而努力的过程，例如哪怕在世界政治经济精英们这一层面上的“峰会”场合中人们的所作所为，还是着眼于仍然日益严重的环境恶化的事实结果，我们都会得到无情的结论，他们的解释和方案从总体上来说是肤浅的，不跳出资本主义经济运动本身的框架谈问题，或者在哲学、伦理学、文化学的范畴内兜圈子，是永远无法理解当今的生态危机何以如此日益严重，也永远无法知道人类走出生态危机的道路究竟在哪里。仅仅指望通过上述这些意见来解决环境问题是徒劳的，当代西方最著名的“生态马克思主义者”J. B. 福斯特把上述所有这些途径和方法都称为在解决环境问题上的“幻想”，是有道理的。可以说，对于至今人类面对的日益严重的生态危机，不借助于马克思主义的视角，我们就无法找到真正能使自己从这种危机中走出来的思想武器。对于生态危机问题，我们同样必须重新回到马克思的生态世界观，借助于马克思主义的唯物史观和政治经济学批判来观察和思考。

2. 人与自然在本体论本性上的统一与和谐

马克思主义的生态世界观在谈及生态相关的问题时，首先就是同探讨人类社会究竟向何处去、人类究竟应当具有什么样的存在状态紧密结合的，人与自然之间的和谐相处，也只是在人类的理想社会当中才具有其地位。在马克思看来，一方面人类属于物质世界的一个组成部分，人也是一种自然存在物，另一方面整个自然界“首先作为人的直接的生活资料，其次作为人的生命活动的对象（材料）和工具”，变成了“人的**无机的**身体”①，从而在本体论的层面上两者原本非但不冲突，而且有着不可分割的内在联系。人与自然界中的其他存在物的关系是伙伴关系，它们之间是完全平等而和睦的。但是，这种本体论上的统一与和谐并不是抽象的，而是历史性的，并且在人类社会的历史发展当中经历了否定之否定的辩证上升过程。人类一方面发明和发展了大工业的生产力手段，但另一方面又只是在资本主义的社会关系和结构中，在资本原则的主导下运用这种能力手

① 马克思恩格斯选集：第1卷. 北京：人民出版社，2012：55.

段，也就破坏了人与自然之间原初的经由物质交换的新陈代谢而达成的平衡，导致了生态危机。

所以在马克思主义看来，只有未来的理想的社会，才能够是人与自然和谐相处的社会，才能做到“最无愧于和最适合于”“人类本性”①。马克思所说的理想社会是一个人本主义的社会，但不是按照西方近代启蒙运动以来形成的所谓“人类中心主义”思路，这种思路从根本上说是适应于资本主义生产方式的，实际上是资本占据中心但以人类的外观展现出来的。马克思的理想社会同样也是一个自然主义的社会，但也不是向自然的消极复归。马克思把自然主义作为共产主义的一个主要特征，而强调共产主义就是人本主义与自然主义的有机结合，是马克思的生态世界观的最根本之处。马克思明确地说道，这种积极的共产主义，“是人和自然界之间、人和人之间的矛盾的真正解决，是存在和本质、对象化和自我确证、自由和必然、个体和类之间的斗争的真正解决”。共产主义之下的社会，不再因为把私有财产制度和积累财富作为工业的推动力而被异化，“是人同自然界的完成了的本质的统一，是自然界的真正复活”②。我们要永远记住马克思为我们所描述的这一理想社会的图景，这一积极的共产主义奋斗目标。

3. 现代生态危机根源于资本逻辑

那么，对于当今人类至关重要的是要知道生态危机究竟是如何造成的，是一些人所说的由于科学技术、现代性、工业化本身造成的还是由其他原因造成的？生态危机是人类追求现代文明的一个必然归宿还是可以消除的？马克思的生态世界观最有价值之处，是看到造成当今生态危机的具体原因固然繁多，其直接手段固然是经济活动特别是生产，但是，首要的根源是资本逻辑，是资本逻辑主导下的生产而非抽象的、一般的生产，资本是使得生态出现危机的罪魁祸首。马克思的政治经济学不但全面系统地揭示和分析了经济危机，而且也深刻地揭示和分析了生态危机。马克思的政治经济学也就是马克思的生态学。按照马克思的观点，人类反对资本主义的理

① 马克思恩格斯全集：第25卷．北京：人民出版社，1974：927.

② 马克思恩格斯全集：第42卷．北京：人民出版社，1979：120，122.

由，不仅仅在于这是一个促使一些人残酷地剥削另一些人，造成人与人之间不平等，造成无法克服的经济危机的制度，也在于这是一个促使一些人无止境地盘剥自然，造成人与自然之间对抗，造成无法克服的生态危机的制度。马克思的政治经济学对资本属性的分析，阐述了资本在本质上是反生态的。

具体说来，马克思认为资本有两大属性：一是“效用原则”，资本必然在有用性的意义上看待和理解自然界，使之成为工具；二是“增殖原则”，资本对利润的无止境的追求决定了它对自然界的利用和破坏也是无止境的。资本的效用原则使自然界丧失了自身的价值而成了一种单纯的工具，而与效用原则连在一起的资本的增殖原则，又使自然界的这种工具化变得越来越严重。资本主义社会是以“资本”为中心、为本质范畴的社会，资本的效用原则和增殖原则这两大属性，实际上也就是资本主义社会的基本属性。既然资本由于这两大属性决定了它必然是反生态的，那么资本主义社会受这两大属性所支配，从而必然与生态尖锐对立。所以，现代社会所出现的生态问题，说到底还是一个社会制度的问题，即从根本上奉行资本逻辑的资本主义制度的问题。离开了资本逻辑、资本主义制度来谈论生态问题，离开了对它们的批判来试图解决生态问题，就只能是浅尝辄止乃至缘木求鱼的。

4. 解决生态危机的出路在于对资本的辩证扬弃

由于马克思的生态世界观把生态危机的根源归结于资本主义制度，归结于资本逻辑，从而它就必然合乎逻辑地得出结论，消除生态危机就是一场反对资本主义的斗争，人类反对生态危机与反对资本主义应当是同步的。因此，生态危机并不是不可消除的，只要人类限制和消除资本逻辑，就可以走出生态危机，因而解决生态危机的最终出路就是变资本主义为社会主义和共产主义。反对资本主义，首要地就是在经济上改变资本支配下的生产方式，也就是要打破资本的两大原则，使得生产同资本主义追求利润、追求资本增殖的原则彻底决裂，使得生产能确保维护人类与自然之间健康的“新陈代谢”。相应地，有意识、有计划地加以调节是建立人与自然之间健康的“新陈代谢”关系的不可或缺的内容，而这样一种社会的主要表现形式就是生产者联合起来，他们的联合体是生产的主体，因而也必须同时成为调节和控制生产的主体。而解决所有制问题，即变资本主义私有制为社会主义公有制，是实现生产者联合，从而实现受调控的、可持续的生产和发展的前提。这样我们就看到，反对生态危机的斗争，其基本逻辑和方式，也就像反对经济危机的斗争一样，必须紧紧地与反对资本主义结合在一起，反对生态危机、反对经济危机最后都与反对资本主义是同步的，相应地建设生态文明与建设社会主义也是一致的。

当然我们也要看到，并不能简单对资本采取抛弃、废除的态度，而且在实践当中，即使是已经建立社会主义制度的国家，也不能完全把资本排除在外。按照马克思主义的观点，资本是个社会的、历史的范畴，在资本的概念中既包含着对人类的负面效应，即只要资本存在就必然给我们带来各种灾难，包括对自然界的损害，但资本也包含着给人类所带来的“文明化”趋势，尽管随着历史的进程，它的正、负效应之间的比例正在日益发生变化，正效应日益下降、负效应不断增加。资本并不是我们说取消就能够取消的，只要它的历史任命尚未完成，只要它给人类带来“文明化”趋势的功能尚存，那么就不可能人为地把它取消掉。另外，尽管不可否认正是资本带来了生态环境的破坏，但同样不可否认，修复生态环境在一定意义上还得需要资本的力量。并且，既然资本给生态环境带来了如此严重的后果，那么这一后果当然也应由资本来承担，来治理和消除。或许正因为资本既是造成生态环境破坏的罪魁祸首，同时它又能为消除生态危机发挥一定的作用，有人就据此把资本视为“中性”的，似乎它只是人们手中的一种工具，任由人们处置。这是一种误解，资本本身并不是“中性”的，它从自身本质的逻辑上就是反生态的，人们借助于它来修复与保护生态环境，并不表明它的本性改变了，这只是对一种本身是“恶”的东西让其发挥一定的历史作用而已。

所以，我们在面对生态环境的日益恶化，在需要对造成这一局面的资本展开斗争之时，尤其应当持一种马克思主义的谨慎态度并采取一种辩证做法。我们对资本加以批判、展开斗争这一态度是明确的、不可动摇的，但至于如何批判、如何斗争则必须有一种务实的、科学的态度。也就是

说，我们一方面要限制与超越资本逻辑，一方面又要实施与发挥资本逻辑，两方面之间需要保持合理的张力。在当代中国，我们看待和处理生态问题时，又面临着和处理社会内部问题时类似的历史格局，我们仍然需要推进以工业化为主要内容的现代化进程，我们尚处于社会主义初级阶段，我们实行社会主义市场经济，我们加入了由资本主义所主导的全球经济体系，我们仍然在很大程度上容纳了资本和资本逻辑。所以，我们尤其需要保持两方面的“合理”张力，对资本既要利用又应限制，让资本在追求实现自身利润最大化的本性逻辑展开过程中，带来尽量高的客观发展成果，而将对自然环境的伤害降到尽量低的程度。在这一点上，马克思主义政治经济学的指导作用尤其重要，这其中高低评判所依据的尺度，根据尺度得出结果的裁断权力，得出结果后进行调控的手段，这种手段的持久性、有效性，当然只有在深刻领会和运用马克思主义的全部世界观的基础上才能得以确立。

三、用马克思主义人的发展理论审视当代人类生存境遇

最后，我们说一下马克思主义为认识和消除正折磨人的人自身生存境遇问题而提供的理论武器。中共十九大提出“我国社会主要矛盾已经转化为人民日益增长的美好生活需要和不平衡不充分的发展之间的矛盾”①，在一定意义上，这是用马克思主义人的发展理论审视当代人类生存境遇所做出的正确判断。在当今资本主义所主导的时代，人们正日益成为“单面人”，即只是从满足自己的狭义的物质方面的欲望出发，只是在这单一的维度上来发展自己。在中国经济建设高速增长的同时，由于社会建设和思想建设相对经济而言固有的滞后性和这两方面建设在自身探索过程中不可避免的曲折性，越来越多的国人都已把“消费主义”作为自己的生

① 习近平．决胜全面建成小康社会　夺取新时代中国特色社会主义伟大胜利．北京：人民出版社，2017：11.

活准则，一心追求物质利益的最大化。而资本逻辑对市场竞争的本质界定，就是无情地把人驱赶到“你争我夺”的竞技场上，人自身的各种需求、各种功能之间的矛盾也正痛苦地折磨着当今的中国人，这个境遇当然根源于社会之中人与人的社会关系总和，也受到人对自然关系的前提制约，从根本上说不能离开前两个宏观问题而单独解决，但它仍然有其自身的独特性，值得被作为一个相对独立的问题来进行考察。

既然马克思主义也必须面对人的生存的意义问题，包括马克思本人也主张物质生活对全部社会生活、政治生活、精神生活的制约，包括马克思主义之所以要批判和推翻资本主义，首要的是在于这一社会中物质生产方式的状况，包括我们刚刚提到的资本使得工人阶级和广大劳动人民处于贫困状态、物质需求得不到满足，资本使得人与自然处于紧张对立之中，那么我们就要追问：是不是人的意义仅在物质领域就能全部实现；相应地，物质领域的生活方式是解决其他领域问题的充分条件还只是必要条件；人们还是否需要相对独立地从各个方面满足自己，在追求全面满足的过程中，才能不仅仅随附于物质生活来实现自己的意义……这些问题越来越尖锐地摆在人们面前，而我们认为，马克思的关于人的全面发展的理论给出了回答，并且在这一事关人类究竟应当如何活下去的关键时刻，显得具有特别重大的意义。

马克思是通过对人的本质的各种精辟的阐述，引出人的生存的意义就在于全面发展的结论的，他首先就把人的本质归结为是自由自觉的活动，当然最初还带有人本主义的理念设定色彩，而后才在唯物史观的科学阐述下，在政治经济学批判的正确实现道路指引下，对活动和自由特性都给出了确切的现实的规定。马克思指出了，如果人类要沿着使人的本质得以实现的方向——也就是实践活动特别是生产劳动在发展丰富自身的方向，就应该使自己从旧的分工体系中解脱出来，自由地选择自己的职业，全面地发展自己的爱好和天赋，这里的关键是要在劳动的过程中，注意形成自己全面的、综合的劳动能力。这种劳动能力的全面性，可以从两个不同的角度概括：一是概括为物质生产能力、精神生产能力和人自身生产能力；二是概括为人与自然发生关系的能力、人与社会发生关系的能力和人自己与自己发生关系即自我调控的能力。马克思则把这种实现人的劳动这一本质所要求的人的能力的全面发展，直接表述为“全面发展自己的能力”“发挥他的全部才能和力量”“人的全部力量的全面发展”等。

马克思又曾提出人的本质是社会关系的总和，从社会性的角度规定了人的本质。马克思说：“人的本质不是单个人所固有的抽象物，在其现实性上，它是一切社会关系的总和。”① 马克思关于人的本质的这一著名的论断不但告诉我们人的本质存在于人的社会关系之中，而且也向我们揭示这里所说的“社会关系”是一个全面的、综合的、外延广泛的概念。也就是说，作为人的本质存在的根基的“社会关系”，包括了与人生存和发展相联系的一切历史的和现存的社会条件和关系，自然因素也经由社会的中介而间接包含在内。既然如此，人的社会特性的充分实现，完全有赖于人的社会关系的全面生成，即人的社会特性的充分发展与人的社会关系的全面生成相一致。马克思说：“个人的全面性不是想象的或设想的全面性，而是他的现实关系和观念关系的全面性。”② 这样，马克思从把人的本质规定为“社会关系的总和”出发，推论出人的发展离不开社会关系的充分丰富与全面占有。

马克思还曾强调人的本质是人的自然属性、社会属性和精神属性的统一。人的自然属性指人的天赋，它包括智力和体力两个方面。人的社会属性和精神属性则构成人的个性的基本内容。既然人的本质是这三种属性的统一，从而要实现人的本质则务必使这三种属性全面地得以发展。这就是说，不但要使作为人的自然属性的两大组成部分的体力和智力都得到自由而充分的发展，而且更要使另外两种属性也相互协调地展示和强化。后两种属性的全面发展是与人的个性的全面发展紧密联系在一起的，它们构成了人的全面发展的综合表现和最高指标。从马克思从三种属性的统一的角度规定人的本质的思路不难得出结论，人的全面发展的根本特征，不仅体现在脑力劳动与体力劳动的结合上，也体现在高度政治觉悟和科学文化知识的结合上。换言之，人的完整本质的多方面的自由的发展和发挥，就

① 马克思恩格斯选集：第1卷. 北京：人民出版社，2012：135.

② 马克思恩格斯全集：第46卷：下册. 北京：人民出版社，1980：36.

是对人的肉体和精神上的异化的扬弃，就是对人的体力、智力和道德上的片面发展的克服。

并且，马克思把人的本质与人的需求联系在一起。马克思认为“他们（指人——引者注）的**需要**即他们的本性”[①]。按照马克思的论述，需要是人内在的、本质的规定性，是人的全部生命活动的动力和根据。因此需要的满足程度直接涉及人的本质的实现程度。而无疑人的需要是全面的、综合的和多层次的，所以，为了实现人的本质，不仅要在广度上而且应在深度上满足人的需要，即应全面地、综合性地、多层次地满足人的需要。马克思把人的需求概括为生存需求、发展需求和享乐需要，认为它们共同构成一个开放的动态系统。如果细分一下，可以把人的需要列为六个不同的层次：生存需要、情感需要、服务需要、社会需要、享受需要和发展需要。它们都是人的基本需要，既属个人，也属群体、社会以及整个人类。人的全面发展当然包括人的所有这些需要的全面满足与发展，其具体趋向是不断丰富和理性化。

资本主义社会是个异化的世界，这种异化的表述在它被剥离了对人的先验的、抽象的本质设定之后仍然是可取的，马克思非常清楚地看到了在这个异化的世界中人的欲望和需求究竟变成了什么。在异化了的资本主义世界中，欲望不是人的潜在力量的表现，也就是说，欲望不是人的欲望。他这样揭露说，在资本主义条件下，“每个人都千方百计在别人身上唤起某种**新的**需要，以便迫使他作出新的牺牲，使他处于一种新的依赖地位，诱使他追求新的**享受**方式”，在这一社会中，“产品和需要的范围的扩大，成为非人的、过分精致的、非自然的和**臆想出来**的欲望的**机敏的**和总是**精打细算**的奴隶”，为了达到自己增加财富的目的，“工业的宦官投合消费者的最下流的意念，充当他和他的需要之间的牵线人，激起他的病态的欲望，窥伺他的每一个弱点，然后要求对这种殷勤的服务付报酬”[②]。我们既要着眼于资本主义的经济规律和矛盾特质，揭示资本主义社会“为何”从维护自身利益出发强行把对物的需求变成人的主要需求，我们也要着眼于

① 马克思恩格斯全集：第3卷．北京：人民出版社，1960：514.

② 马克思恩格斯全集：第42卷．北京：人民出版社，1979：132-133.

资本主义具体“如何”实施这一变形的内容，马克思对这种资本所造就的异己的本质力量的内容分析确实十分深刻。

马克思批判资本主义社会把人歪曲成经济动物，当然他所希望建立的社会主义社会的基本要求是把人从那种使人变成物，特别是变成消费动物的状态中解放出来。正如西方马克思主义理论家弗洛姆所指出的：“对马克思的这种看法进一步把马克思的社会主义天堂描绘成这样一种情景：成千上万的人听命于一个拥有至无上权力的国家官僚机构，这些人即使可能争取到平等地位，可是牺牲了他们的自由；这些在物质方面得到满足的‘个人’失去了他们的个性，而被变为成千上万个同一规格的机器人和自动机器，领导他们的则是一小撮吃得更好的上层人物。”① 在弗洛姆看来，社会主义是要消灭妨碍尊严生活的贫困，但不能由此推论出社会主义的目的就是满足消费。他说：“我们决不能把这样两个目标混淆起来，一个是要克服妨碍尊严生活的赤贫，另一个是不断增长消费，后一目标对于资本主义和赫鲁晓夫来说具有最高价值。马克思的立场是十分清楚的：既要征服贫困，又要反对把消费作为最高目的。”②

应当说，弗洛姆对马克思所提出的社会主义内涵的理解基本上是正确的。确实，按照马克思的原意，人类之所以要搞社会主义，除了客观上资本主义本身的自我否定性所造成的经济必然性，除了广大劳动人民主观上对改善物质生活的诉求，也在于社会主义与资本主义这两种根本对立的社会制度下的人的生活方式也迥然有别，社会主义决不把最大限度地进行消费作为自身的目的。社会主义并不仅仅在于使人们都拥有昔日的资本家所拥有的那么多的财富，使人们都过着穷奢极欲、金玉满堂、纸醉金迷的生活，社会主义必须消除有损人的尊严的贫困，但并不能因此得出结论社会主义就是为了获得富裕，社会主义社会决不像资本主义社会那样，把人引向一种只知道从物质方面来满足自身的“经济动物”。社会主义不是为了使资本主义条件下的少数人生活方式更顺利地发展下去或普遍化，而是旨在创建一种新的生活方式。

---

① 西方学者论《一八四四年经济学哲学手稿》. 上海：复旦大学出版社，1983：21-22.

② 同①51.

所以，对当代中国而言，我们从“以阶级斗争为纲”演变为以经济建设为中心，这是历史的选择，时代的进步，但实施以经济建设为中心必须以马克思主义人的全面发展理论为指导。如果真正欲用这一理论来加以指导，那起码得做到以下两点：

其一，在强调以经济建设为中心时，不要忘记经济建设仅仅是手段，它是为人的全面发展服务的，是为满足人民不断增长的物质生活与精神生活的需要服务的。应使经济的发展惠及广大人民群众的全面发展。

其二，在强调以经济建设为中心时，不要忘记尽管经济发展是满足广大人民群众物质生活与精神生活的基础，在一定意义上说是主要的手段，但为达到人的全面发展这一目的还应有其他手段，因此必须让经济发展这一主要手段与其他手段相互协调、相互配合。

第十一章 “马中西”三大资源在中国道路中的交互汇通

上面，我们着重强调了马克思主义同中国道路的发展历程、伟大成就和根本方向的内在关联性，并强调对比了当代中国其他一些意见和思潮，强调了马克思主义立场方法的独特性。不过，中国道路是一个广博而深厚的理论—实践结合体，并且仍在现实当中不断发展，它当然需要而且已经批判地继承了古今中外诸多的优秀文明因素。例如，我们曾经以之为师学习革命和建设、曾尊之为“老大哥”的俄国共产党人，今天就把中国道路的成功要素分解为以下几个方面：“中国的成功＝社会主义＋中国民族传统＋国家调控的市场＋现代技术和管理”①。这种分解要素的方法对于说明事物有很大的便利和参考价值，其实如果我们往前追溯的话，则列宁也曾用要素分解的方法来阐明共产主义，认为**“共产主义就是苏维埃政权加全国电气化”**②，而列宁关于马克思主义有三个来源和三个组成部分的理论，更是运用分解方法的成功范例，具有理论分析的极端深刻性和实践的巨大指导作用。因此在本章中，我们不妨借鉴这一做法，通过对中国道路组成要素的分类和追溯，厘清其历史和逻辑的线索，从而更加全面和深刻地认

① 常宗耀．关于中国特色社会主义道路的世界意义．理论探索，2008（4）．

② 列宁选集：第4卷．北京：人民出版社，2012：364．

识其属性、定位和重要意义，当然，这里只能择其大要做一个尝试性的探索，以求教于学界。概括地说，中国道路当中既有马克思主义的资源——这是它的理论和历史的根本源头，也有中华文明传统和现代西方文明这另两方面的资源，“马中西”在近代以来的中国历史进程中碰撞，并最终在当代中国改革开放的进程中交互凝聚。中国共产党领导的当代中国，在实现传统与现代（古今问题）、中国与西方（中西问题）的交汇融合中，不断地“返”马克思主义之“本”，“开”社会主义之“新”，采自三大资源的理论和实践要素，有机地构建起我们今天所走的中国道路，中国道路是这三大资源在当代中国改革开放的基本语境中的历史性统一。中共十九大提出，“发展中国特色社会主义文化，就是以马克思主义为指导，坚守中华文化立场，立足当代中国现实，结合当今时代条件，发展面向现代化、面向世界、面向未来的，民族的科学的大众的社会主义文化”①，这里，实际上把“马中西”文化视为当今中国社会主义文化的主要资源。下面，我们按照历史和逻辑相统一的顺序，来分别叙述现代西方文明、马克思主义、中华文明传统这三大资源。

一、中国道路的西方现代性溯源

中国这一古老的东方文明，和世界上许多文明体一样，在近代被西欧列强所侵入，被强制纳入由西方所主导的世界历史进程中，“各民族的原始封闭状态由于日益完善的生产方式、交往以及因交往而自然形成的不同民族之间的分工消灭得越是彻底，历史也就越是成为世界历史”②。所以，在人类史由传统的民族史或文明史向现代性的世界史的演变中，“西方”与“东方”这一地理学区分获得了历史学内涵，即“西方”意味着“现代”，“东方”意味着“传统”，前者代表了“真正的历史”，后者只是代表

① 习近平．决胜全面建成小康社会　夺取新时代中国特色社会主义伟大胜利．北京：人民出版社，2017：41.

② 马克思恩格斯选集：第1卷．北京：人民出版社，2012：168.

历史的“史前史”，西方在世界史中由此赢得了历史的普遍性地位，规定了世界其他部分的历史前进方向。西欧社会从中世纪晚期萌生并发展成熟的诸种因素和特质，如城市工商业、机器大工业、世界市场、市民社会、民族国家、科学技术，以及理性化的道德、艺术和宗教等等的文明元素，一方面成了“现代性”的诸种规定，另一方面都被打上“西方”标记，随着西方文明的全球扩张，辐射、传播到整个世界。

从这个意义上说，非西方世界的近代演进，尽管也与自身的文明传统有着不同形式的历史性关联，尽管也对那种作为整体打包输入的“西方”有着不同程度的怀疑和反思，但都不能不在不同程度上发生趋向“西方化”的现象，中国也是如此，“要救国，只有维新，要维新，只有学外国。那时的外国只有西方资本主义国家是进步的，它们成功地建设了资产阶级的现代国家。日本人向西方学习有成效，中国人也想向日本人学”①。其后历史的进程无情打破了中国人全盘学习西方、变为西方的迷梦，中国人逐步接受了马克思主义和社会主义，在中国共产党的领导下独立自主进行革命和斗争，最终走出了新路。但我们仍必须客观地说，上述那种种与“西方”之名相联系的现代性特质，大部分其本身的确代表了历史演进的必然趋向，也成了各个民族和国家所自觉谋求实现的目标取向，即使要对其做出反思、批判和超越也必须建立在其基础之上，所以从历史发展的线索上说，中国道路的第一个不可或缺的历史和思想资源就是“现代西方”文明，是形式上最先兴起于西方、本质为现代性的文明。

1. 现代化定向与现代国家建构

现代化这一在近代西方的特定时空中所兴起的历史运动，其划时代意义的根据究竟是什么，其推动西方本身的转型并把这一转型方式推广到世界，这背后的动力究竟是什么？对此，我们不能只是停留在像刚才上文中那样，平铺罗列诸多的现代性元素，我们还需要看到其中的内在本质。马克思从中抓住了资本主义和工业化，这是现代性的两个基本维度，马克思

① 毛泽东选集：第4卷. 北京：人民出版社，1991：1470.

的生产力—生产关系的理论框架，尤其从这两者间的相互作用特别是后者对前者的决定关系上考察了它们，“手推磨产生的是封建主的社会，蒸汽磨产生的是工业资本家的社会”①。《共产党宣言》所热烈描绘的资产阶级和资本主义所起到的革命作用特别是在资产阶级所统治的不到一百年时间里所创造的生产力，正是在以“机器和蒸汽”为代表的大工业的基础上形成的，是工业化的产物和现代化基本元素，也是《宣言》所回顾的那一百年间，以及《宣言》发表以来近两百年中推动人类社会全面变革的主要动力。

所以，当古老中国的门户在近代被列强的侵略铁蹄强行打开后，当中国不得不逐渐地被并入世界现代化的浪潮之中，从最早睁眼看世界的林则徐认识到西方有其“长技”并由魏源提出“师夷长技”的想法，到太平天国运动和洋务运动中对西方的较大规模的学习引进，都是针对其先进的器物和技术，将其放在最先的位置是完全正确和必要的。但中国通过努力所建立的现代工业力量，还只在一个非常薄弱的水平上，“实业救国”只是一种渺茫的幻影。而变法维新和旧民主主义革命试图直接从指导思想和社会制度层面学习西方的变革努力，也在实践中碰壁。这相互关联的两种失败，有中国自身封建历史的重荷之故，但更在于“帝国主义列强侵入中国的目的，决不是要把封建的中国变成资本主义的中国。……它们是要把中国变成它们的半殖民地和殖民地”②。这就决定了中国不可能实现资本主义的现代化，因为自工业革命以来，世界历史证明，民族国家是现代化的主要承载者，要实现一个民族的现代化，就要求建立独立自主和有效统治的民族国家结构，从而能够为满足现代性、推进现代性而服务，这本身是实现现代化的重要外部条件。对此列宁说道：“民族国家对于整个西欧，甚至对于整个文明世界，都是资本主义时期**典型**的正常的国家形式”③，中国当时未能达成这种“正常”的形式。

马克思列宁主义阐明了后发国家从世界殖民体系中摆脱出来，建立非

---

① 马克思恩格斯选集：第1卷．北京：人民出版社，2012：222.

② 毛泽东选集：第2卷．北京：人民出版社，1991：628.

③ 列宁选集：第2卷．北京：人民出版社，1995：371.

西方资本主义性质的民族国家、通过非西方资本主义的道路走向现代化的路线图，中国共产党领导的新型的民族民主革命的一个根本主旨，就是谋求建立一个与封建羁绊决裂而又跨越资产阶级水平的社会主义国家。在着手建设现代化之前，应首先实现民族独立和社会解放，因为中国要“发展和进步”，成为现代化的国家，就必须“破坏帝国主义和封建主义”①，对此，毛泽东在《新民主主义论》中明确说道：中国共产党“不但为中国的政治革命和经济革命而奋斗，而且为中国的文化革命而奋斗；一切这些的目的，在于建设一个中华民族的新社会和新国家。……我们不但要把一个政治上受压迫、经济上受剥削的中国，变为一个政治上自由和经济上繁荣的中国，而且要把一个被旧文化统治因而愚昧落后的中国，变为一个被新文化统治因而文明先进的中国”②。

历史最终选择了中国共产党和社会主义道路，中国共产党领导中国完成了中国的民族民主革命，建立了社会主义的民族国家，由社会主义来推动中国的现代化转型。新中国的建立，社会主义的民族国家体系和基本经济政治体系的确立，才为中国的现代化道路扫清历史障碍，使得中国的整个现代化事业得以具有基本的历史、政治和制度基础，不论是建立起传统的计划经济体制，还是在新时期的改革当中果断突破传统体制，实现市场经济与社会主义的创造性结合，都是在现代国家的基础之上对中国现代化道路的艰辛探索，都是为实现现代化的目标而服务的。因此，中国道路所承继和发展了的现代西方文明的首要传统，就是始终不渝的现代化取向，并且在开创中国特色社会主义的进程中，成功破解了“如何实现中国现代化”这一世纪性历史难题，找到了新型国家这一进路。

2. 利益原则与市场经济

现代西方文明的现代性社会是市场体系高度发达的社会，对此，马克思指出：市场“是资本主义生产方式的基础和生活条件”③，同时资本主义

① 毛泽东文集：第3卷. 北京：人民出版社，1996：432.
② 毛泽东选集：第2卷. 北京：人民出版社，1991：663.
③ 马克思恩格斯全集：第25卷. 北京：人民出版社，1974：126-127.

生产方式“所固有的以越来越大的规模进行生产的必要性，促使世界市场不断扩大”①。所谓市场，就是在一定的制度约束条件下的个人利益和权利的自由让渡和自由交易。其中包含两层意思：一是对个人在形式上充分和平等的利益、自由的确认，确立相应的权利关系和制度保障；二是这种利益和自由在一定的限度范围内，即不妨碍或不损害他人的权利范围内，可以自由交易。市场经济首先是作为这样一种资源配置的手段，它必然与利益和效率这两者联系在一起，它要从确立个人利益出发，设定个人进行生产活动的出发点就是获取利润，进而要求这种利益的最大化，获取尽可能多的利润，推崇效率至上原则，它使人与人之间的关系成了主要是竞争的关系，以此来相应地调动人的积极性，在竞争中创造效率，从而推动社会生产力能够较快地发展，使社会总产品不断增加。

而资本主义条件下的市场经济，使得利益、效率、发展主要表现为资本的利益、效率和发展，发展的成果主要集中在资本的增殖上，这一方面表现为劳动者无法占有其所创造的大部分产品，而且另一方面，资本作为一种社会关系，其市场体系所发生的“不是实际‘交货’那种意义的‘物品的交换’，它们是个人与个人之间对物质的东西的未来所有权的让与和取得”，是“所有权的转移”②，市场的原则内在地倾向于偏离实物财富累加，而偏向抽象的所有权符号的积累，如从商品到资本再到金融的不断抽象化、不断虚幻化。中国道路在坚持科学社会主义原则的基础上，首先将经济领域作为中国改革的突破口，则是为了尊重和响应社会成员个人在劳动和合法诚信经营基础上对经济利益的直接诉求，是对人民生活水平长期得不到提高的反拨，是对长期排斥忽略个人利益和个性这一弊端的克服。改革渐次地引入市场经济的一些因素、环节，运用市场来实现社会主义的目的，而市场原则的引入、扩大和最终从原有计划经济体制转变为市场经济体制，这种资源配置方式在整体上也不断发挥对于利益和效率的促进作用，在新的历史时期进一步解放和发展生产力，实现增加社会财富总量、增强综合国力的目标。

---

① 马克思恩格斯全集：第25卷．北京：人民出版社，1974：372.

② 康芒斯．制度经济学：上卷．北京：商务印书馆，1962：74.

同时我们还要看到，中国原有的计划经济体制，其实本身也是在资金短缺、积累手段有限而高速工业化和建立独立工业体系要求迫切的历史条件下，由国家全面主导资源配置，保证高积累和优先发展重工业，同时在较低水平上但较公平地保证人民的基本生活和社会安定①。改革前后的体制转变，本身是一脉相承、共同服务于现代化建设任务的。在改革前计划经济体制的社会主义，尽管根据经典社会主义的一般原则和中国现代化事业的具体情况，在相当大程度上压抑了个人利益，并排斥商品和市场原则机制，没有使其在资源配置中发挥决定性作用，在比较极端的形式上呈现出“去商品化”、“去资本化”和“去金融化”倾向，但是仍然存在着按劳分配的基本分配制度，存在着商品、货币、价格、经济核算等市场机制的元素，并且探索突破经典作家的理论预想和苏联式计划经济模式，并未由国家作为社会的唯一代表按统一的计划组织生产和进行分配，而是实行国有和集体两种公有制形式，主张发挥中央和地方两个积极性，调动一切积极因素，实际上形成了公有制实现形式的多层级性，造成了经济运行中一定程度的多主体性，在当时历史条件下对个人利益和社会整体生产效率的提高起到了积极作用，并且成为日后改革、开放和搞活的必要探索和先声。

3. 个人权利与社会建制

我们此前曾强调过马克思语境中“社会”（Gesellschaft）和“共同体”（Gemeinschaft）的区别，在西方世界最先成长起来的现代性文明，就是一个（或者说第一个）以个人的利益和自由为基础的，以让渡或交换法则构成的社会，而不是将经济、社会、政治、伦理和宗教等内容统统设定于传统的礼仪或礼法关系之中的共同体。在现代性文明中，血缘、情感、伦理和传统共同体被代之以诸如城市、市场、政治国家和市民社会，以及改变整个人类生存面貌的工业文明，这首先是历史发展的必然趋势，同时也带来了较之以往时代“人”的更高层次的凸显。现代个人的利益和自由的内容，要求着一种个人权利的形式，个人的权利有三个层次的表现和要求，

① 武力. 中国计划经济的重新审视与评价. 当代中国史研究，2003（4）.

按照历史发生学的线性次序，可以分为三个阶段，即“民事权利属于18世纪，政治权利属于19世纪，社会权利属于20世纪”①，三个阶段是三个层次的递进和展开。个人权利首先作为经济权利，内在地呼唤着以个体性的权利为本位的经济秩序，市场秩序在本质上就是建立在特定个体所有权基础上的交易契约或交易体系，是一种“具有契约形式的（不管这种契约是不是用法律固定下来的）法权关系”，是“一种反映着经济关系的意志关系”②。相应地，政治社会或国家秩序是市场经济秩序在国家或法的层面的政治表达，而随着市场或市民社会的形成，以及其与政治社会或国家的区分，现代性社会也开始形成了其区别于传统社会的“市场—国家”或“市场—国家—社会”等“二元”或“三元”的基本配置格局。

所以，从个体性的权利变迁的历史视角来看，所谓改革开放，也内在地包含着对社会的权利结构体系的重新界定，这种权利结构体系的重新界定，就要重新配置个人与社会、自由与责任、权利和义务之间的关系，重新调整社会的经济秩序、政治秩序和伦理道德秩序，以适应现代化的市场、社会和国家秩序的内在要求。中国原有的计划体制，作为“对社会经济资源”的一种“政治性配置”，即国家通过政治力量驯服经济③，也就区别于市场体制的自发的社会性配置，它进而将整个社会纳入泛政治化的国家体系之中。一个社会由传统向现代性转型是全方位的，包括经济、政治、社会和文化等诸方面，中国道路以现代化为基本取向，实现市场与社会主义的创造性结合，继而也就塑造了符合市场要求的形式上平等自由的个体，促进了公民的财产权和人身自由、择业自由等民事权利的快速发展，并推进保障了公民个人的知情权、表达权、选举权、监督权和参与权等各项政治权利，加快了社会建设和改善了社会治理，主动为公民个人权利生成和成长培育丰沛的社会土壤，释放了社会各个方面的活力和创造性，全方位地开启了中国的体制改革和制度建设的历史进程，主动构建了

① T. H. 马歇尔. 公民身份与社会阶级//郭忠华，刘训练. 公民身份与社会阶级. 南京：江苏人民出版社，2007：9.

② 马克思恩格斯全集：第23卷. 北京：人民出版社，1972：102.

③ 任晓伟. 社会主义计划经济的历史和理论起源. 北京：人民出版社，2009：35.

适应社会主义基本制度框架的现代市场、政治社会和市民社会，这是首先诞生在现代西方文明中的个人权利逻辑，在当代中国改革和发展道路中的独特表现和现实展开。

二、中国道路的马克思主义导向

中国道路在本质上是中国共产党领导当代中国在改革开放的历史进程中所开辟的社会主义道路，是科学社会主义在当代中国的历史性实践，中国道路始终不渝地坚持马克思主义的理论指导，坚持科学社会主义原则和社会主义基本制度，这是中国道路所蕴含的马克思主义定向的本质表现，是它的理论源头。所以，中国道路的一个具有本质重要性的资源或思想历史传统就是为现代社会主义奠定科学原则基础的马克思主义。具体说来，中国道路所蕴含的马克思主义传统主要表现为：中国道路的社会主义理念取向、中国道路的人民性立场，以及中国共产党对于中国道路的核心领导作用。

1. 社会主义的理念取向

中国道路的一切行动和措施，从根本上说都是以社会主义为基本导向，都是为了贯彻实施社会主义的原则理想，当代中国改革所确立的社会主义市场经济体制和其他方面的体制，其目的也是在推动根本性的体制改革基础上，实现社会主义制度的发展和自我完善。当代中国改革开放所贯穿的一条主线，就是在坚持科学社会主义原则的前提下，将现代性文明的市场建制纳入社会主义的基本制度框架，建立社会主义市场经济体制，从而在经济、政治、文化、社会、生态乃至党的建设等各领域展开全方位的改革和制度体制机制建设，继而在体制变革和制度变迁的意义上推动当代中国社会主义基本制度的巩固、自我完善和发展。正如邓小平所说的，改革作为“中国的第二次革命”①，“是社会主义制度的自我完善，在一定的

① 邓小平文选：第3卷．北京：人民出版社，1993：113.

范围内也发生了某种程度的革命性变革”，它标志着“我们已经开始找到了一条建设有中国特色的社会主义的路子”①。改革开放以来：一方面我们彻底突破计划体制和传统社会主义体制，推动实现社会主义与市场建制的创造性结合，开启当代中国的全方位改革；另一方面我们始终坚守新中国所建立的党和国家的一整套基本制度体系，并将其视为改革所依据的原则、出发点、归宿和应当持守的底线，将改革视为这套基本制度体系的自我完善和发展。这是中国道路与苏联东欧等转轨道路的本质性区分，也是中国道路植根于它自身的历史现实土壤的本质性要求。

中国道路所始终坚持的社会主义的基本导向和基本原则理想不是抽象的和空洞的，“社会主义原则，第一是发展生产，第二是共同致富”②，其最终目的是要消灭剥削，消灭贫困，达到社会的共同富裕和人的全面发展。马克思曾经指出，资产阶级社会的财富的普遍生产，伴随着的是贫困的普遍生产，“在一极是财富的积累，同时在另一极，即在把自己的产品作为资本来生产的阶级方面，是贫困、劳动折磨、受奴役、无知、粗野和道德堕落的积累”③。正是“财富的普遍生产”必然伴随着“贫困的普遍生产”的这一资产阶级文明社会的二律背反，促生了现代社会主义运动，也设定了社会主义的主旨和根本目的，这就是：克服和解决资本主义社会的财富的积累与贫困的积累、资产阶级化与无产阶级化的矛盾、悖谬、二律背反，消除和消灭剥削、贫困和奴役，最终达到社会财富的极大丰富和现实个人的解放、自由和全面发展。社会主义的这一基本原则理想同时也是当代中国改革和发展道路所遵循的基本导向原则。所以，“解放生产力、发展生产力”，是同“消灭剥削、消除两极分化、最终达到共同富裕”在一道，构成了社会主义的本质。其实，这不仅是对于社会主义本质的科学界定，同时也为中国的改革、发展和现代化给出了社会主义的基本导向和基本原则理想，并被视为衡量改革成败得失的根本标准。

---

① 邓小平文选：第3卷. 北京：人民出版社，1993：142.

② 同①172.

③ 马克思恩格斯全集：第23卷. 北京：人民出版社，1972：708.

2. 人民性的根本立场

中国特色社会主义事业是党和人民开创的事业。人民性是马克思主义的本质理念，是中国共产党的根本宗旨，是党领导的中国革命、建设和改革事业的根本要求。马克思主义传统在中国道路中的一个本质性表现，就是中国改革、发展和现代化事业的人民性。

首先，人民是历史的本质推动者。“人民”概念的兴起，本身是现代西方文明的意识形态的一部分，与它对个人权利和市民社会的强调并存着，特别是其政治学说当中作为价值原则的“人民主权”，不遗余力地强调国家的立法和政治创制的人民性原则。以人民作为象征的或真实的共同体或统一体，被视作为现代国家存在的真正目的和原则，被认为体现着现代国家的本质和真正现实，它要求让国家的“每一个环节”都成为“全体民众的现实的环节”①，使“使国家制度的实际体现者——人民成为国家制度的原则”②。从这个意义上说，即使从资本主义现代性的理论和政治原则来看，“人民”概念显然是不能为“人”和“公民”等概念所稀释的。而马克思主义将“人民”进一步提升为科学的原则和理念，给出它关于人民概念的认识和科学判断，即人民是历史的真正主体，人民群众是历史的创造者，在现代历史中，真正代表人民的是那些推动历史进步的、推动社会生产力的解放和发展的无产阶级和劳动大众，正是这一阶级构成了现代社会主义和共产主义运动的真正历史承担者。所以，以“解放全人类”为根本宗旨的马克思主义在价值诉求和科学原则的结合中凸显了它的人民性特征，中国道路作为马克思主义在当代中国的实践，作为社会主义实践在当代中国的展开，必然以人民性作为它自身的原则要求和本质特征。

其次，人民性是共产党人的根本宗旨。人民性是马克思主义政党的本质要求，是马克思主义政党区别于其他一切政党的本质特征。正是由于党的人民性，马克思主义政党才拥有了其他一切政党所不具备的先进性。正如马克思在《共产党宣言》中所指出的：共产党“没有任何同整个无产阶

---

① 马克思恩格斯全集：第3卷．北京：人民出版社，1960：280.

② 同①315.

级的利益不同的利益”，“一方面，在无产者不同的民族的斗争中，共产党人强调和坚持整个无产阶级共同的不分民族的利益；另一方面，在无产阶级和资产阶级的斗争所经历的各个发展阶段上，共产党人始终代表整个运动的利益”①。所以，人民性是中国共产党的政治和阶级属性的本质表现，是中国共产党党性的集中体现，全心全意为人民服务是中国共产党的根本宗旨。中国共产党的全部理论、政治和历史实践，无一不以人民性为其出发点和落脚点，中国共产党的全部政治实践、政治发展和政治创新，无一不贯穿着人民性这条主线。尤其是“立党为公、执政为民”作为中国共产党的基本执政理念，是改革开放时期中国共产党的党性和人民性的必然要求。从这个意义上说，中国道路，作为中国共产党在改革开放的新的伟大革命中所开辟的改革、发展和社会主义现代化道路，自然也体现了人民性这一根本要求，也必然会作为一项人民的事业赢得全体中国人民的高度认同。

再次，中国特色社会主义事业本身是一项人民的事业。马克思主义创始人公开坦言，他们的学说是无产阶级的世界观和方法论，是无产阶级争取自身和全人类彻底解放的思想体系，是关于无产阶级斗争的性质、目的和解放条件的学说，因而人民性是社会主义的根本向度，社会主义是人民的事业。正如《共产党宣言》所强调的：“过去的一切运动都是少数人的，或者为少数人谋利益的运动。无产阶级的运动是绝大多数人的，为绝大多数人谋利益的独立的运动”②。中国特色社会主义，作为当代中国在改革开放的历史进程中开创出来的一种新社会主义，一贯地秉承了科学社会主义实践的人民性向度。改革开放以来，党始终将改革视为一项人民的事业，将人民群众的需求作为改革的目标，将人民群众作为改革的真正主体，始终关注和支持人民群众的实验、探索和首创精神，支持和维护最广大人民群众的根本利益。中国特色社会主义所秉持的社会主义公有制，人民民主专政的国体和人民代表大会制度的政体，党和国家政治生活中贯彻的民主集中制原则，无一不是人民群众作为历史主体参与创设和决定中国特色社

① 马克思恩格斯选集：第1卷. 北京：人民出版社，2012：413.

② 同①411.

会主义的具体途径。

3. 中国共产党的核心领导

中国特色社会主义道路是在中国共产党的成功领导下，在中国的革命道路和社会主义建设道路的历史前提下，在当代中国改革开放的历史进程中开辟的。中国共产党的领导核心地位是在各个历史时期，经过长期斗争考验形成的，历史证明了，中国共产党是推动现当代中国各项重大社会变革的核心力量。中国共产党的诞生，本身是近现代中国历史发展的必然要求和必然产物，自其产生并发展成熟之后，中国共产党就将现代中国的民族独立、人民解放和社会转型等历史使命联系起来。中国共产党作为中国人民的中流砥柱，成功领导和组织了新民主主义革命、社会主义革命与建设和改革开放事业，彻底改变了中华民族的历史命运，彻底改变了现代中国的历史面貌。正是由于历史选择和证明了中国共产党的核心地位，使得当代中国取得了举世瞩目的巨大成就，中国的现代化事业、社会主义事业、民族复兴事业取得了巨大成就，中国共产党能够代表历史发展的必然前进方向，为中国带来更加光明的前景。

中国共产党的领导也是规定社会变革的方向和性质的核心保证。在当代是否坚持马克思主义、坚持科学社会主义、坚持中国特色社会主义道路，核心保证在党，正因此邓小平多次强调，坚持四项基本原则的核心是坚持党的领导①，又或者将党和社会主义共同加以强调，“四个坚持中最核心的是党的领导和社会主义”②。世界社会主义运动史证明，共产党是无产阶级的最高组织形式，共产党的先锋队性质和先进性地位决定了它真正能够代表无产阶级和人民群众的根本利益，在为无产阶级和人民的根本服务的事业即科学社会主义事业的整个进程中，在其各个发展阶段上，都必须坚持共产党的思想领导和组织领导，这是无产阶级事业的本质要求和根本保证。唯有坚持中国共产党的领导，才能保证当代中国改革、发展和现代化的正确方向，才能制定和执行正确的路线方针政策，才能从根本上保障

① 邓小平文选：第2卷. 北京：人民出版社，1994：266，342，358，391.

② 邓小平文选：第3卷. 北京：人民出版社，1993：324.

中国始终在正确的道路上实现社会主义现代化和中华文明的伟大复兴。

中国共产党的领导，也是中国道路建构的核心元素。历经四十年的改革和发展，中国道路也开始逐步积累它自身特有的体制和制度内涵，使之成为其本质特征，成为其“题中应有之义”。21 世纪以来，诸如“北京共识”“中国模式”“中国道路”等相互关联的概念范畴的出现，本身已经标志着中国道路所呈现的制度或体制特征开始赢得世人的关注、认同。中国道路究竟会成就什么样的制度体系、运行机制和发展模式？这是一个世界和中国都会高度关注的话题。大致说来，中国道路所呈现的制度或体制特征其实是社会主义基本制度体系和在改革中成长起来的新的体制机制的融汇和融合，其中的核心元素，就是以中国共产党为核心进行领导，中国的改革和发展就是以此为核心而展开的，把一切积极力量吸纳和统合于党的领导之下，所以党的十八届四中全会《中共中央关于全面推进依法治国若干重大问题的决定》也明确指出：党的领导是“中国特色社会主义最本质的特征”。就当前的任务来说，就是在中国共产党领导下形成一整套管理国家和社会的成熟定型的和行之有效的制度体系和运行机制，以推进国家治理体系和治理能力的现代化，推进中国特色社会主义制度的完善和发展①。从这个意义上说，当中国在改革中成功构建一整套党管理领导国家和社会的行之有效的制度体系时，则标志着中国体制或中国模式的真正成熟。

三、中国道路的传统文化因素

中国道路，作为当代中国的改革和社会主义现代化建设道路，它既是对中国民族或文明传统的扬弃，又是这一传统在社会主义现代化语境中的继承或传承。因为现代性文明不是一个定型的社会，而是动态的正在生成的历史。“各个现代化的社会，由于必须经历适应性变化和本土化的复杂

① 习近平．切实把思想统一到党的十八届三中全会精神上来．求是，2014（1）．

过程，会打造出与西方现代性的原初产品相同或不同的自己的现代性品牌。因此，在非西方世界，这种现代性的实质是一种旧有的传统、外在的新事物和正在出现的另一种文化成分的混合形式”①。

说中国道路蕴含着中国传统文化的元素或资源，首先需要正确理解《共产党宣言》提出的“同传统的观念实行最彻底的决裂”的著名论断。马克思这里所指的对象，是那些与旧有的所有制关系和社会经济政治结构紧密联系的、适应于过去各个时代“一部分人对另一部分人的剥削”这一基本事实的思想或文化形态，马克思所批判的此类传统从根本上说是“统治阶级的思想”②，更进一步说，它们是经由旧有的社会生产关系这一中介而形成的观念，它们作为被意识到的社会生产关系，同时也反映着其与社会生产力的矛盾和冲突，并试图“克服”这种矛盾冲突的意识形态③。

在这里，首先并不应包括人们一般的生产和生活方式及与其直接相关的精神因素，这样的“活法”和“想法”有其时代性，但不是需要与之决裂的那种意识形态性和阶级性，而是在各个时代各具有其普遍性的外观，需要“用自然科学的精确性”来衡量和发展其界限和适用性。其次，对于需要与之决裂的那些“宗教、道德、哲学、政治和法”，马克思主义也总是秉持一个辩证的态度，马克思所说的彻底性并非那种俄国“无产阶级文化派”式的从空地上建立新文化的空想，其实，真正彻底性的批判、否定、抛弃，也必然总是最有批判、否定、抛弃精神的继承、肯定和弘扬。这就是马克思主义经典作家从德国传统的唯心主义哲学中“拯救出来”的批判和继承、抛弃和弘扬的辩证法。

从这个意义上说，一方面以中国的民族民主革命和社会主义革命为根本历史传承的当代中国改革、现代化和社会主义道路对于中国的民族或文明传统必然也有着在最为彻底的批判、否定和抛弃原则下的继承、“拯救”和弘扬；另一方面，辩证地对待和批判地继承，就是说，不是要全盘或在根本方向上回到与现代性隔绝的传统文化，如以儒家为本位，以“中体西

① 金璟东，张德明．现代化和现代性：韩国现代化的另一种观点．世界历史，2005（5）．

② 马克思恩格斯选集：第1卷．北京：人民出版社，2011：420．

③ 马克思恩格斯选集：第2卷．北京：人民出版社，2011：3．

用”的文化保守主义思路来把握现当代中国的历史变革和社会变革，这些显然低估了现代性历史对于作为它自身的史前史的任何民族或文明传统的革命性变革的意义。

所以，当我们在此谈论中国道路所体现的中国民族或文明传统时，并非指中国的民族或文明传统是中国道路之历史性的开端或起源，恰恰相反，中国道路，作为中国在现代性转型中所形成的独特道路，它的历史性的开端或起源其实是现代社会主义运动，以及马克思主义所开创的科学社会主义传统。因此，在党和国家的理论和政治语言中，诸如实事求是、辩证思维、社会民生、平等公正等许多元素，固然可以在中国传统文化中找到类似的母题，但这些思想元素的更加切近的渊源，当是马克思主义的世界观和方法论，是中国共产党的思想、理论和宗旨的体现。

由于马克思主义是产生于世界历史的语境中，是站在整个人类历史的高度对既有历史、文明和传统的批判，所以，它是在更高的历史起点上，将既有的历史、文明和传统作为史前史的环节包含在以资产阶级时代为开端，以社会主义和共产主义社会为真正实现的世界历史之中了，以更加丰富和深刻的方式确证了这些历史和传统元素的历史地位和历史价值。从这个意义上说，马克思主义所开创的理论、实践和历史传统（即科学社会主义的历史）也就赢得了对于任何民族的或文明的历史的世界性或普遍性意义，这就是马克思主义作为“普遍真理”的要义所在。

在这一层面而言，中国的民族或文明传统，对于中国道路来说，主要是作为“作风”“气派”等“形式”性的东西被采用①。在现当代中国历史上，中国共产党始终不渝地推动马克思主义的中国化或在中国的具体化和现实化，使之便于为中国人民所接受。在马克思主义经典作家由于受历史的限制和问题意识的导向而未能充分研究和阐明东方特别是中国历史的地方，在经典作家在推动和传播马克思主义的基本理论和基本理想的过程中不得不具有现实侧重的地方，在那些中国具有不同于西欧的、现代化的、自由资本主义的时代性特质的地方，我们就需要对中国传统文化具有实质

① 毛泽东选集：第2卷. 北京：人民出版社，1991：534.

内容的“精华”进行吸取、吸纳和继承，这是马克思主义中国化的另一基本要义。

具体说来，当代中国开辟的改革、现代化和社会主义道路所体现的中国传统文化主要表现在以下三个方面：

1. 精神追求与理想信念

中国在精神追求与理想信念方面有着悠久的传统和可贵的品质。例如，鲁迅先生即使在深刻批判中国传统封建文化特别是“吃人”的礼教时，也毫不吝惜地赞颂中国的这一优秀文化传统：“我们从古以来，就有埋头苦干的人，有拼命硬干的人，有为民请命的人，有舍身求法的人，……虽是为帝王将相作家谱的所谓‘正史’，也往往掩不住他们的光耀，这就是中国的脊梁。”[①] 在中国历史上，有着这一追求的主体，既有“鸿儒”也有“白丁”，这种精神追求是中国人民和中华民族的共同财富。

在现代西方资本主义世界中，与其社会经济基础相适应的消费主义、享乐主义、个人主义等价值观不断滋长，使人们追求感官刺激，沉溺于及时行乐、声色犬马乃至醉生梦死的生活，强调个人利益的最大化，为了满足个人利益不惜损人利己、以邻为壑，本能地信仰自由市场这只“看不见的手”，认为市场在实现个人利益的最优组合的前提下，同时也可以实现社会利益的最优配置。随着社会主义市场经济体制的建立，市场运行机制也成了当代中国基础性的社会机制，因此在这一现实历史背景中，我们发掘并重新弘扬精神追求和理想信念的传统，显然有着现实的必要性和重要性。人是应当有精神追求的，这一点在中国古代文化中有着较为充分的体现，如汉语中的“乐”字，诸如仁者乐山、智者乐水，又如知足常乐、助人为乐等，就承载着精神追求的内在旨趣、目的的自为性，以及相应的幸福感、美感或崇高感。当然，这并不意味着我们要脱离唯物史观关于物质利益对于道德、文化和精神的基础性地位的基本观点，片面地脱离实际地歌颂中国古代的“克己复礼”“抱朴守拙”等价值取向，甚至陷入诸如

---

① 鲁迅全集：第6卷．北京：人民文学出版社，2005：122.

“存天理、灭人欲”的精神幽闭之中。

通常说来，中国传统文化中的这种精神追求和理想信念，对于中国古代文明的历史有着不可遮蔽的正面意义和价值，而在当代中国的改革和社会主义现代化建设中也可以发挥应有的积极作用。中国传统文化中的精神追求作为一种立足发展、志求高远、振奋豪迈的精神境界，可以被注入当代中国的改革、开放和创新精神之中，成为中国共产党领导当代中国开辟、坚持和推进中国特色社会主义道路的永不涸竭的精神动力。正如毛泽东所指出的：“我们中华民族有同自己的敌人血战到底的气概，有在自力更生的基础上光复旧物的决心，有自立于世界民族之林的能力。”① 正是这种民族精神和文化传统，与中国共产党所开创的革命传统、社会主义传统和改革传统相契合，与中国特色社会主义的精神理想相契合，从而生成了诸如井冈山精神、长征精神、延安精神、大庆精神、雷锋精神、深圳精神、浦东精神等当代中国的民族精神和时代精神。

2. 兼收并蓄与推陈出新

兼收并蓄、推陈出新既是中国传统文化的精神特质，又是中国传统文化历史发展脉络的写照。中国传统文化在历经诸如春秋战国、魏晋南北朝、五代十国、两宋时期的大分化的前提下，又分别在秦汉时期、唐宋时期、明清时期形成了高度融合的“大一统”格局，中国的文化、民族和社会在历经几次大的分化融合之后，最终积淀成为中华民族的具有高度的兼收并蓄、包容贯通、推陈出新、生生不息精神的文化传统。即使到了近现代，中国在民族的救亡图存和现代性的历史启蒙中，在面临“几千年未有之大变局”中，仍然能够在传统与现代性（古今之争）、中国与西方（中西之争）的冲突、碰撞与交汇中，尤其是在马克思主义或曰科学社会主义所给出的世界历史高度，在兼收并蓄和批判继承古今传统和中西传统的基础上，开辟出现当代中国的革命道路和社会主义道路，为中国的现代化和民族复兴奠定了坚实的历史基础。而中国道路即中国特色社会主义道路，

① 毛泽东选集：第1卷. 北京：人民出版社，1991：161.

也正是在中国的民族或文明传统、中国共产党领导开创的革命和社会主义传统，以及现代西方传统碰撞交汇中形成和发展起来的，它既是对这些传统的兼收并蓄和融会贯通，也是对这些传统的批判继承和推陈出新。

从现当代中国的历史高度看，中国道路是中国共产党在改革开放的历史进程中对马克思主义传统、现代西方传统和中国民族或文明传统的兼收并蓄，是在推却计划体制和社会主义传统体制之“陈”后，开出的社会主义市场经济体制和中国特色社会主义之“新”。正如邓小平所指出的：“社会主义要赢得与资本主义相比较的优势，就必须大胆吸收和借鉴人类社会创造的一切文明成果”①。当然，当代中国对于古今中西各种传统的吸收、吸纳、继承或传承，不是单纯地固守传统，固守传统只能陷入各种传统的纷争与冲突之中，而是对诸如此类的传统有着批判性的继承，有着深层的推陈出新。正因此，邓小平才突出强调：“没有一点闯的精神，没有一点‘冒’的精神，没有一股气呀、劲呀，就走不出一条好路，走不出一条新路，就干不出新的事业”②。没有对计划体制和社会主义的苏联模式或传统体制的突破，就没有社会主义市场经济体制和中国特色社会主义的新局；同样，没有对中国民族或文明传统的批判、否定和扬弃，就没有中国传统文化在当代中国的真实的、具有生命力的延续或承续，没有对现代西方传统（尤其是资本主义的现代性症候或问题）的最为革命的剖析、批判和扬弃，就没有社会主义中国对于市场、民主和法治等现代性建制的真正健全的继承和弘扬。

3. 渐进态度与中道精神

中国传统文化的另一基本特质就是渐进、稳妥和中道精神。中国共产党在开创中国的改革、现代化和社会主义事业时显然是秉承了这一精神。中国的改革，以及在中国改革中所形成的“北京共识”和中国道路，与苏联东欧等前社会主义国家秉承“华盛顿共识”所推行的激进或偏激的转轨不同，被世人视为一种渐进性的、稳妥的改革，其所秉承的是植根于中国

---

① 邓小平文选：第3卷. 北京：人民出版社，1993：373.

② 同①372.

传统文化中的中道精神。当代中国在这一改革中，有着独特的历史路径依赖，以及在这一路径依赖中，有着形成独特的道路、体制和模式的能力和可能性。

不徐不疾、不偏不倚、唯精唯一、允厥执中，始终持守中庸正常之道，是中国传统文化精神的精髓。《中庸》就将中道或中庸视为通达自然天地的最高道德准则，同时也是解决历史、政治和人生问题的最高智慧。“择乎中庸，辩别众理”，乃是中国传统的为政为学之道。对于中道或中庸精神，张岱年先生有着清晰的辨析，他说：“中庸思想在中国文化史上有两方面的作用：第一，保证了民族文化发展的稳定性，反对过度的破坏活动，使文化发展不致中断；第二，对于根本性的变革又起了一定的阻碍作用。”① 尽管如此，持守中道或中庸正常之道仍然是中国优良的精神传统。“中不偏，庸不易”，取法中道或中庸的哲学和政治也是那种具有明智、明哲或实践智慧的哲学和政治，正是这种思想特质积淀成为中国传统文化中的审慎、明智、渐进、中道或中庸的伦理、政治和实践传统。

在现代中国的历史上，凡是激进的或欧美化或西方化，以及顽固的保守主义，都没有正确回应或应对中国面临的古今问题和中西问题的挑战，也没有正确回答或解答近现代中国提出的民族问题、民主问题、现代化问题，反而是中国共产党，既不为激进的西方化思潮所束缚，也不为顽固保守的传统本位论所禁锢，而是站在马克思主义的世界历史高度，在正确把握时代主题的前提下，科学判断中国的社会性质、矛盾、发展阶段和历史使命，在不同的历史阶段制定和执行正确的路线、方针、政策，从而取得了中国的民族民主革命和社会主义革命、建设和改革的成功。同样，在中国共产党的历史上，凡是激进的苏联化或“左”倾化，以及丧失原则信仰的机会主义，既没有迎来革命的胜利，也没有带来社会主义建设的成功，反而是那种植根于中国当时的现实社会历史环境，独立自主地开辟中国独特的革命道路和社会主义道路，既不犯“左”的激进主义或冒险主义错

① 张岱年哲学文选：上卷. 北京：中国广播电视出版社，1999：532.

误，又不犯右的机会主义错误，才能取得中国的革命事业和社会主义事业的成功。

从这个意义上说，现代中国历史的发展轨迹和中国共产党的理论、实践和政治策略的发展轨迹正是中国传统的中道或中庸精神的印证。今天，我们基于对和平与发展的时代主题判断，果断突破传统计划体制，同时又坚持社会主义国家政权体系和基本制度体系，既不走封闭僵化的老路，又不走改旗易帜的邪路，在摸石过河的改革和探索精神中开辟出中国特色社会主义道路，适时加强顶层设计，推进制度建设，这就是对渐进、中道或中庸这一中国的思想、文化和政治传统在当代中国改革开放的历史语境中的继承或传承。

四、“马中西”三大传统在中国道路中的交互贯通

中国道路首先是社会主义道路，是在突破社会主义的苏联模式的基础上所开辟出来的崭新的社会主义道路，因而在马克思主义传统、中国民族或文明传统和现代西方传统的冲突碰撞、交汇贯通中，它的理论性的源头、起源或本原是马克思主义，是马克思主义所开创的科学社会主义，中国民族或文明传统和现代西方传统只是中国道路所需吸收的文明成果，所需继承的历史遗产，而马克思主义或社会主义却是中国道路的立身之本。

1. 三大传统在前进方向上的交互贯通

中国道路首先是迈向中国现代化的道路。西欧在人类历史上率先进行了工业革命，实现了以工业化为主要内容的现代化，实现了人类生产方式的一次根本性的变革，对其后一个历史时代做出了根本性的规定。对资本主义而言，现代化塑造了其在现代特有的进步性与局限性，前者表现为《共产党宣言》所热烈描绘的资产阶级起到的革命作用、资产阶级不到一百年中所创造的生产力，以及《宣言》发表以来人类历史的继续不断前进和变革。后者则表现在，斯密式对市场“看不见的手”的信念，是产生于

并适应于小生产的资本主义时代，而随着现代化大工业的建立，资本主义市场经济的关系和原则，从根本上说就不再适应生产力要求，产生了资本主义的经济危机。马克思主义所建立的科学社会主义理论，不是一般地抽象地探讨人类解放和人的自由全面发展，而正是顺应现代化的历史前进方向，代表先进生产力发展要求，寻求突破资本主义生产关系的桎梏。

另一方面，俄国、中国这些将社会主义从理论变为现实的国家，都还是“工业较不发达的国家”，工业较发达的国家向它们显示了“未来的景象”，是它们必然要去达到的状况，“一个国家应该而且可以向其他国家学习”①。中国共产党人在领导中国人民取得新民主主义革命胜利、建立新中国并完成社会主义改造后，首要的任务也是大力发展社会生产力，贫穷落后不是社会主义，在这个总的原则和方向之下，完全可以“吸收和借鉴当今世界各国包括资本主义发达国家的一切反映现代社会化生产规律的先进经营方式、管理方法”②。

中国道路也是为迈向人的自由全面发展而奋斗的道路。马克思主义在批判资本主义生产方式这一现状时，始终没有忘记，在物质生产领域这个“必然王国”的彼岸，还有“人类能力的发展”，这一领域是“真正的自由王国”，它要建立在物质生产发达的基础上，但它是“作为目的本身”而规定着物质生产的现代化方向③。中国道路是一条根本区别于西方资本主义现代化、具有鲜明的独特性和优越性的现代化道路。并非只有让中国这块古老的大地彻底经历一次西方式现代性的“洗礼”、并非只有等到中国的现代化过程基本完成了，才有可能解决西方现代化历史上遇到的负面问题，而是可以按照“社会主义原则”完成现代化的历史任务，“第一是发展生产，第二是共同致富”④，这就能像马克思所说的“缩短和减轻分娩的痛苦”⑤。

中国道路的发展既然是为了迈向人的自由全面发展而奋斗，就要求发

① 马克思恩格斯全集：第23卷．北京：人民出版社，1972：8-11.
② 邓小平文选：第3卷．北京：人民出版社，1993：373.
③ 马克思恩格斯全集：第25卷．北京：人民出版社，1974：926-927.
④ 同②172.
⑤ 同①11.

展本身要服从于和服务于人在政治、经济、精神文化等方面的全面发展，而不是把人看成仅仅具有物质需求的动物，为发展而发展，以牺牲人的生存发展和精神追求为代价换来冰冷的物的增长。当然，马克思主义对人的自由全面发展的这种诉求，不是一种价值上的预设，既不是以某种前现代的田园牧歌式的流风余韵框定现代，也“不屈尊于后现代主义和反现代主义”①，而是同马克思主义对资本主义生产方式的批判相呼应的，是要正面地构建人的新的生活方式和存在状态的，科学社会主义具有对现代化大生产条件下资本主义的科学批判，就要求有一种现代化大生产所内在地导出的科学发展之路。

中国道路还是迈向中华民族和中华文明伟大复兴的道路。前文已经说过，古老中国被并入世界现代化的浪潮后，从最早睁眼看世界的林则徐认识到西方有其“长技”并由魏源提出“师夷长技”的想法，到太平天国运动和洋务运动中对西方先进器物和技术的较大规模的引进，进而有变法维新和民主革命从指导思想和社会制度层面的变革努力，到最终历史和人民选择了社会主义的现代化道路，才开创出中国道路。中华民族和中华文明在这一过程中得以延续，对其的延续也始终是这一完整的历史进程的贯穿线索，是国人思考战略寻找出路的基点。从救亡图存，即消极意义上的避免亡国灭种，到站立起来之后始终注意维护国家主权独立和领土完整，维护民族的自尊自信，建立完整的独立自主的国民经济体系，从而能够自己决定自己的命运，并进而思考“应对人类有较大贡献”。

在中国实际地发展起来之后，中国也始终坚持做负责任的大国，在谋求本国发展中促进各国共同发展，并欢迎世界上其他国家搭中国发展的“便车”，这要归功于社会主义救中国、社会主义发展中国，中国也用自己的社会主义建设和发展的实际成就，确证了和推进了社会主义的理论和实践。同样地，中国的传统文化也没有被现成拿过来，而是经历着也确实经历了一个“现当代转型”的过程，中国人民在实现民族解放的民主革命时期，通过引入马克思主义，实现了对中国传统文化的第一次“现当代转

① 哈贝马斯访谈录. 上海：上海人民出版社，1997：56.

型”，对其取其精华、去其糟粕，对其古为今用、推陈出新，形成了与当时的历史任务相符合的“新民主主义文化”，而在当今中国道路的发展当中，正在推动着中国传统文化的又一次“现当代转型”。

2. 三大传统在实现手段上的交互贯通

为了推动中国实现社会主义现代化和民族复兴，为了实现中国社会的全面进步和人的全面发展，在改革开放中开辟出来的中国道路也在实现的机制、途径和手段上使“马中西”这三大资源或历史传统有效地贯通起来，这种交互贯通大致体现为制度因素和人的因素这两个方面：

在制度方面，为了继续推动我国现代化建设任务，全面建成小康社会，进而建成富强民主文明和谐的社会主义现代化国家，我们仍然需要以经济建设为中心任务，这就要求建立并不断发展和完善社会主义市场经济体制，因为市场作为优化配置社会资源的决定性手段，得以让生产要素的活力竞相迸发，让创造社会财富的源泉充分涌流。早在中国道路探索期的实践中，我们就逐步突破苏联式计划经济体制，探索发挥中央和地方两个积极性、尊重和研究价值规律这一大学校，进而在真正开创过程中解放思想，明确计划多一点还是市场多一点并非社会主义和资本主义的本质区别，抓住解放和发展生产力这一根本要务，建立起社会主义市场经济体制。

要与不断发展和完善的社会主义市场经济体制这一经济基础相适应，中国道路还需要形成系统完备、科学规范、运行有效的各方面制度体系，其中特别是宪法和法律体系与道德观和价值体系。中国共产党在革命和建设的各个阶段，都以其思想上和组织上的彻底性和有效性展现了其领导力和执行力，但在制度建设方面相对滞后，在各个阶段的早期都表现出较多的偏差和失误，出现较大的振荡和损益过高的症状。愈是随着经济社会的发展、愈是随着人民物质文化水平及对发展和稳定要求的同步提高，愈是需要有良好的制度，用体系化的、规范定型的制度确保和谐中道，规范经济又好又快运行和发展。

在人的方面，社会主义现代化和中华民族伟大复兴进程的艰巨性、复杂性和长期性，也要求全体人民发扬主体精神，坚持自力更生、艰苦创业，同心同德、同甘共苦，结成共同利益的和共同理想信念的共同体。当我国正处于社会主义建设的起步阶段，毛泽东就提出“人是要有一点精神的”①，意在激励全党全国人民延续和发扬精神，来克服前进道路上的困难，并明确把艰苦奋斗和勤俭建国作为经济原则，这不仅仅是在物质生活资料贫乏的状态下不得不采取的一种手段和观念，而且其中还蕴含着生产性的因素，蕴含着走出贫乏的出路。进而，在新时期随着改革事业的全面深化，在发展起来之后，又需要注意分配的问题，从共同建设到共同享有，以促进社会公平正义、增进人民福祉为出发点和落脚点，这才能保证现代化建设和市场经济的社会主义方向、保证中国梦归根结底成为人民的梦。

能够把制度和人的两个维度联系起来，在中国道路的构建当中加以有效融合的关键，是中国共产党。共产党作为正确认识历史规律和中国国情的先锋队，具有领导全局协调各方的能力，能够综合考虑经济社会发展速度、质量、结构，充分调动各方面积极性，把依法治国和以德治国结合起来，实现全面协调可持续的经济社会永续发展。这样一个先锋队的正确领导作用，是其他任何力量都替代不了的。制度的有效实施，人的有效凝聚，关键在于党能够在改革发展稳定的事业推进中，在对外开放和交流中，在国际国内的风云变幻中，登高望远沉着应付，站稳立场把握好航向。

3. 马克思主义在交互贯通中的核心地位

如上所述，中国道路在其探索和形成的过程中，吸收了包括西方文化和中国传统文化中许多优秀的成分，这些优秀成分对中国道路的成功有着不可磨灭的作用，我们决不能否认，我们还必须看到另一种倾向，即把西方或中国传统文化中的成分和因素过分夸大，将其视为构建中国道路的核心或根本。

---

① 毛泽东文集：第7卷. 北京：人民出版社，1999：162.

对于当代中国的改革、现代化和民族复兴道路，马克思主义传统、中国民族或文明传统、现代西方传统何者居于本体性的地位？中国道路以何为本？在这些问题上始终存在着争论。伴随着中国道路所取得的举世瞩目的成就和前进过程中积累和凸显的一些矛盾问题，这种争论就愈演愈烈。

一种是主张全盘西化。这一主张将现代化等同于西方化，等同于资本主义经济的发展特别是新自由主义模式的发展，把人的发展等同于一方面追求个人主义式的利益满足和自由，另一方面推行资本主义的民主和法治，并将其表述为所谓“普世价值”。这种倾向由于世界总体仍然处在资本主义生产方式的统治之下，并且中国的改革开放事业的开启，又与世界资本主义体系中新自由主义开始盛行大致是同时代的，不可避免地产生了一些影响和冲击。

另一种是主张中国传统本位论。由于国内的一些小气候、小传统，由于对我们过去探索当中的经验教训、对东亚一些国家和地区发展模式的不恰当总结，对西方资本主义发展中消极方面的不全面反思，乃至对中国道路本身成功经验和理论表述的一些片面利用和理解，一些人又拾起“复兴国学”或“中学为体”等理论范式，将中国民族或文明传统视为本体，将现代西方传统甚至作为立党立国之本的马克思主义传统都降格为某种“末”或者“用”。

对此，我们不能不强调，中国道路的本体、主体或根本仍然是马克思主义，以及马克思主义所开创的科学社会主义传统。中国道路是在马克思主义的当代化和中国化的进程中开辟出来的，中国道路的继续延伸、拓展和推进，也必须继续回到当代化和中国化的马克思主义，用不断发展着的马克思主义指导我们的事业。中国传统文化要在当今中国开创中国道路中发挥作用，必须实现当代化，而要实现当代化必须在马克思主义的指引下进行；优秀的西方文化要成为当今中国开辟中国道路的资源，必须实现中国化，而要实现中国化也离不开马克思主义的指导。

在领导开创和推进中国道路的过程中，中国共产党领导中国推进现代化建设，但它绝不是忽视社会主义原则和中国叙事的纯粹“工业党”；它领导人民增进自身利益和福祉，但它绝不是丧失政治立场属性、无视精神文化家园归属的“民生党”；它投身于中华民族伟大复兴的中国梦，但它绝不是脱离当代中国发展的现代化方向和社会主义方向的“儒家党”。习近平总书记在谈及对马克思主义科学世界观的学习时，将马克思主义视为“看家本领”，用到了“老老实实、原原本本”等措辞加以表述，这实际上是明白无误地指出了，对中国道路而言，马克思主义才是体，是家，是原本，在马克思主义的基础上，我们学中学西，也化中化西，开创中国特色社会主义，开创当代中国的新思想、新文化和新传统。鉴于此，我们需要对中国道路做出科学的分析，正本清源，以对历史和人民的责任感，解答这一时代问题。

图书在版编目（CIP）数据

马克思主义哲学与中国道路/陈学明，姜国敏著. —北京：中国人民大学出版社，2019.7

（马克思主义理论研究与当代中国书系）

ISBN 978-7-300-27023-4

Ⅰ.①马… Ⅱ.①陈… ②姜… Ⅲ.①马克思主义哲学-发展-研究-中国 Ⅳ.①B27

中国版本图书馆 CIP 数据核字（2019）第 109067 号

国家出版基金项目

马克思主义理论研究与当代中国书系

马克思主义哲学与中国道路

陈学明　姜国敏　著

Makesi Zhuyi Zhexue yu Zhongguo Daolu

出版发行	中国人民大学出版社		
社　　址	北京中关村大街 31 号	**邮政编码**	100080
电　　话	010－62511242（总编室）		010－62511770（质管部）
	010－82501766（邮购部）		010－62514148（门市部）
	010－62515195（发行公司）		010－62515275（盗版举报）
网　　址	http://www.crup.com.cn		
经　　销	新华书店		
印　　刷	天津中印联印务有限公司		
开　　本	720 mm×1000 mm　1/16	**版　　次**	2019 年 7 月第 1 版
印　　张	15 插页 2	**印　　次**	2024 年 6 月第 3 次印刷
字　　数	219 000	**定　　价**	82.00 元